맥주의 시선

| 만든 사람들 |

기획 인문·예술기획부 | **진행** 단홍빈 | **집필** 윤한샘 | **표지디자인** 원은영 · D.J.I books design studio
편집디자인 이선주

| 책 내용 문의 |

도서 내용에 대해 궁금한 사항이 있으시면
저자의 홈페이지나 J&jj 홈페이지의 게시판을 통해서 해결하실 수 있습니다.
제이앤제이제이 홈페이지 www.jnjj.co.kr
디지털북스 페이스북 www.facebook.com/ithinkbook
디지털북스 인스타그램 instagram.com/digitalbooks1999
디지털북스 유튜브 유튜브에서 [디지털북스] 검색
디지털북스 이메일 djibooks@naver.com
저자 이메일 beergle@naver.com

| 각종 문의 |

영업관련 dji_digitalbooks@naver.com
기획관련 djibooks@naver.com
전화번호 (02) 447-3157~8

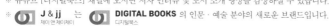

J & jj 제이 앤 제이제이 는 **DIGITAL BOOKS** 디지털북스 의 인문 · 예술 분야의 새로운 브랜드입니다.

맥주의 시선

차례

프롤로그   006

1 전통을 잇는 수호자들 _____

훈연 향이 그득한 밤베르크 영혼, 슈렝케를라 메르첸   010
효모루덴스가 즐긴 태곳적 음료, 깐띠용 괴즈   018
가장 오래된 수도원 양조장이 바치는 맥주 헌사, 벨텐부르거 아삼복   028
민중의 품으로 돌아간 귀족 맥주, 슈나이더 바이세 마인 오리지날   036
짠내 나는 힙지히 맥주, 리터구츠 오리지널 고제   044
수도사들의 노동과 헌신이 담긴 트라피스트 맥주, 베스트블레테렌 12   054

2 격동의 역사, 고고한 맥주 _____

대영제국의 빛바랜 추억, 사무엘 스미스 인디아 에일   066
노동자의 심장을 품은 혁신가의 맥주, 파운더스 포터   076
아일랜드의 검은 와인, 기네스   084
지구 반대편에 살아있는 오스트리아의 심장, 네그라 모델로   092
벨기에 정신이 담긴 검붉은 로망, 로덴바흐 플랜더스 레드 에일   102
권력에 취한 자에게 한 잔을, 올드 라스푸틴 임페리얼 스타우트   112

3 개척과 도전의 바다 속으로 _____

맥주 세계의 혁명, 시에라 네바다 페일 에일   122
알코올 후유증이 맥주 이름으로, 델리리움 트레멘스   130
같은 DNA, 그러나 다른 길을 걷는 형제, 호가든과 셀리스 화이트   138
영혼이 사라진 맥주의 왕, 버드와이저   146
맥주 여신과 달의 여신의 맛있는 만남, 닌카시 그라운드 컨트롤   156
네덜란드의 초록 피, 하이네켄   164

4 예상을 뛰어 넘는 발자취

맥주가 쏘아올린 작은 공, 블랙 이스 뷰티풀　174

맥주 세계를 뒤바꾼 황금색 혁명, 필스너 우르켈　180

효모로 세상을 바꾼 맥주, 칼스버그　188

타이타닉과 수장된 영국 최고의 맥주, 바스 페일 에일　196

아메리칸 홉 아이돌, 스컬핀 IPA　206

전복과 반전의 아름다운 울림, 버번 카운티　216

5 도시, 맥주 속으로 노을지다

에일과 라거의 중심에서 자유를 외치다, 가펠 쾰쉬　226

보스턴의 심장을 새긴 크래프트 맥주, 사무엘 애덤스 보스턴 라거　234

드레스덴의 아픔과 기적을 품은 맥주, 라데베르거　244

런던 에일의 마지막 자존심, 런던 프라이드　252

베를린의 자유와 포용의 상징, 베를리너 바이세　260

6 문화와 함께 춤을

미술과 맥주가 건네는 공감각적 상상, 아드리안 브라우어　272

크리스마스 시즌, 유령들에게 휴식을 줄 맥주들　284

맥주 아래 하나 된 독일, 쾨스트리쳐 슈바르츠비어　292

맥주로 부활한 라푼젤, 두체스 드 부르고뉴　302

독일 해우소에서 마신 축제 맥주, 파울라너 옥토버페스트　310

에필로그　318

프롤로그

언제부터 맥주에 빠지게 된 걸까? 2008년으로 기억한다. 출장으로 독일 프랑크푸르트에 며칠 머무를 기회가 생겼다. 유럽은 처음이었다. 남들 20대 배낭여행으로 가는 유럽을 40대가 돼서야 온 것이다. 시차도 적응할 겸, 술김에 잠을 청할 요량으로 도착하자마자 맥주를 마셨다. 그때 맥주를 아직도 기억한다. 프랑크푸르트 맥주 빈딩과 뮌헨 맥주 프란치스카너였다. 아직 찬 기운이 가득한 2월, 난 이 독일 맥주들의 마력에 휩싸였다.

출장 업무를 마친 뒤 남는 시간을 맥주에 쓰기 시작했다. 마력의 원천이 궁금했다. 프랑크푸르트 작센하우젠에서 마신 빈딩, 라데베르거, 벨틴스 같은 독일 필스는 풍부한 향이 가득했다. 반면 하이델베르그 작은 브루펍, 베터에서 양조한 라거는 부드럽고 우아했다. 독일 맥주와 보낸 시간은 짧았지만 행복했고 강렬했다.

귀국 후 단순하지만 가볍지만은 않은 고민이 머릿속을 떠나지 않았다. 왜 나는 독일 맥주에 행복했을까? 단지 맥주가 맛있어서? 이국적인 분위기 때문에? 유럽은 처음이었지만 미국, 일본, 중국 등 외국 출장이 처음은 아니었다. 그때도 술은 마셨다. 그럼에도 나는 독일 맥주가 왜 다르다고 느꼈던 것일까?

당시만 해도 한국에서 낮에 맥주를 마시면 이상한 시선을 받곤 했다. 술은 업무가 끝나고 조직의 동질성과 단결성을 확인하기 위한 수단이었다. 술의 종류도, 마실 타이밍도 위계와 눈치로 결정됐다. 느긋한 오후, 호젓하게 앉아 마시는 맥주 한 잔은 불경이었다. 술은 취하기 위해서 마시는 액체라는 인식은 자연스럽고 당연했다.

독일에서 맥주를 마셨을 때는 뭔가 달랐다. 자유로웠다. 낮에 마시는 맥주는 짜릿하고 통쾌했다. 마치 군복을 입고 슬리퍼를 신은 예비역 같은 기분이랄까. 그랬다. 한국에서 나는 맥주 한 잔도 타인의 시선 때문에 마음대로 시키지 못했던 사람이었다. 갇혀있는 자신을 맥주에서 발견하다니. 누구에게는 별일 아니겠지만, 사회가 정해놓은 길을 별 생각 없이 걷던 내겐 큰 울림이었다.

2009년부터 운 좋게도 매년 독일을 방문할 수 있었다. 맥주라는 텍스트가 독일인들에게 어떤 콘텍스트인지 궁금했다. 쾰른, 뒤셀도르프, 하이델베르크, 로텐부르크, 뷔르츠부르크, 에르푸르트, 아이젠나흐, 아르베일러, 뮌헨, 아우크부르크, 뉘른베르크, 밤베르크, 라이프치히, 드레스덴, 베를린 등 다양한 도시를 돌아다니며 경험한 맥주 속에서 흐릿했던 답은 점점 또렷하게 바뀌어 갔다.

맥주 뒤에는 도시와 사람들이 살아온 흔적이 묻어 있었다. 그때 내가 맥주에 빠진 이유를 깨달았다. 맥주는 단순한 술이 아니라 문화였던 것이다. 메소포타미아 문명이 잉태한 맥주는 9000년 간 인류와 동고동락하며 지금까지 생을 이어오고 있다. 맥주의 숨결에는 모두의 사연이 들어있었다. 일제강점기 이후, 고유한 술 문화가 사라진 우리에게는 생소한 가치였다. 맥주가 품고 있는 것들이 궁금했다. 알고 싶었고, 그렇게 맥주에 빠졌다.

10년 간 유럽을 돌면서 경험한 맥주 문화는 2018년 사단법인 한국 맥주문화협회 창립을 위한 동기가 됐다. 맥주 속에 있는 인문학적 요소를 찾아내고 강연과 글쓰기를 통해 많은 사람과 공유하고 싶었다. 2019년에는 서울 정동에 독립맥주공장이라는 작은 양조장을 설립해 지역 문화와 역사 그리고 사람을 맥주에 담는 사업도 시작했다. 인류가 생존하는 한, 술은 사회공동체에 선한 영향력을 줄 수 있는 존재로 남아있어야 한다는 믿음을 보여주고 싶었다. 한국에 좋은 술 문화를 만들고 싶은 욕심도 있었다.

이 책은 지난 1년 간 오마이뉴스와 브런치에 연재 중인 맥주실록의 글을 모아 태어났다. 비록 누구에게는 하찮은 술일지도 모르는 맥주가 이 세상을 더 좋은 곳으로 바꾸는데 기여 했으면 하는 바람을 담았다. 일상에서 편하게 마시는 맥주에 녹아 있는 인류의 전통, 역사, 도시, 도전, 문화를 전하고자 했다. 이 책에서 소개하고 있는 대부분 맥주는 한국에서 구할 수 있는 것들이다.

맥주가 세상을 변화하는데 조금이라도 도움이 됐으면, 그래서 우리 공동체가 더 나은 미래를 꿈꿀 수 있기를, 맥주를 사랑하는 한 사람으로 기원한다. 건배.

2023년 8월, 푸르른 정동에서,
맥주로 세상을 바꾸는 꿈을 꾸는,
윤한샘

PART 1

전통은 단순히 잇는 것이 아니다.
오래된 것의 가치를 이해하고
더 나은 것으로 변화시키는 것,
맥주는 그렇게 진화해 왔다.

전통을 잇는
수호자들

훈연 향이 그득한 밤베르크 영혼,
슈렝케를라 메르첸

"이 맥주는 아침 10시에 마셔야 해.
밖에서 마셔야지 진짜 밤베르크 스타일이지.
오늘 너는 진짜 밤베르크 사람이 된 거라고. 껄껄"

맥주잔을 한쪽 난간에 올려놓으며 한스는 호방한 목소리로 소리
쳤다. 동그란 안경 너머 보이는 그의 눈은 장난기로 가득했다. 작지만 다
부진 체격에 전형적인 맥주 배를 가진 한스는 누가 봐도 맥주 사랑이 가
득한 독일 사람이었다. 맥주로 인연을 맺은 제자가 스승의 고향, 밤베르크
(Bamberg)로 온다고 하자 모든 일을 뒤로하고 한달음에 달려온 참이었다.
아침 10시 길 위에서 마시는 맥주라니 한국에서는 상상도 할 수 없는 일이
었다. 진정한 밤베르크 아침 식사에는 신선한 샌드위치도 필요하다며 한
블록 너머 소시지 가게에서 레버케제(Leberkäse)와 빵도 사 가지고 왔다.
돼지 간을 갈아서 만든 레버케제는 스팸처럼 보였지만 식감이 부드럽고 육
향이 풍부했다.

어울리지 않는 조합이라는 의심도 잠시, 맥주 한 모금을 입에 넣
자 방금 숯불에서 꺼낸 베이컨 같은 훈연 향이 비강을 가득 채우며 올라왔
다. 담백한 빵과 짭짤한 레버케제 속에서 퍼지는 훈연 향은 이상하리만큼
어울렸다. 아마 유럽 길거리에서 경험한 최고의 아침 만찬이리라. 만족해
하는 나를 보며 한스는 마치 고대 맥주의 비밀을 알려준 듯 우쭐한 얼굴로
남은 맥주를 비우고 있었다.

1000년의 역사를 품고 있는 문화 도시,
밤베르크

　세계대전의 폭격을 맞지 않은 몇 안 되는 독일 도시이자 유네스코 문화유산 도시인 밤베르크는 바이에른 북쪽 오버프랑켄(Oberfranken)에 있다. 우리는 뮌헨을 독일 맥주 도시로 알고 있지만 사실 오버프랑켄이야말로 독일 맥주의 중심이다. 200개가 넘는 양조장이 있는 이 지역은 세계에서 1인당 양조장 밀도가 가장 높은 곳이다. 오버프랑켄을 대표하는 바이로이트, 쿨름바흐, 밤베르크는 오래된 맥주 역사를 가지고 있는 도시들이다. 이곳에는 작지만 다양한 맥주를 만드는 양조장이 즐비하다. 오버프랑켄 사람들에게 맥주는 종교다. 전라도 사람들이 김치에 진심이듯 이들은 맥주에 엄청난 자부심을 가지고 있다.

　밤베르크는 오버프랑켄 맥주들 사이에서 가장 독특한 맥주를 만날 수 있는 곳이다. 10세기에 처음 이름을 드러낸 이 도시는 위치적으로 작센과 보헤미아와 가까워 문화 교류가 활발했다. 밤베르크를 역사의 중심으로 이끈 사람은 신성로마제국 황제 하인리히 2세(Heinrich II)였다. 오토 왕조 마지막 황제였던 하인리히 2세는 가톨릭 문화를 부흥하고 제국의 기초를 닦는데 큰 기여를 한 인물이다. 이런 그가 가장 사랑하는 도시가 밤베르크였다. 1002년 즉위한 하인리히 2세는 밤베르크에 특권을 부여하고 주교국으로 만들기로 결심한다. 주교국이란 로마 교황청의 주교들이 지배하는 도시를 의미한다. 그는 독립적인 지위를 통해 밤베르크를 제국의 핵심 도시로 세우고자 했다. 밤베르크 대성당은 이런 의지가 집약된 곳이었다.

　1003년 하인리히 2세는 자신을 심각하게 위협했던 폴란드 공작 볼레슬라프를 제압하기 위해 이교도와 동맹을 맺는다. 보헤미아 공작이기

미 사람들로 북적이고 있었다. 오리지널 라우흐비어, 훈연 맥주를 마실 수 있는 슈렝케를라(Schlenkerla)였다.

슈렝케를라는 슈페지알과 함께 전 세계 유이하게 라우흐비어(Rauchbier)를 이어가고 있는 양조장이다. 라우흐비어란 훈연 향이 나는 독일 전통 맥주를 뜻한다. 여기서 나오는 훈연 향은 맥아 때문이다. 맥아는 보리에 싹을 틔운 후 건조한 것으로 발효에 필요한 당을 제공하는 필수 재료다. 오랫동안 인류는 맥아를 얻기 위해 나무를 태워 보리를 건조하는 방법을 사용했다. 자연스럽게 맥아는 나무의 연기를 입었고 훈연 향을 머금었다. 나무는 열을 조절하기에 적당하지 않아 대부분 맥아는 어두운 색을 띨 수밖에 없었다.

슈렝케를라 건물 – 슈렝케를라 입구에는 언제나 사람들이 바글거린다.

전통 속 찬란한 독일 양조장, 슈렝케를라

수천 년 동안 내려오던 이 방법은 17세기 대전환을 맞는다. 1635년 영국인 니콜라스 할스가 석탄을 열원으로 사용하는 맥아 가마를 발명했다. 석탄은 온도 조절에 용이했고 특별한 향도 만들지 않았다. 게다가 비용도 절약되었다. 이후 맥주는 더 이상 훈연 향을 갖지 않았을 뿐만 아니라 색도 밝아졌다. 오랫동안 변하지 않던 양조 기술이 새로운 단계로 진보한 것이다. 전 세계 99%의 맥주가 이런 혁신에 동참하며 현대적인 모습으로 발전했다. 그러나 이런 환경도 불구하고 전통을 고수한 양조장이 있었으니, 바로 슈렝케를라다. 슈렝케를라는 1405년을 출발점으로 자랑하고 있지만 본격적인 역사는 1767년 양조장을 인수한 요한 볼프강 헬러(Johann Wolfgang Heller)로부터 시작된다. 그는 양조장 이름을 헬러 브루어리(Heller-Bräu)로 변경하고 양질의 맥주를 생산하기 위한 투자를 단행했다. 양조장의 법적 이름이 헬러인 이유도 바로 여기에 있다.

　　슈렝케를라라는 비공식적인 명칭이 본격적으로 등장한 건 1877년 안드레아스 그레이져(Andreas Graser)가 양조장을 인수하고 난 뒤다. 약간의 장애를 가지고 있던 그는 걸을 때 팔을 휘저으며 다녔고 그런 모습을 본 사람들은 슈렝케른(schlenkern), 밤베르크 사투리로 절뚝거리는 사람으로 불렀다. 양조장 또한 슈렝케를라라는 별칭이 자연스럽게 붙었다. 라벨 한쪽에 볼 수 있는 빨간색 인장 속 지팡이를 짚고 걸어가는 사람이 바로 안드레아스 그레이져다. 안드레아스는 충분히 현대적인 방법으로 맥주를 만들 수 있었지만 나무를 태워 맥아를 만드는 전통을 고수했고 지금까지 6대째 이어지고 있다. 세계적인 맥아 회사 바이어만(Weyermann)이 바로 코앞에 있음에도 여전히 직접 맥아를 생산하는 것을 보면 전통이 그들의 정체성에 얼마나 중요한 가치인지 알 수 있다.

　　한스와 슈렝케를라 입구에서 마신 맥주는 슈렝케를라 메르첸(Schlenkerla Märzen)이었다. 바이젠(Weizen), 우어복(Ur-bock), 도펠복(Doppelbock) 등 다양한 서브 카테고리를 자랑하는 슈렝케를라 맥주 중 메르첸은 가장 클래식한 스타일이다. 메르첸은 5~5.5%의 알코올과 앰버 색을 가진 라거 맥주다. 섬세한 캐러멜 향과 부드러운 바디감이 이 스타일의 매력이다.

슈렝케를라 메르체 - 밤베르크에서는 아침 식사로 마신다.

슈렝케를라 메르첸은 일반적인 메르첸에 비해 조금 더 어두운 마호가니 색을 띠고 있지만 빛이 투과될 정도로 투명하다. 맥주를 코에 대자 훈연 향이 물씬 올라왔다. 슈렝케를라를 처음 접해보는 사람은 맥주에서 상상하기 어려운 낯선 향에 움찔할 수도 있다. 살짝 꼬릿한 향도 잠시, 부드럽게 넘어가는 맥주 뒤로 섬세한 캐러멜 향과 검은 과실의 힌트가 비강을 물들인다. 짙은 훈연 향속에 숨어있는 메르첸 고유의 특징이 느껴졌다. 꿀꺽꿀꺽 들이키기는 어렵지만 참을 인자 세 개만 마음에 새기면 서서히 이 맥주의 향미에 익숙해진다. 그럼에도 불구하고 적응하기 힘들면 음식이 천군만마가 될 수 있다. 소시지는 말할 것도 없고 구운 고기, 말린 육포는 훌륭한 파트너다. 구운 아몬드와 치즈도 빠질 수 없다. 굽고 볶는 데서 나오는 향미를 가진 음식은 모두 슈렝케를라 메르첸을 친숙하게 만든다. 처음에는 힘들지만 한번 빠지면 헤어날 수 없는 매력이 이 맥주의 마력이기도 하다.

'전통을 유지한다는 것은 재를 보존하는 것이 아니라 불이 꺼지지 않도록 하는 것이다'라는 독일 속담처럼 슈렝케를라에는 여전히 불씨가 남아있다. 많은 사람들이 현대 맥주에 없는 어색한 훈연 향에도 꾸준히 슈렝케를라를 찾는 건 이 불씨의 정체를 이해하고 공유하고픈 무언가에 이끌렸기 때문 아닐까? 아니면 수천 년 간 맥주를 마셔왔던 인류의 DNA에 새겨진 흔적을 찾고자 하는 본능일 수도 있다. 유행은 돌고 도는 것이라, 또 아는가. 23세기 맥주에는 훈연 향이 가득할지.

효모루덴스가 즐긴 태곳적 음료,
깐띠용 괴즈

---
* 효모루덴스는 유희의 인간을 뜻하는 호모루덴스에서 따온 말로 태초부터 맥주를 즐긴 인간을 의미한다.

"인생의 행복, 그 이름은 맥주, 인생의 불행, 그 이름은 원정"

〈수메르 속담〉

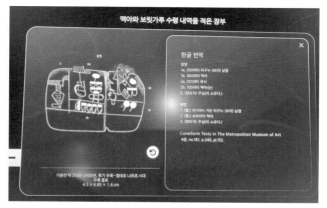

맥주를 담고 있는 점토판 – 국립중앙박물관 메소포타미아 관에 가면 볼 수 있다.

기원전 3000년 메소포타미아. 수메르 신전은 쿠심에게 맥아와 곡물을 빌려주며 점토 위에 이름과 곡물의 양을 적었다. 그가 구매한 451리터의 보리 낱알과 405리터의 맥아는 맥주 재료를 위한 것이었다. 맥주 양조에 사용되는 빵도 있었다. 기원전 2500년 경 수메르 신전은 맥주 양조를 위해 두 번 구운 빵, 바피르를 대여하고 이자, 마쉬를 수령할 것이라고 기록했다. 바피르(bappir)는 '마신다'라는 의미의 카슈(kas)와 '빵'을 의미하는 닌다(ninda)를 합친 단어로 포르투칼어 빵(pão) 또는 맥주(bier)의 어원이다. 이렇게 빵과 맥주에 깊은 인연이 있다는 것은 단군 할아버지가 내려오시기 전, 인류가 남긴 기록만 봐도 알 수 있다.

약 8천 년 전 수렵 생활을 하던 인류는 지금의 이라크와 시리아가 있는 메소포타미아에 정착한다. 이곳을 가로지르는 유프라테스 강과 티그리스 강의 빈번한 범람은 정착민들에게 가혹했지만 한 개의 씨앗을 심으면 8개의 낱알이 달릴 정도로 비옥한 땅도 선물했다. 농경 생활이 시작되자 식량이 늘어났고 사람들이 몰려들며 자연스럽게 도시가 형성됐다. 이렇게 세워진 최초의 도시 국가를 수메르(Sumer)라고 불렀다. 수메르인들은 홍수를 막기 위해 관계시설을 구축하고 댐을 건설했다. 이 과정에서 기하학, 수학, 천문학뿐만 아니라 토목술이 발전했으며 바퀴와 벽돌 같은 이기도 발명됐다. 가장 중요한 건 문자의 탄생이었다. 잉여 곡물을 기록하기 위한 단순한 표기가 문자로 진화했다. 문자는 인류의 역사를 선사시대와 문명시대로 구분 짓는 중요한 잣대였다. 수메르는 인류의 첫 문명을 품은 도시였던 것이다.

수메르인들이 경작한 곡물은 적은 강수량에 적합한 밀과 보리였다. 건조한 곡물을 빻아 물에 섞으면 곡물 죽이 됐고 구우면 빵이 됐다. 특히 보관이 용이한 빵은 주식으로 사랑받았다. 맥주는 빵과 이를 호시탐탐 노리던 미생물의 우연한 조우에서 시작됐다. 이 녀석들은 물에 젖은 빵에 생긴 작은 틈을 놓치지 않았다. 인간에게 해로운 결과가 대부분이었지만 그렇지 않은 것들도 있었다. 시큼하고 꿈꿈한 향이 나는 액체를 먹은 누군가의 건강에 이상 없다는 게 알려지자 인간 세계에 마법이 일어났다. 이 음료는 물보다 안전했고 갈증해소에 탁월했으며 때로는 힘을 북돋아주기도 했다. 심지어 마시면 마실수록 기분도 좋아졌다.

수메르인들은 물과 빵을 통해 생성되는 신비로운 음료를 의도적으로 만들기 시작했다. 과학이 없던 시절, 양조는 신의 도움과 인간의 경험이 절실한 과정이었다. 맥주에 마법을 부리는 신의 이름은 닌카시(Ninkasi)였고 그녀의 가호로 탄생한 태곳적 맥주는 시카루(Sikaru)라고 불렸다. 시카루는 식수와 식량을 대신했고 노동주로 제공됐으며 신에게 바쳐졌다. 무엇보다 사람과 사람을 연결하는 음료로 사랑받았다. 수메르인들은 항아리에 둘러 앉아 갈대 빨대로 시카루를 마시며 행복한 시간을 보냈다. 맥주에서 나오는 신맛과 꿈꿈한 향은 수천 년 동안 인류에게 자연스러운 것이었다.

멀고도 가까운 맥주 속 신맛

불과 200여 년 전까지만 해도 신맛이 없는 맥주는 상상하기 어려웠다. 신맛은 5가지 맛 중 가장 애매한 맛이다. 당과 단백질을 의미하는 단맛과 감칠맛, 독을 알려주는 쓴맛, 필수 미네랄인 나트륨을 감지하는 짠맛과 달리 음식의 부패나 덜 익은 과일 정도를 알려 줄 뿐이었다. 경험에 따라 호불호가 갈리며 선천적으로 선호되지도 않았다. 그러나 신맛은 생명 유지를 위한 필수적인 감각이다. 신맛의 정도는 산(acid)에 의해 결정된다. 산은 유기체 활동에 반드시 필요한 존재다. 에너지 대사를 위한 이온 간 전환이나 몸 안의 건강을 유지하는데 중요한 역할을 담당한다. 장 속 유산균이 생성하는 젖산이 유해균 증식을 막아준다는 사실이 비근한 예다.

맥주가 물보다 안전했던 이유도 바로 젖산균에서 나오는 젖산과 야생효모가 만드는 알코올 때문이었다. 산소가 없는 조건에서 효모가 당을 먹고 알코올과 이산화탄소를, 젖산균이 젖산을 만든다는 발효 기작이 밝혀진 건 불과 19세기 말이었다. 체계적인 효모 배양과 스테인리스 재질의 발효조가 시작된 뒤에야 비로소 꿈꿈한 향과 신맛은 맥주 세계에서 멀어졌다. 더구나 황금색 라거의 등장은 맥주의 기준을 깔끔함과 청량함으로 바꿨다. 20세기 인류는 맥주에 약간의 신맛을 허락했을 뿐, 입 안을 짜르르 울리는 불경은 허용하지 않았다. 그러나 온 세상이 황금색 라거로 물드는 시기에도 자연의 힘으로 탄생하는 맥주는 남아있었다. 벨기에 렘비끄 (Lembeek) 한 구석에서 근근이 숨을 쉬던 람빅이었다.

현대판 시카루,
람빅

깐띠용 오리지널 람빅 – 깐띠용 브루어리에 가면 3년 된 오리지널 람빅을 마실 수 있다.

람빅(Lambic)은 야생 효모와 젖산균으로 양조되는 벨기에 전통 맥주다. 최초의 람빅 양조장은 1702년 팀머만스(Timmermans)로 알려졌지만 그 역사는 로마 시대까지 거슬러 올라간다. 70% 보리 맥아와 30% 밀로 추출한 당물, 즉 맥즙을 자연 속 미생물에 맡긴다는 점에서 람빅은 태곳적 맥주, 시카루와 결을 같이 한다. 수천 년 전 메소포타미아 맥주 항아리처럼, 양조장에 기생하는 야생 효모와 젖산균은 쿨쉽(Coolship)이라고 불리는 개방된 통에서 천천히 맥즙을 발효한다. 이후 맥주는 오크통에서 적게는 6개월, 길게는 2년 정도 추가적인 발효와 숙성을 거치며 다채로운 향을 입는다. 낮은 알코올을 가진 시카루와 달리 람빅의 알코올 도수는 4~8% 정도로 다양하다.

야생 효모와 젖산균은 일반 맥주에서 사용되는 배양 효모와 달리 당을 깨끗이 먹어치운 뒤, 우리가 예상하지 못한 향미를 뱉어낸다. 외양간에서 맡을 수 있는 퀴퀴한 냄새와 땀이 흠뻑 밴 셔츠에서 나오는 꼬릿한 향이 코끝을 짜릿하게 찌른다. 단맛은 절제되어 있으며 바디감은 깔끔하고 드라이하다. 쓴맛은 낮지만 혀끝을 짜르르 울리는 시큼한 맛은 기절초풍할 정도로 세다. 그래서 람빅 양조사들은 오래 숙성된 람빅과 젊은 람빅을 혼합한 괴즈(Geuze)나 설탕을 넣어 단맛을 높인 파로(Faro), 체리와 라즈베리 같은 과일을 넣은 프룻 람빅(Fruit lambic)으로 음용성을 높였다.

가장 전통적인, 그러나 가장 혁신적인 람빅, 깐띠용 괴즈

깐띠용 건물 - 브뤼셀 남쪽에 있는 깐띠용 브루어리

브뤼셀에 설립된 깐띠용(Cantillon)은 살아있는 람빅 박물관이다. 1900년 폴 깐띠용과 아내 마리는 람빅 블랜더(blender)로 사업을 시작했다. 가장 전통적이고 원형에 가까운 람빅을 만들어 온 깐띠용은 120년 넘게 양조 장비를 바꾸지 않고 있다. 그 안에는 이곳의 정체성을 지켜온 미생물들이 살아 숨 쉰다.

깐띠용에 들어서자 시큼한 향이 코를 찔렀다. 입구에는 여기저기 먼지가 쌓여있었고 오크통 틈에는 습기를 머금은 거미줄이 늘어져 있었다. 일반적인 맥주 양조장이라면 기겁을 했겠지만 이곳은 람빅 양조장이다. 양조장 내부로 들어서자 나무 담금조가 세월의 흔적을 입은 구리 관과 주물 날을 물고 있었다. 2층에는 칠이 벗겨진 밀링 기계와 언제 제작했는지 알 수 없는 2개의 구리 케틀이 입을 활짝 열고 있었다. 여기서 끓인 맥즙은 구리 관을 통해 넓고 평평한 쿨쉽으로 이송된다.

깐띠용 쿨쉽 – 깐띠용 양조장에 있는 쿨쉽

쿨쉽이 있는 방의 지붕은 나무였다. 사이사이 빛이 보였고 틈으로 브뤼셀의 공기가 느껴졌다. 이곳에 사는 미생물들이 깐띠용의 진짜 양조사들이다. 쿨쉽으로 맥즙이 쏟아지면 이 녀석들은 맥즙 속 당을 허겁지겁 먹어치우며 마법의 주문을 외운다. 인간이 할 수 있는 일은 여기까지, 나무통에 맥즙을 채운 후, 미물들이 좋은 소식을 가져오기를 바랄 뿐이다.

깐띠용 람빅은 최소 1년 이상 오크통에 숙성된다. 양조장에 가면 3년 된 오리지널 람빅을 맛 볼 수 있다. 대부분 람빅은 서로 다른 오크통의 람빅들과 블랜딩을 거쳐 세상에 나온다. 괴즈라고 불리는 이 카테고리는 오리지널 람빅의 거친 향미를 다듬기 위해 태어났다. 람빅 양조사들은 18세기 수도사 돔 페리뇽이 만든 샴페인에서 괴즈를 착안했다. 18개월 이상 람빅과 6개월 정도 람빅을 혼합한 깐띠용 괴즈는 이 양조장의 아이콘이다.

깐띠용 괴즈 라벨에는 브뤼셀의 아이콘인 오줌싸개를 볼 수 있다. 브뤼셀의 오줌싸개 동상의 주인공은 12세기 브라반트 공국을 물려받은 고드프리(Godfrey) 3세다. 그는 젖먹이에 불과했던 시절 반란군이 일으킨 전쟁에 참가하게 되었는데, 그때 유모가 젖을 불리기 위해 마셨던 맥주가 람빅이었다. 전투 전 잠 자던 고드프리가 깨어 반란군을 향해 힘껏 오줌을 쌌고 이에 고무된 병사들이 승리를 거두었다. 사람들은 고드프리의 영웅적 행동과 저항 정신을 기념하기 위해 오줌싸개 동상을 세웠다. 라벨 속 오줌싸는 아이의 손에 들려 있는 건, 누가 봐도 람빅이다.

병에는 일반 맥주와 달리 빈티지(vintage)가 보인다. 람빅은 배치마다 향미가 다르기 때문에 와인처럼 빈티지가 있다. 깐띠용 괴즈를 즐기기 위해서는 와인 오프너도 필요하다. 병뚜껑 속에는 코르크가 입구를 꽉 막고 있다. 코르크가 열리자 야생 효모의 흔적인 마구간(barn-yard) 향이 올라온다. 잔에 담긴 깐띠용 괴즈는 불투명한 황금색이다. 시큼하고 쿰쿰한 향을 기대했지만 의외로 신선한 살구와 자두 같은 핵과류의 향이 물씬거린다. 강할 거라고 예상했던 신맛은 부드럽고 우아하다. 마우스필

깐띠용 괴즈 – 한국에서도 깐띠용 괴즈를 즐길 수 있다.

(mouthfeel)은 미네랄 가득한 암반수처럼 쨍하고 깔끔하다. 섬세한 단맛은 신맛과 균형감을 이루며 몇 잔을 더 마실 수 있는 용기를 불어 넣는다. 5.5% 알코올도 이런 용기에 한 몫 한다. 야생 효모와 젖산균이 만든 거칠음은 인간의 손에 의해 유려한 조각처럼 다듬어져 있었다.

람빅은 맥주의 태곳적 흔적을 가지고 있다. 그 속에는 자연과 맞서며 문명을 이뤄낸 인류의 피, 땀, 눈물이 담겨있다. 그리고 전쟁을 벗어나 사랑하는 사람들과 맥주를 마시는 일상을 행복으로 여긴 수메르인들의 애환도 느낄 수 있다. 하물며 우리라고 그들과 다르겠는가. 시카루와 람빅 속 미물들이 전하는 교훈은 한결같다. 제발, 카르페 디엠(Carpe Diem).

가장 오래된 수도원 양조장이 바치는
맥주 헌사, 벨텐부르거 아삼복

"물은 위험하다. 맥주는 안전하다.
인간의 땀과 신의 사랑, 맥주가 세상에 왔도다."
〈성 아르눌프〉

6세기 흑사병이 휩쓴 유럽, 한 남자가 물 대신 맥주를 마시라고 민중들에게 호소했다. 그의 말을 따른 사람들은 흑사병의 위협에서 벗어나 생명을 지킬 수 있었다. 맥주로 사람들을 구한 인물의 이름은 메츠의 아르눌프(Arnoul de Metz), 후에 브루어의 성인으로 추대된 수도사다.

성경에는 맥주라는 단어가 없지만 수도원과 맥주는 1500년이 넘도록 함께 해왔다. 최초의 수도원 맥주는 캔터베리 수도원에서 시작됐다고 추정한다. 서로마 멸망 후, 교황 그레고리 1세는 591년 지금의 영국 땅인 브리타니아로 아우구스티누스를 파견했다. 그는 켄트에 도착해 수도원을 세우고 왕과 백성들에게 가톨릭을 전파했다. 포도 재배가 원활하지 않았던 영국에서 수도사들은 맥주를 만들어 와인 대신 성찬했다.

6세기 전에 수도원 맥주가 있었다는 의견도 존재한다. 아우구스티누스에 앞서 435년 성 패트릭(Saint Patrick)은 아일랜드에 가톨릭을 전했다. 6세기 중반 성 콜롬바(Saint Columba)는 스코틀랜드와 잉글랜드에 수도원을 세우고 성 패트릭의 복음을 실천했다. 그의 전기를 쓴 조나스는 성 콜롬바가 브리타니아에 있는 게르만 혈통들에게 물을 맥주로 바꾸는 기적을 행했다고 기록했다. 아일랜드 수호성녀 브리지다의 일화도 일맥상통한다. 목마른 여행자를 위해 목욕물을 맥주로 바꾸었고 한 통의 맥주를 불어나게 만들어 18곳의 교회가 충분히 마셨다는 전설이 전해진다.

어디가 수도원 맥주의 시작일까? 수도사 중심의 아일랜드 가톨릭과 교황 위주의 로마 가톨릭은 브리타니아에서 경쟁했다. 8세기 이후 승기는 로마 가톨릭 쪽으로 기울었다. 역사는 승자를 기록하는 법, 캔터베리가 수도원 맥주의 기원이 된 것은 아일랜드와 로마 가톨릭 간 세력 싸움의 결과로 보인다. 그러나 성 콜롬바나 성녀 브리지다에 얽힌 맥주 일화와 아일랜드 수도원의 역사를 봤을 때, 최초의 수도원 맥주 타이틀은 아일랜드가 가져가야 하지 않을까?

맥주,
수도원의 주인이 되다.

서로마 이후 중세 초기는 혼란과 공포 그 자체였다. 로마의 문화를 이어가고 싶었던 게르만은 능력이 부족했다. 게다가 6세기에 닥친 전염병은 유럽 인구를 반으로 줄이며 대륙을 잘게 쪼갰다. 암흑의 시대에서 이들에게 빛을 보여준 것은 기독교였다. 내세를 약속하는 예수는 지옥 같은 현세를 극복하게 하는 희망이었다.

중세 문화를 꽃피운 사람은 유럽을 통일한 프랑크 왕국의 샤를마뉴 대제였다. 독실한 가톨릭 신자였던 그는 수많은 수도원을 세우며 점령지 백성들을 기독교로 개종시켰다. 교황 레오 3세에게 서로마 제국 황제 대관을 받은 800년 이후 무려 10만 권에 달하는 성경 필사본을 배출하는 등 화려한 수도원 문화의 기틀도 닦았다. 수도원 맥주의 발전은 샤를마뉴의 치세와 관련이 깊다. 그는 수도원을 들릴 때마다 맥주를 평가하며 양질의 맥주 양조를 장려했다. 수도사들은 월급이 없었을 뿐만 아니라 규칙적인 생활에서 나오는 일정한 노동력을 맥주 양조에 투입할 수 있었다. 글을 통해 전수된 양조 방법은 맥주의 품질을 향상시켰다. 수도원 맥주는 순례객에게 제공되는 생명수가 되기도 했다. 계급에 따라 품질은 달랐지만 누구든 수도원에서 맥주를 마실 수 있었다.

가장 오래된 수도원 맥주,
벨텐부르거

ⓒOctobrist CC BY-SA 4.0

벨텐부르크 수도원 – 아름다운 도나우 강변에 고고히 서 있다.

617년 도나우 강이 흐르는 바이에른 레겐스부르크에 성 콜롬바를 따르는 수도사들이 도착한다. 벨텐부르크 두물머리라 불리는 이곳은 로마 시대 교통의 요충지였고 군대의 집결지였다. 수도사들은 이곳에 벨텐부르크 수도원(Weltenburg abbey)을 세우고 정착했다. 바이에른 최초의 수도원 벨텐부르크는 8세기 성 베네딕트의 규율을 따르는 베네딕도회가 되었으며 932년 레겐스부르크 주교 관할이 되어 중심 교구로 성장했다.

벨텐부르크에 맥주 양조장이 들어선 시기는 1050년이었다. 기록에 따르면 수도원이 홉을 사용할 수 있는 권한을 얻으면서 양조장이 시작됐다고 한다. 아마 바이에른은 포도가 잘 자라는 지역이기 때문에 성찬에는 주로 와인을 사용했을 것이다. 추측컨대 당시 다른 수도원들처럼 순례객에게 맥주를 제공하고 수도원의 재원을 마련하기 위해 맥주를 만들지 않았을까?

8세기 스위스에 있던 장크트갈렌 수도원에는 대규모 양조장에 대한 기록이 남아있다. 유럽 최초로 맥주를 전문적으로 생산한 수도원으로 세 곳의 양조장에서 100명의 수도사들이 맥주를 만들었다. 이들의 맥주는 셀리아, 세레비시아, 콘벤투스로 불렸는데, 각각 영주, 수도사 그리고 일반 순례객들을 위한 것이었다. 레겐스부르크 주교 관할이 되면서 크게 성장한 벨텐부르크도 비슷한 목적으로 맥주 양조장을 짓고 운영했을 가능성이 높다.

역사의 풍파에서 살아남은
수도원 양조장

18세기 프랑스혁명과 19세기 나폴레옹 전쟁은 신성로마제국은 물론 수도원까지 몰락시켰다. 전쟁에서 이긴 프랑스는 배상으로 라인 강 좌측 땅을 차지했고 기존 통치자들에 대한 보상으로 교회의 재산과 토지를 몰수한 후 재분배했다. 1798년부터 시작된 이 조치는 1802년을 거쳐 나폴레옹이 패퇴한 1815년까지 진행됐고 그 결과 수백 개의 수도원과 종교재단이 문을 닫았다. 우리가 익히 아는 바이헨슈테판, 파울라너, 아우구스티너 같은 유명한 수도원 양조장 또한 이 시기에 사라졌다. 벨텐부르크 수도원도 이 풍파를 피해 갈 수 없었다. 결국 1803년 3월 18일 공식적으로 수도원은 폐쇄된다.

벨텐부르크 수도원 비어 가르텐 – 이곳은 맥주를 먹으러 오는 관광객으로 항상 붐빈다.

하지만 이곳에는 원대한 독일을 꿈꾸는 사람이 있었다. 바이에른 왕국의 두 번째 왕 루트비히 1세였다. 1806년 바이에른은 신성로마제국이 나폴레옹에 의해 해체되자 왕국으로 승격된다. 루트비히 1세는 나폴레옹에 짓밟힌 독일의 자존심을 높이고자 50명의 위대한 독일인 흉상을 세울 발할라를 레겐스부르크에 건설했다. 이런 그에게 최초의 바이에른 수도원을 재건하는 것은 당연한 일이었다. 1842년 루트비히 1세는 버려진 벨텐부르크 수도원을 재정비하고 맥주 양조장도 부활시켰다. 이후 이곳은 1858년 가톨릭 베네딕트 교구 소속이 되었으며 1913년부터는 독립적으로 운영되고 있다.

수도원 안쪽에 있는 양조장에서는 독일 정통 스타일의 맥주들이 만들어지고 있다. 하지만 수도사들은 더 이상 양조에 크게 관여하지 않는다. 20세기 들어 대부분 수도원들은 수도사 부족과 고령화라는 문제를 겪고 있다. 벨텐부르크 또한 마찬가지였다. 1973년 추가적인 투자가 필요해지자 레겐스부르크에 있는 비쇼프쵸프(Bishofchof)에 양조 권한을 이

양했다. 비쇼프쵸프는 현재 벨텐부르거(Weltenburger)라는 이름으로 수도원 맥주의 전통을 이어가고 있다. 수도원 맥주답게 과도한 이익을 보지 않고 소량 생산하며 품질에 가치를 두고 있다. 그 결과 벨텐부르거는 셰예른(Scheyern), 안덱스(Andechs)와 함께 독일 3대 수도원 맥주로 어깨를 나란히 하고 있다. 물론 두 양조장에는 없는 세계에서 가장 오래된 수도원 양조장이라는 타이틀도 함께.

가장 벨텐부르크 다운 맥주,
아삼복

벨텐부르거를 대표하는 맥주로 아삼복(Asam bock)을 빼놓을 수 없다. 아삼 형제는 1716년부터 1739년까지 성 게오르그가 있는 메인 교회당을 완성한 건축가다. 바로크 후기 양식으로 지어진 이 교회는 벨텐부르크의 상징이자 핵심이다. 벨텐부르거는 아삼 형제를 위한 헌정 맥주로 도펠복 스타일을 선정했다. 도펠복(Doppelbock)은 7~9% 알코올을 갖는 어두운 색 라거다. 1634년 파울라너에서 시작됐으며 사순절 기간 수도사들이 마시는 맥주라는 기원을 갖고 있다. 건자두와 초콜렛 향, 툭 치고 나오는 쓴맛 그리고 묵직한 바디감은 도펠복에서만 느낄 수 있는 매력이다.

벨텐부르거 아삼복은 마치 바로크 시대 작품 같다. 붉은 기가 살짝 도는 마호가니 색은 고혹적이다. 풍성한 아이보리 색 거품 사이로 스미는 향은 진득한 건자두와 흑설탕이다. 7.3% 알코올을 받치고 있는 뭉근한 바디감과 쓴맛은 혀 위에서 맥주를 잠시 두고 음미하게 한다. 섬세하지만 또렷한 알코올과 복합적인 향미는 바로크 음악가 헨델의 음악을 마시는 듯하다.

640년 아르눌프가 레미레몽(Remiremont)에서 사망하자 제자들
은 그가 성직을 받았던 메츠(Metz)로 시신을 옮기기로 한다. 뜨거운 햇살
이 쏟아지던 642년 7월, 운구를 하던 도중 가지고 있던 물과 맥주가 바닥났
고 사람들은 점점 지쳐 쓰러져갔다. 그때 일행의 대표였던 노토 공작이 아
르눌프에게 갈증을 달랠 수 있는 맥주를 달라고 기도했다. 곧 통에는 맥주
가 넘쳐났고 사람들은 무사히 메츠에 도착할 수 있었다. 성자 아르눌프의
축성일인 7월 18일이 전 세계 브루어의 날로 지정된 것은 이처럼 맥주가
세상을 이롭게 했기 때문이다. 우리에게 수도원 맥주가 더 멋지게 보이는
이유도 마찬가지다. 이제 벨텐부르거 아삼복 뒤에 있는 밝은 아우라가 보
이는가?

민중의 품으로 돌아간 귀족 맥주,
슈나이더 바이세 마인 오리지날

"포도를 구경할 수 없는 토이토니아의 인간들은
보리죽이나 마신다면서, 보리죽 따위가 그리도 좋더냐."

〈로마 황제 율리아누스〉

로마 황제 율리아누스는 야만족이 마시는 맥주를 보리죽으로 조롱했다. 로마 역사가 타키투스가 쓴 게르마니아에서도 맥주는 게르만 족의 보리 발효주 따위로 묘사된다. 그리스 로마시대 와인은 신이 하사한 고매한 술이었던 반면 맥주는 가축이나 노예 그리고 야만인을 위한 음료였다. 서기 476년 서로마 제국은 보리죽이나 마시던 게르만 족에게 멸망한다. 이 혼란한 시기 민중에게 영양분을 보충해주고 갈증을 해소시킨 건 와인이 아닌 맥주였다. 맥주는 성별, 나이, 계급에 상관없이 누구에게나 허락된 음료였다.

17세기 독일 바이에른 공국, 평등했던 맥주 세계에 이상한 일이 일어났다. 특권층만 향유할 수 있는 맥주가 나타난 것이다. 이 맥주는 당시 어떤 맥주보다 밝았으며 부드러웠고 멋진 향을 지니고 있었다. 양조권(Weissbierregal)이 있어야 만들 수 있었고 귀족과 상류층에서만 즐길 수 있었던 맥주, 사람들은 이 맥주를 바이스비어(Weissbier)라 불렀다.

밀 맥주,
귀족 맥주가 되다.

밀은 맥주가 세상에 태어났을 때부터 핵심 재료였다. 독일 전역은
물론 남부 바이에른에서도 밀 맥주의 흔적을 찾기는 어렵지 않다. 1516년
바이에른 영주 빌헬름 4세가 보리, 물, 홉으로만 맥주를 만들어야 한다는
'맥주 순수령'을 제정할 때도 밀은 예외였다. 심지어 1548년 데겐베르거 가
문이 가업으로 밀 맥주 독점권을 요구했을 때, 큰 대가 없이 허가했을 정도
였다. 그러나 데겐베르거 밀 맥주가 인기가 높아지고 큰 수익을 얻으면서
상황이 변했다. 빌헬름 4세의 뒤를 이어 바이에른의 영주가 된 알브레히트
5세는 데겐베르거 가문의 한스 지그문트가 후세 없이 사망하자 밀 맥주 양
조권을 되찾은 뒤 독점했다.

호프브로이하우스 – 이 양조장으로 인해 뮌헨 맥주의 역사가 바뀐다.

알브레히트 5세의 뒤를 이은 빌헬름 5세는 유난히 맥주를 사랑했
다. 그는 1589년 호프브로이 하우스(Hofbräuhaus)를 세워 맥주의 맛과 품

질을 높였고 바이에른 맥주라는 정체성을 부여했다. 그의 아들인 막시밀리언 1세는 한술 더 떠 1607년 켈하임에 밀 맥주만 양조하는 바이스 브로이하우스(Weisses bräuhaus)를 건설했다. 여기서 만들어지는 밀 맥주는 높은 가격으로 상류층들에게 판매되었고 이 돈으로 바이에른 공국은 30년 전쟁을 버틸 수 있었다. 밀 맥주는 평민에게 허락되지 않는 '계급'을 갖게 됐다.

밀로 인해 상대적으로 밝은 색을 띠는 밀 맥주는 바이스비어(Weissbier), 즉 화이트 비어(White beer)로 불렸다. 풍성한 거품, 섬세한 과일 향 그리고 부드러운 질감을 가진 바이스비어는 어두운 색을 가진 당시 맥주와 확연히 구분되었다. 당시 독일의 펍인 가스트호프는 돈만 있으면 계급에 상관없이 맥주를 마실 수 있는 곳이었지만 이 밝은 색 밀 맥주를 마시기 위해서는 돈이 아닌 계급이 필요했다. 맥주에 계급이 생기다니 가당키나 한 일인가. 확실히 맥주 세계에서 흔치 않은 일이었다.

바이스비어의 몰락과 슈나이더 바이세의 탄생

19세기는 많은 맥주에게 시련의 시기였다. 황금빛 라거 천하가 시작된 것이다. 기세등등했던 바이스비어도 라거의 습격에 힘을 잃어 갔다. 신성로마제국 해체 후 공국에서 왕국이 된 바이에른도 마찬가지였다. 호프브로이 하우스는 라거를 양조하며 승승장구한 반면 바이스 브로이하우스의 수익은 크게 떨어졌다. 바이스비어로 돈을 벌지 못하자 바이에른 황제 루트비히 2세는 밀 맥주를 더 이상 만들지 않기로 결정했다. 한때 귀족의 맥주였던 바이스비어가 멸종 위기에 처한 것이다.

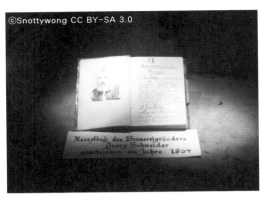

게오르그 슈나이더의 레시피 북 –
바이스비어를 민중의 품으로 돌려줬다.

이런 환경에서도 여전히 바이스비어의 가능성을 포기하지 않은 한 사람이 있었다. 게오르그 슈나이더(Georg Schneider)는 1855년 거의 수명을 다한 왕실의 바이스 브로이하우스를 임대 운영하고 있었다. 그리고 1872년 루트비히 2세로부터 밀 맥주 양조권을 양도받은 뒤 뮌헨의 마데브로이(Maderbräu)를 인수하며 본격적으로 바이스비어 양조에 돌입했다. '귀족' 밀맥주가 '평민' 게오르그 슈나이더에 의해 다시 민중의 품으로 돌아온 것이다. 슈나이더는 마데브로이를 슈나이더 바이세(Schneider weisse)로 이름을 바꾸고 자신의 오리지널 레시피로 만든 첫 맥주를 출시한다. 지금 모든 바이스비어의 뿌리이자 기준인 마인 오리지널 탭7(Mein Original Tap 7)이 탄생하는 순간이었다.

전통에서 혁신을 찾는 민중 밀맥주, 마인 오리지널 탭7

야심차게 바이스비어 양조장을 시작했지만 세상은 라거의 것이 되고 있었다. 특히 바이에른은 라거 혁명의 핵심이었다. 호프브로이 하우스는 물론 슈파텐, 파울라너, 프란치스카너 등 내놓으라 하는 양조장들이 앞 다투어 좋은 라거를 선보였다. 이런 라거의 거친 파고에도 슈나이더 바이세는 빛을 잃지 않았다. 1907년 높은 도수의 바이스비어인 아벤티누스를 출시했고 꾸준히 성장하며 1928년에는 켈하임으로 확장하기도 했다. 이 지

역은 400년 전 막시밀리언 1시가 바이스 브로이하우스를 설립했던 곳으로 1922년 세계 대전 중 뮌헨 양조장이 파괴되자 슈나이더 바이세의 메인 양조장이 됐다.

　　　부서졌던 뮌헨 양조장은 복원을 거쳐 현재 뮌헨에서 가장 유명한 슈나이더 바이세 전용 펍으로 명성을 떨치고 있다. 이 곳에서는 '바이스비어 스페셜리스트'라는 명성에 맞게 슈나이더 바이세의 모든 맥주와 바이에른 전통 음식을 맛 볼 수 있다. 슈나이더 바이세 맥주는 스타일에 따라 숫자를 가지고 있는데 그 수가 열 개가 넘어간다. 예를 들어 바이스비어의 원조인 마인 오리지널은 7을 갖고 있다. 보통 탭(Tap)을 숫자 앞에 붙여 이름 대신 탭7이라고 부른다. 알코올 도수가 높은 바이스비어 아벤티누스는 탭6이며 미국 크래프트 양조장인 브루클린 브루어리와 협업해서 만든 호펜 바이세는 탭5다. 무알콜 바이스비어에는 탭3가 달려있다. 탭10은 탭X라고 되어 있는데 10의 로마자 표기와 가장 실험적(experimental)인 바이스비어라는 의미에서 'X'를 붙였다.

슈나이더 바이세 마인 오리지널 탭7 - 모든 바이스비어의 원조 맥주다.

다양한 스타일이 유혹하더라도 가장 우선적으로 마셔야 할 맥주는 탭7이다. 여전히 1872년 레시피로 양조되는 마인 오리지널(Mein Original)은 라벨에 '오리지널'이 붙는 몇 안 되는 맥주다. 색이 밝아 바이스비어로 불렸지만 실은 불투명한 갈색을 띠고 있다. 지금은 황금색이 밝은 색에 속하지만 19세기에는 갈색이 밝은 축에 속했다.

탭7은 반드시 바이스비어 전용 잔으로 즐겨야 한다. 위는 볼록하고 아래는 잘록한 이 기다란 잔에 마셔야만 바이스비어의 모든 매력을 느낄 수 있다. 빛이 살짝 투과되는 탁한 투명도는 필터링을 하지 않았기 때문이다. 잔의 볼록한 부분을 꼭 채우는 풍성한 거품은 밀의 단백질에서 나왔고 폭발적인 탄산은 병 안에서 효모가 2차 발효를 통해 만든 것이다.

잔을 들어 맥주를 입에 대면 거품이 사라짐과 동시에 우아하고 신선한 바나나와 정향 아로마가 비강을 꼭 채운다. 효모가 창조하는 바나나와 정향 아로마는 바이스비어의 영혼이다. 이 향들이 존재하지 않으면 좋은 바이스비어라고 할 수 없다. 낮은 쓴맛과 부드러운 질감은 다른 어떤 맥주보다 좋은 음용성을 더해준다. 더운 여름, 갈증으로 지친 몸을 회복시키는데 이보다 더 좋은 맥주는 없다. 다양한 음식과 매칭해도 결코 튀지 않으며 좋은 밸런스를 맞춘다. 이 맥주를 마시는 누구라도 사랑에 빠질 수밖에 없는 이유다.

140년 넘게 다양한 바이스비어를 내놓고 있는 슈나이더 바이세가 바꾸지 않는 것이 있다. 바로 오픈 발효 방식(open fermentation)이다. 대부분 양조장은 밀폐된 발효조를 이용해 맥주를 만드는 반면 슈나이더 바이세는 독일 전통 방식 그대로 오픈된 통에서 발효를 진행하고 있다. 이 방법은 오랜 기술적 노하우와 세심한 관리가 필요하다. 발효 시 발생되는 거품(krausen)을 일일이 수작업을 통해 제거해야 하며 불필요한 미생물이 관여하지 않도록 주의를 기울여야 한다.

더 험난하고 비용도 많이 드는 오픈 발효를 고수하는 이유는 '오리지널'이라는 가치를 지키기 위함이다. 왕이 되고 싶은 자, 왕관의 무게를 견뎌야 하듯 전통의 무게를 견디고 이어가는 것은 바이스

슈나이더 바이세 맥주들 - 뮌헨에서 마신
슈나이더 바이세 탭6, 탭7, 아벤티누스 아이스복

비어의 수호자가 짊어져야 할 운명과 같다. 아마 이는 게오르그 슈나이더가 바이스비어를 귀족에서 민중에게 돌려줄 때부터 따라온 훈장과 같은 것일 테다. 어쩌면 마인 오리지널 한 잔은 우리에게 전통과 혁신 방정식에 대한 해답을 알려주고 있을지도 모른다. 진짜로.

짠내 나는 힙지히 맥주,
리터구츠 오리지널 고제

"한국에서 왔다고요? 고제 때문에 왔다니,
당신도 맥주에 제대로 미친 사람이군요."

테이블에 맥주를 놓던 남자의 눈이 동그랗게 커졌다. 관광객이 거
의 찾지 않는 작은 맥줏집에 온 동양인이 신기했나 보다. 서울에서 라이프
치히(Leipzig) 구석까지 오직 맥주를 위해 왔다는 나의 너스레에 빙긋 웃음
을 짓는다. 환영 인사를 건네는 얼굴에는 자부심이 가득하다. 앞에 놓인 맥
주 이름은 리터구츠 고제(Ritterguts Gose), 여기는 마지막 남은 고제 펍, 오
네 베덴켄(Ohne Bedenken)이다.

고제(Gose)는 짠맛이 나는 독일 라이프치히 전통 맥주다. 아니,
이온음료도 아니고 맥주에서 짠맛이 난다고? 그 뿐만 아니다. 신맛과 향
신료 향도 그득하다. 라이프치히 전통 맥주라고 소개했지만 태어난 곳은
고슬라(Goslar)라는 도시다. 라이프치히에서 무려 150km나 떨어져있다.
이 맥주의 정체는 무엇일까? 도대체 난 왜 이역만리를 날아 여기까지 온
것일까?

고제의 도시,
라이프치히

　　독일 중북부 로월 섹소니에 위치한 고슬라 중심에는 하르츠 산맥에서 내려오는 작은 강이 흐르고 있다. 하슬라 산맥이 풍부한 암염과 미네랄을 가진 덕에 강물은 소금기를 갖고 있다. 중세 시대 양조사들은 이 강물로 맥주를 만들었고 자연스럽게 고슬라 맥주는 짠맛을 품었다. 강의 이름은 고제, 사람들은 고제 강물로 만든 이 독특한 맥주도 역시 고제라고 불렀다.

　　18세기 초 지역 사람들만 마시던 고제에 한 외지인이 매료된다. 안할트 공국의 공작 레오폴트 1세는 고슬라에서 이 맥주를 마신 후 사랑에 빠졌다. 100km의 거리에도 불구하고 고제와의 장거리 연애는 꾸준히 지속됐다. 그러나 점점 늘어나는 비용과 시간의 한계는 어쩔 수 없었다. 결국 그는 1712년 양조장을 짓고 직접 고제를 양조하기로 결심했다. 그리고 어느 정도 품질이 안정된 1738년, 근처 도시인 라이프치히에도 고제를 판매하기 시작했다.

　　18세기 라이프치히는 예술과 철학의 도시였다. 라이프치히에서 생애를 마감 한 바흐는 지금도 성 토마스 성당에 잠들어 있으며 라이프치히를 '작은 파리'라 불렀던 괴테는 라이프치히 대학 시절 다녔던 술집, 아우어바흐 켈러를 파우스트에 묘사했다. 평범한 맥주가 아니었음에도 고제는 라이프치히에 정착했고 조금씩 인기를 얻었다. 고제를 받아들일 수 있는 이 도시의 힘은 무엇이었을까? 예술적 다양성을 포용하고 다르다고 배척하지 않는 문화 아니었을까? 고제는 다름을 존중하는 라이프치히의 문화 속에서 힙한 맥주로 자리 잡았다.

라이프치히 구시청 - 구시청 주위에는 쇼핑을 할 수 있는 샵들이 즐비하다.

고제는 곧 라이프치히의 최고 맥주로 등극한다. 속속 양조장이 생겼고 고제를 전문적으로 판매하는 고제 펍, 고젠쉥케(Gosenshenke)도 곳곳에 등장했다. 한때 80여 곳에 달하는 고젠쉥케가 있었다고 하니 얼마나 인기가 높았는지 짐작할 수 있다. 19세기 들어서도 이 흐름은 지속되었다. 라거에 정복된 고슬라는 정작 고제가 사라졌지만 라이프치히에서는 끄떡없었다. 라이프치히 전투를 치른 나폴레옹도 고제를 마시고 경의를 표할 정도였다.

"물론입니다. 저도 고제를 마셔본 적이 있습니다."
〈요한 볼프강 폰 괴테〉

라이프치히의 견고한 고제 성벽 뒤에는 리터구츠 고제(Ritterguts Gose)가 있었다. 1824년 요한 고틀립 괴테케는 맥주 사업의 성공을 그리며 라이프치히 북서쪽 될니츠에 리터구츠 고제를 설립했다. 고슬라에서 모셔

온 고제 장인 필립 레데만이 만든 리터구츠는 맛과 품질에서 압도적인 차이를 보였다. 순식간에 라이프치히를 장악하며 한때 100만 병의 판매고를 올릴 만큼 독점적 지위를 차지했다. 영국 에일도, 황금색 라거도 프리미엄 맥주로 등극한 리터구츠의 명성을 무너뜨릴 수 없었다.

전쟁과 분단 속에 무너진
고제 성벽

20세기를 휩쓴 세계대전은 수많은 양조장을 짓밟았다. 리터구츠도 이 화마를 피해 갈 수 없었다. 1930년까지 마지막 고제로 남아있던 리터구츠는 1945년 독일의 2차 대전 패망과 함께 역사 속으로 사라졌다. 하지만 고제를 더 큰 절망으로 밀어 넣은 것은 독일 분단이었다. 1949년 독일은 유럽 열강과 소련에 의해 서독과 동독으로 갈라졌다. 라이프치히는 동독의 도시가 됐다. 동독 정부는 양조장을 비롯한 사유재산을 금지하고 국유화했다. 이런 정책은 맥주산업의 생산성과 효율성을 떨어뜨렸다. 더 큰 문제는 획일화였다. 큰 브랜드 맥주는 생존했지만 작은 양조장은 합병되거나 없어졌다. 맥주는 단순해졌고 맛과 품질도 크게 하락했다.

자유와 다양성이 자취를 감추자 라이프치히의 문화는 추락했다. 맥주 순수령조차 건드릴 수 없었던 맥주 문화도 빛을 잃었다. 1949년 한때 리터구츠에서 근무했던 프레드릭 부즐러가 고제의 부활을 시도했지만 1966년 3월 13일 프롤리흐 호텔에서 판매됐다는 흔적을 마지막으로 사라졌다. 자유에 대한 억압은 곧 맥주에 대한 억압이었다. 1000년을 이어온 고제 역사가 이렇게 끝나는 것일까?

'끝날 때까지 끝난 게 아니다'라는 명언은 맥주 세계에서는 고제를 두고 나온 말일 게다. 1985년 전설처럼 전해지던 고제에 부활의 숨결을 넣은 사람이 등장한다. 동독 교수였던 로타 고드한이었다. 그는 우연히 폐허로 남겨진 고젠쉔케를 발견하고 고제의 흔적을 쫓기 시작했다. 이 고젠쉔케의 이름은 '오네 베덴켄', '주저하지 않고'라는 의미심장한 뜻을 가진 곳이었다.

고젠쉔케 문화에 빠진 고드한은 고제를 부활시키기로 결심한다. 30년 동안 사라진 맥주의 정보를 찾는 것은 쉽지 않았지만 우연히 프레드릭 부즐러에서 근무했던 사람에게 고제 레시피를 받는 행운을 얻었다. '주저하지 않고' 시작한 프로젝트가 '의심할 바 없는'으로 확신으로 바뀌는 순간이었다. 그러나 그의 앞길은 험난했다. 1986년 오네 베덴켄은 부활했지만 동독 사회에서 예전 고제의 영광을 되찾는 일은 순탄치 않았다. 동독 경제는 갈수록 어려워졌고 다양성이 사라진 라이프치히는 고제를 받아들이지 못했다. 수년간 고군분투했지만 고드한은 사업을 정리하고 만다. 고제를 만들기 위해 인수한 양조장도 수익성 악화로 문을 닫았다. 불행 중 다행으로 오네 베덴켄은 동네 맥줏집으로 간신히 명맥을 유지했다.

오리지널 리터구츠 고제, 부활하다

1990년대 중반 한 청년이 창고에서 심각한 표정으로 자신이 만든 맥주를 시음하고 있었다. 테이블 한 쪽에는 손으로 쓴 오래된 고제 레시피가 들려있었다. 그의 이름은 '틸로 야니헨', 오네 베덴켄에서 고드한이 만든 마지막 고제를 마시고 겁도 없이 이 세계에 발을 들인 홈브루어였다.

홈브루잉으로 고제를 만든 틸로 야니헨은 라이프치히 전통 맥주의 부활을 확신했다. 하지만 상업 양조는 또 다른 영역이었다. 고제는 일반 맥주와 달리 젖산균이 관여하는 자연발효로 진행되는 맥주였다. 경험을 가진 적합한 양조장이 필요했다. 그의 노력과 헌신이 하늘에 닿았던 것일까. 리터구츠 고제 양조장의 후손인 아돌프 괴테케가 소식을 듣고 야니헨을 찾아왔다. 이 둘은 리터구츠 고제 부활에 뜻을 함께 하고 프로젝트를 위한 양조장을 물색한다.

1989년 동서독은 다시 하나가 된다. 라이프치히는 통일의 중심에 있었다. 라이프치히에서 진행된 평화 혁명은 재통일의 기폭제가 됐다. '잿빛 도시'라 불리던 이곳도 서서히 예전의 모습을 찾아가기 시작했다. 그리고 독일 재통일 10주년이 되던 1999년, 사라졌던 고제가 오리지널 리터구츠 고제로 다시 세상에 돌아왔다.

오리지널 리터구츠 고제 - 한국에서도 즐길 수 있다.

리터구츠 고제는 오리지널 레시피에 따라 양조되지만 현대적인 재해석이 가미됐다. 고제는 크게 세 가지 특징을 가지고 있다. 젖산 발효를 통한 신맛, 자극적인 향신료 향 그리고 옅은 짠맛이다. 과거에는 야생 발효를 통해 젖산균이 자연스럽게 관여했지만 지금은 상면발효와 젖산 발효가 함께 진행되는 혼합발효를 진행한다. 남부 바이에른과 달리 작센 지역은 전통적으로 고수 씨와 허브 혼합물을 맥주에 넣었는데, 리터구츠 또한 이 전통을 이어받았다. 마지막으로 핵심적인 요소인 소금은 암염을 사용한다. 하지만 상상과 달리 짠맛이 도드라지지는 않는다. 혀끝을 살짝 스치는 섬세한 짠맛이 있을 뿐이다.

재료적인 측면뿐만 아니라 양조방식도 과거의 것을 이어가고 있다. 리터구츠 고제는 전통 양조 방식에 따라 오픈 발효(open fermentation)를 하고 있다. 양조사는 발효 중 발생하는 거품을 일일이 수작업으로 걷어내며 향미와 품질을 유지한다. 일반 양조장에서는 이 방식을 진행할 수 없기 때문에 틸로 야니헨은 6세대에 걸쳐 독일 전통 양조방식을 고수하는 라이첸브란트 양조장과 협업을 통해 리터구츠를 만들고 있다.

유일한 고젠쉔케,
오네 베덴켄

독일이 재통일 된 지 30년이 지났지만 오네 베덴켄으로 가는 길목은 옛 동독의 흔적이 남아있다. 육중한 검은색 아치형 문을 열고 내부로 들어서자한 때 라이프치히 맥주 시장을 지배했던 고제의 체취가 느껴졌다. 벽에는 오래된 고제 광고와 판매 당시의 모습을 담은

오네 베덴켄에서 마신 오리지널 리터구츠 고제

오네베덴켄 내부 – 오네베덴켄 안은 고제의 기록으로 가득하다. 뒤에는 멋진 비어가든이 있다.

사진을 볼 수 있었다. 오네 베덴켄에서 리터구츠 고제를 마시며 한 때 찬란했던 라이프치히를 떠올렸다. 동독의 일원이 되기 전, 이 도시는 예술가들의 영혼과 철학가들의 담론이 흐르던 곳이었다. 다른 도시였다면 짠맛 나는 리터구츠 고제가 환대받지 못했을 것이다. 라이프치히였기에 고제의 다름을 수용하고 자신의 문화로 체화시킬 수 있었으리라.

분단과 함께 사라졌던 고제는 독일 재통일과 함께 부활했다. 잿빛 도시 라이프치히는 현재 힙(hip)과 라이프치히(Leipzig)가 합쳐진 '힙지히(Hypezig)'로 불리며 문화 도시로 부상하고 있다. 고제 또한 크래프트 맥주 문화에서 중요한 스타일로 떠올랐다. 라이프치히 오리지널리티(originality)를 간직한 리터구츠 고제는 이 모든 문화와 역사의 중심에 있다. 맥주가 도시의 역사와 문화를 품을 수 있을까? 의심하는 자여. 고제를 들고 외쳐보라. Goseanna(고제아나)!

수도사들의 노동과 헌신이 담긴
트라피스트 맥주, 베스트블레테렌 12

"트라피스트의 삶은 욕망이 질주하는
이 시대의 살아있는 역설이다."
〈KBS 트라피스트 다큐 중〉

공기 소리도 들릴 만큼 고요함이 깃든 수도원, 소박한 십자가를
바라보며 삭발을 한 남자들이 기도와 찬송을 하고 있다. 아침 식사는 시리
얼 한 줌과 빵 한 조각, 몸에 걸친 건 흰색 수도복과 낡은 신발뿐이지만 침
묵 속에 반짝이는 눈빛은 누구보다 맑다. 세상과 차단된 공간에서 기도와
침묵으로 신을 만나고 있는 이들은 '백의 수도사' 트라피스트(Trappist)다.

트라피스트회는 '성
베네딕트의 규율(Rule of Saint
Benedict)'을 엄격하게 따르는 가
톨릭 수도회(Order of Cistercians
of the Strict Observance)를 의미한
다. '성 베네딕트의 규율'은 유럽
수도사의 아버지로 불리는 가톨
릭 수호성인 베네딕트가 530년
에 만든 수도사 규칙서다. 이 규
칙서는 수도사가 지켜야할 가치

누르시아의 성 베네틱트 –
베네딕트 규칙서를 건네고 있다.

로 기도, 평화, 청빈 그리고 노동을 천명하고 있다.

6세기 후반 베네딕트의 규율은 수도사들의 지침이 됐다. 점차 규율을 따르는 수도원이 늘어나며 연합체의 성격을 띤 '베네딕도회'가 탄생했다. 베네딕도회 수도원은 중앙집권적 구조에서 벗어나 독립적이고 자율적으로 운영됐다. 수도회의 성장을 이끈 사람은 800년 서로마 황제의 지위를 수여받은 프랑크 왕국의 샤를마뉴 대제다. 독실한 가톨릭 신자였던 그는 성 베네딕트의 규율을 장려했다.

9~12세기 베네딕도회는 서유럽에서 번성하며 주류로 성장했다. 귀족들은 수도원 건립을 주도했고 돈과 권력이 모이기 시작했다. 종교가 현실에 물들자 베네딕트 가르침은 점차 힘을 잃어갔다. 1098년 세속화된 베네딕도회의 모습에 반대하는 수도사들이 나타났다. 로베르, 알베릭, 스테파노 하딩, 세 명의 수도사는 베네딕트 가르침으로 돌아갈 것을 요구하며 프랑스 시토(Cîteaux)에 수도원을 세웠다. 시토회(Cistercians)라고 불린 이들은 검은 옷을 입는 베네딕토회와 구분하기 위해 흰색 수도복과 검정색 스카풀라를 입었다.

Ora et Labora, 기도하고 일하라

시토 수도사들은 외부와 고립된 생활을 하며 기도와 노동에 집중했다. 시토회는 1119년 교황 갈리도스 2세가 인정한 '사랑의 헌장'을 통해 자신들만의 규정을 제정했다. '기도하고 일하라(Ora et Labora)'는 베네딕트의 규율의 가장 근본적인 가르침이었고 자급자족은 노동을 중시하는 시토회의 핵심 덕목이었다. 시토 수도사들은 모든 것을 스스로 해결했다. 수도원을 세우고 땅을 개간했으며 농작물을 키웠다. 하지만 수도원을 유지하기 위해서는 그것만으로는 부족했다. 수도사들은 생계를 위해 치즈, 옷, 초 같은 상품을 만들었다.

시토회는 1112년 베르나르(St. Bernard)라는 귀족이 친족과 친구 35명과 함께 수도원에 들어오면서 성장했다. 신실한 신앙으로 수도원장이 된 베르나르는 시토회 정신을 적극적으로 전파하며 수도원 확장을 위해 노력했다. 그의 활약으로 시토회의 명성은 유럽 전역으로 퍼졌고 13세기 중엽에는 무려 680여 개의 대수도원이 존재했다. 역사는 반복되는 법, 17세기 들어 시토회 또한 세속에 젖어들어 갔다. 개혁이라는 이름으로 규율은 이완되었고 노동을 포기하는 수도사들도 속출했다. 500년 전 그러했듯이 낡은 시토회에 반대하는 목소리가 새어 나왔다. 그 중심에는 프랑스 라 트라페(La Trappe) 수도원장인 '아르망 장 르 부틸리에(Armand Jean le Bouthillier de Rancé)'가 있었다.

1664년 아르망 장 르 부틸리에는 기도, 침묵, 무소유, 금욕, 노동이라는 베네딕트의 규율을 엄격하게 지키자는 운동을 전개했다. 그리고 라 트라페의 이름을 따 자신들을 '트라피스트'라고 불렀다. 이들은 하루를 기도와 명상으로 시작하고 침묵과 노동을 중시했다. 베네딕트 가르침에 따라 고기를 먹지 않고 최소한의 것만 소유하는 삶을 지켜나갔다. 1892년 교황은 베네딕트 규율을 엄격하게 따르는 독립된 시토회로서 '트라피스트회'를 인정했다. 한때 프랑스 대혁명으로 큰 위기를 겪었지만 세력을 회복해 대한민국을 포함해 전 세계에 168개의 트라피스트 수도원과 수녀원이 베네딕트의 가르침을 따르고 있다.

　　트라피스트 수도사들은 기도, 명상, 독서를 제외하면 수도원 운영과 상품 생산을 위한 노동으로 하루를 보낸다. 수도원에서 만드는 상품은 다양하다. 맥주, 와인, 치즈, 케이크, 수건, 옷 등이 수도사들의 손에서 빛을 본다. 트라피스트라는 이름이 붙은 상품들은 수요가 공급보다 많다. 수도원 운영에 도움이 될 정도만 생산하기에 트라피스트 상품들은 프리미엄 가치를 가진다. 그중 높은 인기와 논란을 가진 상품이 맥주다. 맥주는 로마 시대부터 수도원에서 만들어 온 음료였다. 수도사의 갈증을 풀어주고 순례객에게 힘을 주었으며 수도원을 유지시켜 주는 소중한 존재였다. 그러나 나폴레옹 전쟁과 프랑스혁명 이후 유럽의 많은 수도원이 사라지면서 수도원 맥주도 줄어들었다.

　　19세기말에는 수도원의 이름을 붙이거나 레시피를 이용한 상업 맥주들이 등장했다. 파울라너, 바이헨슈파텐, 프란치스카너 같은 상업 맥주들과 레페나 아플리겜처럼 수도원 레시피로 일반 양조장에서 생산되는 맥주들이 수도원의 이름을 등에 업고 나타난 것이다. 특히 후자는 '애비 맥주(Abbey beer)'라는 카테고리로 시장에 출시되어 소비자들을 혼란스럽게 했다. 결국 1960년 벨기에에서 트라피스트 수도회가 우려하던 일이 발생한다. 루뱅에 있는 벨텀 브루어리가 트라피스트 이름으로 맥주를 출시한 것이다. 오르발 수도원은 곧바로 벨텀 브루어리를 고소했고 벨기에 무역 및 통상법원은 트라피스트 맥주(Trappist beer)와 애비 맥주(Abbey beer)를 법적으로 구분하라는 판결을 내렸다.

　　트라피스트 수도사들은 자신들의 가치가 혼탁해지는 것에 두려움을 느끼며 1998년 국제 트라피스트 협회(International Trappist Association)를 결성했다. ITA의 일차적인 목적은 트라피스트 상표(Trappist®)의 불법적 혹은 상업적 사용을 막아 원산지와 소비자를 보호하는 것이었다. 또한 수도원들이 원래 취지에서 벗어나 과도한 경제적 이득을 취하거나 잘못된 생산 방식을 추구하는지 감시하려는 목적도 있었다.

ITA는 여기에 자신들의 가치를 높이는 적극적인 방법도 도입했다. 엄격한 기준으로 생산되었음을 인증하는 ATP(Authentic Trappist Product) 라벨을 제작한 것이다. 육각형 ATP 라벨은 다음과 같은 가이드라인을 충족해야만 받을 수 있다.

ATP라벨 – 트라피스트 협회에서 인증한 상품에만 붙일 수 있다.

* 모든 제품은 반드시 수도원 내에서 만들어져야 하며 모든 수도사 혹은 수녀들의 관리 감독을 받아야 한다.

* 판매 수익은 수도원의 생계 혹은 트라피스트의 목적이나 기부를 위해 사용되어야 한다.

* ATP 라벨을 유지하기 위해서 5년마다 재평가를 받아야 한다. 만약 탈락하면 지체 없이 인증은 취소된다.

트라피스트 맥주는 빛나는 맥주들로 가득하다. 그러나 트라피스트 맥주 상표가 붙은 맥주 중 모든 맥주가 ATP 라벨을 가지고 있는 것은 아니다. ATP 인증 트라피스트 맥주는 원산지뿐만 아니라 트라피스트 공동체적 가치와 품질을 지니고 있음이 보증된다. 2023년 현재 ITA에 소속된 19개의 수도원 중에 트라피스트 맥주를 생산하는 곳은 13개이며, 육각형 ATP 인증을 받은 트라피스트 맥주는 벨기에 시메이(Chimay), 오르발(Orval), 로슈포르(Rochefort), 베스트말레(Westmalle), 베스트블레테렌(Westvleteren)

5개, 네덜란드 라 트라페(La Trappe), 준데르트(Zundert) 2개, 이탈리아 트레 폰타네(Tre Fontane), 영국 틴트 미도우(Tynt Meadow), 오스트리아 엥겔스젤(Engelszell) 각 1개를 포함해 총 10개뿐이다.

흥미로운 건, 같은 스타일의 트라피스트 맥주에는 동일한 효모가 사용되지만 각기 다른 색깔을 갖고 있다는 것이다. 벨기에 베스트말레 수도원이 1926년 출시한 두벨과 1933년 출시한 트리펠은 트라피스트 맥주를 넘어 가장 유명한 맥주 스타일로 자리 잡았다. 오르발은 야생 효모인 브레타노마이세스를 넣어 시간이 지날수록 달라지는 향미를 즐길 수 있다. 이탈리아 트레 폰타네는 유칼립투스 잎을 넣어 그윽한 향을 갖고 있으며 영국 틴트 미도우는 영국 에일 효모 특유의 과일 향을 품고 있다.

트라피스트의 보석,
베스트블레테렌 12

트라피스트 맥주 가운데 가장 구하기 힘든 맥주는 베스트블레테렌(Westvleteren)이다. 맥주의 유명세 덕에 수도원 이름으로 오해받고 있지만 사실은 지역명이다. 서쪽(West) 블레테렌(Vleteren)이란 뜻으로 벨기에 플랜더스 서쪽, 프랑스 국경과 맞닿아 있다. 차로 50분만 달리면 2차 세계대전 당시 최대 탈출 작전이 감행됐던 덩케르크도 만날 수 있다. 베스트블레테렌 트라피스트 맥주를 양조하고 있는 곳은 성 식스투스 수도원(Saint Sixtus abbey)이다. 1831년 지어진 성 식스투스 수도원은 1838년부터 맥주를 생산했다. 한때 애비비어 양조장 세인트 베르나르와 공동양조를 했으나 과도한 수익과 거리를 두기 위해 1992년부터 수도원 내 양조장에서 필요한 수량만 생산하고 있다.

성 식스투스 수도원 – 당연히 입구는 굳게 닫혀 있다.

수도원으로 가는 길은 한적하고 조용했다. 차 한 대가 간신히 지나갈 수 있는 길로 들어서자 고요하게 서 있는 성 식스투스 수도원이 눈에 들어왔다. 주위에는 초록색 들판만 가득했다. 사람들이 있을까라는 착각도 잠시, 수도원 옆 직영 레스토랑에 들어가자 수많은 관광객들이 테이블을 채우고 있었다. 인적이 드문 이곳에 사람들이 북적거리는 건 다 그만한 이유가 있다. 한정 생산을 하는 베스트블레테렌 맥주 때문이다. 수량도 적고 외부 판매도 하지 않는다. 오직 수도원 직영 레스토랑에서만 마실 수 있으며 구매 수량도 정해져 있다. 현지인도 예약을 통해 24개들이 한 박스 밖에 가져가지 못하며 관광객은 6개들이 한 팩만 허용된다. 가격도 높다. 다른 트라피스트 맥주들의 현지 가격이 1~2유로 정도인 반면 베스트블레테렌은 5~6유로에 육박한다.

베스트블레테렌 맥주들 - 차례대로 6, 12, 8 이다.

베스트블레테렌은 6, 8, 12, 세 종류 맥주를 양조하고 있다. 6은 벨지안 블론드(Blond)로 알코올 도수 5.8%를 가진 황금색 에일이며 8은 8% 알코올을 가진 벨지안 다크 스트롱 에일(Belgian dark strong ale)이다. 마지막으로 베스트블레테렌 12는 10.2% 알코올과 불투명한 마호가니 색을 가진 콰드루펠(Quadrupel)이다. 콰드루펠은 1991년 네덜란드 트라피스트 맥주 라 트라페가 창조한 맥주다. 보랏빛이 감도는 짙은 고동색과 10% 이상의 알코올 그리고 매혹적인 검은 과실의 아로마를 자랑한다.

베스트블레테렌 12는 콰드루펠의 걸작이라 할 수 있다. 건포도, 블랙베리, 섬세한 감초, 바이올렛, 구운 빵과 같은 향은 묵직한 바디 속에서 섬세한 결을 만든다. 알코올은 뚜렷하나 지나치지 않고 쓴맛과 단맛은 도드라지나 균형감을 이룬다. 분명한 자기 색깔은 절제와 함께 기품이 되어 돌아온다. 만약 우연이라도 이 맥주를 마실 기회를 얻었다면 신에게 감사하자. 가격은 사악하지만 베스트블레테렌 12의 유혹을 이길 사람은 거의 없을 것이다. 장담한다.

베스트블레테렌 12 – 베스트블레테렌은 생맥주가 없다.

베스트블레테렌 수도원 입구 – 붐비는 레스토랑과 달린 고즈넉하고 거룩하다.

자본이 지배하는 시대에 1000년 전 성인의 말씀을 묵묵히 실행하고 있는 트라피스트 수도사들은 마지막 로맨티시스트다. 가난은 수도사들에게 빛나는 가치다. 이들은 노동하지만 소유하지 않는다. 필요한 만큼 생산하고 공동체의 가치를 위해 나눌 뿐이다. 그래서 트라피스트 맥주는 세상 어떤 맥주보다 선하다. 맥주가 공동체를 위한 선물이 될 수 있음을, 맥주 한 잔으로 신에게 다가갈 수 있음을, 백의 수도사들은 보여준다. 기도와 노동이 부족한 이들이여, 맥주로 회개하라.

PART 2

인류는 무엇을 위해
그렇게 투쟁해온 것일까?
맥주는 말 없이 바라만 본다.
수천 년 동안 그렇게 고고히.

격동의 역사,
고고한 맥주

대영제국의 빛바랜 추억,
사무엘 스미스 인디아 에일

©Samuel Smith Brewery

"세렌디피티Serendipity ; 우연히, 뜻밖에 얻은 행운"

종종 인류는 의도치 않은 행운으로 발전했다. 1928년 영국 생물학자 알렉산더 플레밍은 배양된 포도상구균 뚜껑을 닫지 않는 실수로 페니실린을 발견했고 1945년 물리학자 퍼시 스펜서는 바지 속에서 녹아내린 초콜렛에 착안해 전자레인지를 발명했다. 인류의 발명품 중 30%는 우연으로 얻은 것이라 해도 과언이 아니다.

우연과 행운의 역사는 맥주에서도 심심치 않게 볼 수 있다. 먹다 남은 빵과 곡물죽에서 태어난 맥주는 이미 위대한 '세렌디피티'다. 하지만 맥주 세계의 세렌디피티는 요술 램프 속 지니의 선물과 다르다. 특히 대영제국 시기 탄생한 인디아 페일 에일(India pale ale)은 우연한 행운의 대가가 만만치 않음을 보여준다. 인도를 품은 영국 맥주에게 세렌디피티는 복이었을까? 아니면 독이었을까?

　　인도는 영국의 가장 중요한 식민지였다. 인도의 목화는 증기기관과 방적기를 만나 산업혁명의 기틀이 되었다. 인도와 관계가 깊어질수록 수많은 영국인들이 새로운 기회를 찾아 바다를 건넜다. 더운 나라로 간 이주민들은 맥주가 필요했지만 당시 인도는 재료와 시설이 부족했다. 자연스럽게 런던 템스 강을 떠나는 화물 품목에서 맥주는 필수품이 될 수밖에 없었다.

　　1752년 런던 템스 강 한 구석, 보우 양조장(Bow brewery)을 갓 시작한 조지 호지슨(George Hodgeson)은 새로운 사업 기회를 찾고 있었다. 다른 양조장에 비해 보우는 아직 보잘것없었다. 그에게는 난관을 타개할 탈출구가 필요했다. 이때 첫 번째 세렌디피티가 찾아왔다. 양조장이 동인 도회사 화물선 부두 근처에 위치한 덕분에 해운회사 이스트 인디아맨(East Indiamen)이 인도로 보낼 맥주를 찾고 있다는 소식을 누구보다 빨리 접한 것이다.

　　이스트 인디아맨은 대형 양조장과 계약할 수 있었지만 호지슨을 파트너로 선택했다. 호지슨이 제시한 18개월의 장기 어음이 가장 큰 이유 였다. 당시 인도로 가기 위해서는 수개월의 시간이 필요했다. 이스트 인디 아맨 입장에서 물건 판매 대금을 최대 18개월까지 미룰 수 있는 건 대단한 이득이었다. 대형 양조장은 이런 조건에 인색했고 가격도 높았다. 경쟁이 치열한 런던을 벗어나 새로운 시장이 필요했던 호지슨도 이스트 인디아맨 의 요구를 기꺼이 수용했다.

　　영국에서 인도로 가는 맥주들은 다양했다. 까만색 맥주 포터

©Samuel Smith's brewery

사무엘 스미스 베럴들 - 여전히 나무 베럴을 직접 제작하고 숙성에 이용하고 있다.

(Porter)를 비롯해 알코올이 낮은 스몰비어(Small beer)와 높은 알코올을 가진 옥토버비어(October beer)가 대서양과 인도양을 건넜다. 하지만 과정이 순탄치만은 않았다. 맥주는 외부 미생물에 취약한 나무 배럴 안에서 적도를 두 번이나 겪어야 했고 수개월의 시간을 버텨야 했다.

영국 양조사들은 이미 해결책을 알고 있었다. 홉과 알코올이었다. 홉이 가지고 있는 폴리페놀은 항산화 역할을 했고 높은 알코올은 외부 미생물로부터 맥주를 보호했다. 인도로 가는 모든 맥주는 강한 알코올과 쓴맛 그리고 진한 홉 향을 갖고 있었다. 그리고 이때 호지슨에게 두 번째 세렌디피티가 다가왔다.

당시 인도에 도착한 맥주는 경매를 통해 판매되었다. 어떤 양조장의 맥주인지는 중요하지 않았다. 수개월 동안 배 안에서 버틴 맥주들의 맛과 품질만이 경매의 핵심이었다. 그때 한 맥주가 경매사의 눈을 번뜩이게 만들었다. 바로 호지슨의 옥토버비어(October beer)였다. 옥토버비어는 겨울에 마시기 위해 10월에 양조하던 맥주를 의미한다. 추운 날씨와 온도 변화를 견디기 위해 높은 알코올을 가지고 있었다. 다량의 홉이 들어간 호지슨 옥토버비어는 인도로 가는 여정과 만나 놀라운 변화가 생겼다. 색은 밝아졌고 향은 우아했으며 맛에는 기품이 있었다. 적도를 거치며 조성된 온도 변화와 의도치 않은 장기 숙성이 호지슨의 옥토버비어를 한 번도 보지 못한 맥주로 만든 것이다. 호지슨 맥주는 인도에서 돌풍을 일으켰다. 이 맥주에 매료된 사람들은 호지슨과 다른 맥주를 구분하기 시작했다. 자연스레 프리미엄도 붙었다. 1801년 인도 캘커타 가제타에 실린 호지슨 맥주 광고에는 다음과 같은 문구가 게재됐다.

'호지슨 맥주가 도착했습니다. 미리 입금된 금액에 따라 분배됩니다.'

인도에서 호지슨의 명성은 점점 높아졌고 최고의 맥주 브랜드로 자리 잡았다. 1801년 1000배럴이었던 수출량은 1810년에는 4000배럴로 뛰었다. 1817년에는 양조장도 확장했다. 호지슨이 창조한 이 맥주 스타일은 영국 본토에서도 관심을 받았다. 런던의 많은 양조장은 '인도 기후에 마시기 적합한 페일 에일', '인도 시장을 위해 준비된 페일 에일', '인디아 에일(India ale)' 같은 이름으로 호지슨 스타일 맥주를 판매했다. 웨스트 인디아라고 불렸던 호주와 신대륙 미국에서도 인기를 끌었다. 시대와 시간이 건넨 뜻밖의 행운은 보잘것없던 작은 양조장의 맥주를 누구나 주목하는 맥주로 만들었다.

하지만 1821년 손자 프레데릭 호지슨이 사업을 맡으며 불운의 그림자가 드리웠다. 그는 더 많은 부를 얻기 위해 과도한 욕심을 부렸다. 먼저 이스트 인디아맨에게 주던 장기 어음을 철회하고 현금을 요구했다. 가격도

20% 인상했다. 인도에서는 도매가를 매우 낮게 책정하여 경쟁사의 시장 진입을 봉쇄하기도 했다. 세렌디피티 여신은 두고 보지만 않았다. 행운을 만용으로 바꾼 프레데릭 호지슨의 선택에 무거운 저주를 준비하고 있었다.

버튼 온 트렌드 맥주,
런던을 접수하다

올솝 페일에일과 IPA – 여전히 올솝 맥주를 마실 수 있다. 물론, 한국에는 없다.

　　　1822년 런던, 동인도 회사 해운부문 이사인 캠밸 메이져리뱅크스는 비밀리에 사무엘 올솝(Samuel Allsopp)을 만난다. 사무엘 올솝은 런던에서 수십 킬로 떨어진 '버튼 온 트렌트(Burton on Trent)'에서 양조장을 운영하고 있었다. 그가 만드는 맥주는 알코올이 높고 묵직한 단맛이 나는 버튼 에일(Burton ale)이었다. 올솝은 오랫동안 자신의 맥주를 러시아에 수출해왔다. 그러나 1806년 나폴레옹이 대륙봉쇄령을 내리면서 먹구름이 끼기 시작했다. 전쟁 자금이 필요했던 러시아도 수입 품목에 대해 과도한 관세를 부과했다. 수출길이 막힌 버튼 지역 양조장들은 대안을 찾고 있던 중이었다.

캠밸은 올솝에게 호지슨 맥주를 건네며 비슷한 맥주를 만들어 달라고 제안했다. 버튼 에일은 호지슨 맥주와 달리 홉이 많이 들어가지 않았기 때문에 이 제안은 모험에 가까웠다. 하지만 판매처가 사라진 올솝은 뒤를 돌아볼 새가 없었다. 곧바로 샘플 양조에 착수했고 그 결과는 영국 맥주 시장을 뒤바꾸게 된다. 놀랍게도 올솝이 만든 인디아 에일은 호지슨의 것보다 더 밝았으며 더 섬세한 홉 향과 쓴맛이 났다. 원인은 물이었다. 런던의 물보다 경도가 낮고 황산염이 풍부한 버튼의 경수는 밝은 색에 유리했고 깔끔한 홉 향을 이끌어냈다. 물론 그때는 물의 조성에 대한 화학 지식이 부족했기 때문에 사람들은 한참 뒤에야 그 이유를 밝혀냈다.

1823년 버튼의 인디아 에일이 출시되자 시장은 단번에 뒤집어졌다. 동인도회사의 지원을 업은 올솝은 인도 시장을 접수하기 시작했다. 경쟁사였던 바스(Bass)또한 시장에 뛰어들었다. 세렌디피티 여신의 손길은 호지슨이 아닌 버튼을 향하고 있었다. 1832년 인도 시장에서 호지슨의 점유율은 28%까지 떨어진다. 1등은 43%의 바스였고 3등은 12%의 올솝이었다. 1841년 호지슨의 점유율은 6.5%까지 곤두박질쳤다. 바스와 올솝은 각각 29%와 36%로 시장을 양분했다. 1849년 결국 호지슨은 문을 닫는다. 할아버지가 얻은 뜻밖의 행운은 손자의 어리석은 욕심 때문에 먼지가 되어 사라졌다.

호지슨의 자리는 버튼 인디아 에일이 대체했다. 아니 대체한 정도를 넘어 영국 맥주 시장을 통째로 흔들었다. 1839년 런던과 버튼 온 트렌트 사이에 기찻길이 연결되며 운송요금이 3분의 1로 떨어지자 버튼 양조장들은 본격적으로 런던 시장에 진출했다. 아름다운 앰버(amber) 색과 쌉쌀하고 깔끔한 홉 향을 지닌 버튼 맥주는 어둡고 묵직한 런던 맥주를 압도했다. 포터를 마시는 노동자와 구분되기 원했던 귀족과 자본가들은 이 맥주에 환호를 보냈다.

런던의 거대 양조장들은 버튼 스타일을 따라 하려고 했지만 쉽지 않았다. 19세기 말에야 버튼의 물이 비밀의 열쇠임을 알아냈고 물의 조성을 바꾸는 기술, 즉 버트니제이션(Burtonization)을 본격적으로 양조에 이용했다. 1837년부터 높은 알코올 도수와 강한 쓴맛 그리고 씁쌀하고 풀과 같은 홉 향을 지닌 이 맥주에 인디아 페일 에일(India pale ale)이라는 이름이 공식적으로 붙게 된다. 대영제국과 산업혁명 뒤에 있던 세렌디피티 여신은 이렇게 영국의 정체성을 가진 맥주를 세상에 내놓았다.

대영제국의 흔적을 간직한
사무엘 스미스 인디아 에일

19세기 후반 세계를 지배하던 영국 맥주는 큰 도전을 받게 된다. 더 밝고 깔끔한 황금색 라거는 무섭게 IPA의 자리를 치고 들어왔다. 신흥국 독일과 미국은 라거를 통해 전 세계 맥주 시장을 장악했다. 더구나 세계 대전은 영국 맥주에 결정적 타격을 입혔다. 세수가 부족했던 영국 정부는 알코올 도수에 세금을 붙여 맥주를 약하게 했고 향미 또한 모호하게 만들었다. IPA는 라거의 홍수 속에 점점 사람들의 기억에서 잊혀졌다. 한때 런던을 주름잡았던 바스와 올솝은 간신히 명맥을 유지했다. 2000년대 들어 영국은 화려하고 강력한 미국 IPA에게 왕좌를 빼앗긴다. 여전히 5~5.5%의 평범한 알코올, 중간 이상의 쓴맛과 건초 같은 홉 향을 유지하고 있는 영국 IPA는 트렌드에서 다소 떨어져 있는 게 현실이다. 다시 힘을 내기 위해서는 세렌디피티 여신의 힘이 필요한 듯 보이지만, 그 시간은 아득히 멀게 만 느껴진다.

1758년 영국 테드케스터에서 시작한 사무엘 스미스(Samuel Smith's)는 이 지역에서 가장 오래된 양조장이다. 여전히 직접 제작한 나무 배럴과 오픈 발효조를 이용하면서 영국 맥주의 가치를 지켜가고 있다. 런

ⒸSamuel Smith's brewery

사무엘스미스 올드 브루어리

예올드체샤이어치즈 펍 내부

ⒸSamuel Smith's brewery

영국 디저트와 페어링 된 인디아 에일

사무엘 스미스 인디아 에일

던에 있는 예 올드 체샤이어 치즈(Ye Olde Cheshire Cheese) 펍에서는 다양한 사무엘 스미스 맥주를 즐길 수 있다. 그중 사무엘 스미스 인디아 에일(Samuel Smith's India ale)은 이름부터 19세기 런던에서 판매되던 IPA를 연상케 한다. 라벨 또한 빅토리아 여왕 시절 황실과 계약에 사용되었던 상호 디자인에서 가져왔다. 라벨 속 인도 풍 건물과 그 앞에 도열한 무리들은 한때 화려했던 영국의 단면을 상징하는 것 같지만 오래되어 빛바랜 사진처럼 보일 뿐이다.

예 올드 체샤이어 치즈에서 마신
사무엘 스미스 인디아 에일

글래스 속 인디아 에일은 투명한 앰버색을 띠고 있다. 5%의 알코올은 이제 IPA라고 하기에 무색하다. 지금의 영국 IPA는 숙성이 중요했던 19세기 IPA와 전혀 다르다. 건자두 같은 에스테르 뒤로 꽤 강한 쓴맛이 혀를 짓누른다. 하지만 가볍고 깔끔하다. 맥주는 목 뒤로 넘어가며 조금씩 건초와 풀 향을 비강으로 밀어낸다. 전형적인 영국 홉이 가진 모습이다. 향은 여럿하고 희미하다. 단조로운 맥주 향미가 익숙하지 않을 수도 있지만 이게 영국 에일의 정체성이라는 것만은 기억해두자. 영국 에일은 향미 뒤에 남아있는, 한때 찬란했던 과거를 추억하며 마시는 것이니까.

뜻밖의 행운도 결국 노력하는 자만이 얻을 수 있다는 것을 IPA는 또렷이 보여준다. 운에 취해 만용을 부리는 자가 보인다면 IPA 한 잔을 권해보자. 맥주에 취하는 것이 그보다 더 나을 테니.

노동자의 심장을 품은 혁신가의 맥주, 파운더스 포터

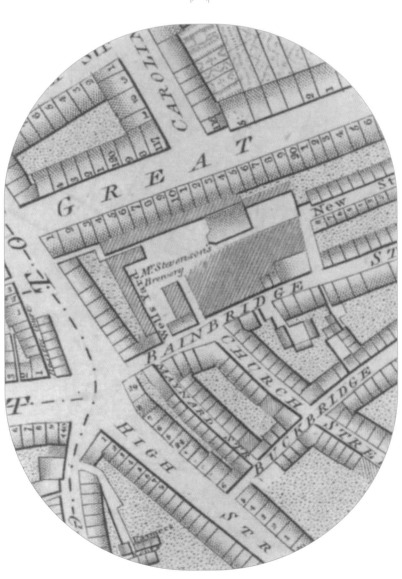

"양조장 벽이 부서지고 무거운 목재들이 떨어지면서 인근 주택의
벽과 지붕을 무너트렸고, 이게 상황을 더 악화시켰다."
〈더 타임즈〉 1814년 10월 19일

잔에 차를 한소끔 넣고 따뜻한 물을 따르고 있는 엄마를 바라보는 한나는 모처럼 들떠있었다. 날은 쌀쌀했지만 따스한 햇살이 비치는 오후는 모녀의 티타임을 위한 완벽한 시간이었다. 한나가 막 차를 입으로 가져가려던 찰나, 갑자기 쾅하는 소리와 함께 벽체만한 액체가 거실을 무너트리며 밀려들었다. 찐득하고 퀴퀴한 검은 액체는 순식간에 모녀를 덮쳤고 이내 좁은 골목을 가득 채웠다. 검은 물살에 휩쓸리지 않으려 아등거리는 사람들 사이로 거대한 나무 조각들이 난파된 범선처럼 떠다니고 있었다. 1814년 10월 17일 오후 4시 30분, 런던 한복판은 검은 지옥으로 변했다.

런던 버킹엄 궁 북동쪽, 지금은 도미니언 극장이 있는 사거리에서 맥주 쓰나미가 발생했다. '런던 맥주 홍수(London Beer Flood)'라고 불리는 이 재앙은 8명의 생명을 앗아갔다. 겨우 4살이었던 한나와 엄마를 포함해 1층에 있던 아일랜드인 모자와 친지 5명, 그리고 근처 펍 뒤뜰에서 솥을 닦던 하인이 유명을 달리했다. 사고의 원인은 이들이 살던 세인트 자일 루커리 인근의 홀스 슈즈 양조장(Horse shoes brewery)이었다. 1764년 설립된 이 양조장은 런던에서 다섯 번째로 큰 규모를 자랑했다. 양조장에는 6.7m 높이의 거대한 나무통들이 서 있었고 그 안에는 숙성 중이던 맥주들이 가득했다. 통 중간 중간에는 높은 압력을 견디기 위한 두꺼운 철제 밴드가 체결되어 있었다. 불행히도 사고 당일 한 나무통에 있던 밴드가 풀어졌고 틈으로 엄청난 압력과 함께 맥주가 터져 나왔다.

1800년 홀스 슈즈 양조장의 모습

　　폭발의 충격은 양조장에 있던 모든 배럴에 연쇄작용을 일으켰다. 한꺼번에 쏟아진 맥주의 양은 무려 백만 리터에 달했다. 짧은 시간에 많은 사상자가 나온 이유는 양조장 근처가 빈민층과 노동자들이 거주하던 슬럼가였기 때문이다. 배수가 전혀 되지 않는 좁은 골목에 다닥다닥 붙어있는 집들은 4m 높이로 들이닥친 맥주 홍수를 감당할 수 없었다. 8명이 죽고 수많은 이재민이 발생했지만 홀스 슈즈 양조장에게는 무죄가 선고됐다. '우연히, 우발적으로, 운이 없어서' 일어난 사고였다는 판결이었다. 어이없는 건, 양조장은 미리 낸 세금을 환급받아 파산을 피할 수 있었지만 죽은 이들에게는 한 푼의 보상금도 돌아가지 않았다는 것이다. 200년 전에도 자본에 천착한 권력은 힘없는 자들에게 잔인했다.

맥주 칵테일,
포터가 되다

    홀스 슈즈 양조장 나무통에 있던 맥주는 포터(Porter)였다. 만약 런던 맥주 홍수를 사진으로 남길 수 있었다면 아마 흑색으로 뒤범벅되어 있을 것이다. 포터는 18세기 태어나 약 200여 년 간 영국과 전 세계를 호령한 어두운 맥주(dark beer)였다. 그 뿌리는 브라운 에일이다. 단어 그대로 갈색을 띠는 브라운 에일(brown ale)은 특별한 캐릭터를 정의하기 어려운 맥주였다. 오랫동안 영국의 에일 하우스와 양조 길드에서 만들어 온 스타일로 쓴맛과 향을 내기 위해 홉이 아닌 허브 혼합물 그루트(gruit)가 들어갔다.

    18세기 초 3종류의 브라운 에일을 섞어 마시는 유행이 생겼다. '쓰리 쓰레즈(three threads)'라는 이름이 붙은 이 방식은 사실 오래되거나 오염된 맥주를 숨기기 위한 편법이었다. 펍에서 혼합되는 쓰리 쓰레즈는 일정한 품질과 맛을 보장하지는 않았지만 서로 다른 맥주가 만드는 독특한 향미와 경험을 제공했다. 의도는 불순했으나 악화(惡貨)가 양화(良貨)를 불러온 이상한 현상에 사람들은 환호했다.

    여러 브라운 에일이 섞인 결과물은 진한 색과 향을 띠었다. 이런 방식이 새로운 대세로 자리를 잡자 1722년 벨 브루어리 대표 랄프 하우드(Ralph Harwood)는 쓰리 쓰레즈를 아예 상품화하기로 결심했다. 양조장에서 쓰리 쓰레즈 공식을 적용한 맥주를 만들기로 한 것이다. 그는 동일한 맥아에서 네다섯 번 추출한 맥즙들을 혼합한 후, 큰 나무 배럴에서 몇 개월 동안 발효와 숙성을 진행했다. 이렇게 양조된 맥주는 '인타이어 버트(entire butt)'라는 이름이 붙었다. '인타이어'는 여러 맥즙을 혼합하는 전자의 과정을, '버트'는 큰 나무 배럴을 일컫는 말이었다.

인타이어 버트는 브라운 에일과 달리 홉을 넣었기 때문에 에일이 아닌 비어(beer)로 불렸다. 19세기 까지 영국은 홉을 넣으면 맥주(beer), 그루트를 넣으면 에일(ale)이라고 구분했다. 인타이어 버트는 수개월에서 수년 동안 진행된 숙성에서 나오는 신맛과 쿰쿰한 향, 옅은 훈연 향과 낮은 쓴맛을 가지고 있었다. 음용성을 위해 종종 젊은 맥주와 오래된 맥주를 섞어 마시기도 했다. 쓰리 쓰레즈의 특성을 가졌지만 색과 향이 다른 이 맥주는 삽시간에 런던의 스타로 등극했다.

노동자 맥주,
포터의 심장을 뚫은 자본주의

18세기 중반 인타이어 버트는 포터라는 새로운 이름을 얻는다. 포터(Porter)는 런던 템스 강에서 짐을 나르던 노동자를 지칭하는 말이었다. 왜 맥주에 짐꾼이라는 이름이 붙은 것일까? 1차 산업혁명을 거치며 런던은 세계에서 가장 큰 공업도시이자 무역도시로 거듭난다. 일자리를 찾아 런던으로 몰려온 사람들은 템스 강에서 짐을 나르며 생계를 꾸렸다. 인타이어 버트는 짐꾼 노동자들이 가장 애용하던 맥주였다. 맥주를 향한 사랑이 이름을 바꾼 것이다.

식민지와 산업혁명으로 잉태된 자본주의는 이런 포터의 인기를 보고만 있지 않았다. 자본가들은 더 큰 수익을 불릴 수 있는 투자처가 필요했다. 이들이 찾은 목표물이 바로 포터였다. 높은 생산 효율과 낮은 비용을 달성하기 위해 양조장은 점점 거대해졌다. 큰 나무 배럴과 수개월의 숙성이 필요한 포터는 규모의 경제를 원하는 자본과 궁합이 맞았다. 특정 브랜드 맥주만 취급하는 타이드 펍(tied pub)도 생겼다. 경쟁력이 떨어지는 작은 양조장은 합병되거나 사라졌다. 포터가 세계에서 가장 큰 맥주시장, 런던의 지배자가 되는 순간이었다. 포터는 1820년 들어 전성기를 구가한다. 대영 제국의 간판을 등에 업고 미국, 호주, 남아프리카, 인도 등 전 세계로 수출되었고 아일랜드에는 스타우트라는 자식도 낳았다. 마일드 에일이나 페일 에일도 존재했지만 19세기 사람들이 맥주 하면 떠올리는 건 어두운 색 포터였다.

쇠락한 포터,
크래프트 맥주로 부활하다

19세기가 지나면서 포터도 황혼을 맞는다. 상류층들은 노동자들이 좋아하는 포터 대신 앰버(amber)색을 가진 페일 에일(Pale ale)을 선호했고 젊은 세대는 숙성된 포터에서 나오는 향을 옛것으로 치부했다. 결정타는 페일 라거(Pale lager)였다. 깔끔하고 청량한 황금색 라거가 세상에 나타나자 영국뿐만 아니라 전 세계 시장의 추는 한순간에 기울었다.

두 차례 세계대전을 거치며 포터는 영국에서 자취를 감춘다. 런던에서 가장 큰 포터 양조장 중 하나였던 트루먼스는 1930년 생산을 멈췄고 199년 동안 세계 최고의 위상을 자랑했던 위트 브레드도 1941년 마지막 양조를 뒤로 사라졌다. 포터는 지방에서 근근이 명맥을 유지했지만 동네 한 구석에서 늙은이들이 마시는 싸구려 올드 스타일로 여겨질 뿐, 누구도 주목하지 않는 신세로 전락하고 만다.

더 이상 볼 수 없을 것만 같던 포터를 현실 세계로 끌어낸 건 미국 크래프트 맥주(Craft beer)와 캄라(CAMRA)였다. 미국 샌프란시스코에 위치한 앵커와 시에라 네바다는 1972년과 1981년 각각 영국 포터를 미국식으로 재해석한 아메리칸 포터를 세상에 내놓는다. 미국 홉 향과 높은 쓴맛 그리고 6% 정도의 알코올을 가진 아메리칸 포터는 크래프트 맥주 운동을 이끌며 미국뿐만 아니라 영국 양조사에게도 새로운 영감을 건넸다.

앵커 포터 –
앵커는 사라진 포터를 샌프란시스코에 부활 시켰다.

'Campaign for Real Ale'을 의미하는 캄라(CAMRA)는 '영국 전통 에일 살리기 운동'이라 할 수 있다. 70년대 후반부터 포터와 페일 에일 부활 운동을 전개한 이들의 움직임은 80년대 들어 조금씩 결실을 맺었다. 90년대 후반에는 아메리칸 포터에 자극받은 풀러스(Fuller's)가 런던 포터를 출시했고 2000년대 들어 기네스도 포터를 복원했다. 민타임(Mean Time) 같은 영국 크래프트 양조장도 개성 가득한 포터를 내세우며 소비자들의 관심을 받았다.

아메리칸 포터의 정석,
파운더스 포터

1997년 미국 미시간주 그랜드 래피즈에 설립된 파운더스(Founders)에서 출시한 파운더스 포터(Founders Porter)는 아메리칸 포터의 정석이다. 시즌 한정 맥주로 출발했지만 2007년 상시 맥주가 되면서 양조장의 성장을 견인했다. 2010년 중반 한국에 소개되며 포터라는 스타일을 국내 소비자에게 각인시킨 맥주이기도 하다.

파운더스 포터 – 매혹적인 여인의 시선 뒤에 고혹적인 흑색이 숨어있다.

파운더스 포터는 어떠한 꾸밈도 없다. 짙은 마호가니 색은 매혹적이다. 뭉근한 초콜릿 향은 짙은 쓴맛과 더불어 조화를 이끈다. 매끈한 다크 초콜릿 한 뭉텅이를 마시는 느낌이다. 6.5% 알코올은 부드러운 바디감과 함께 좋은 균형감을 이룬다. 아메리칸 포터지만 홉 향은 미미하다. 자극적인 모습보다 뭉툭하고 둥글둥글하니 마시기 편하다. 라벨 속 여인의 시선처럼 아름답고 안락하다.

21세기 포터는 19세기 포터와는 향도 맛도 색도 다르다. 크래프트 양조사들은 포터에 담겼던 노동자들의 애환과 사랑을 혁신으로 변화시켰다. 실제 했지만 실체를 알 수 없기에 지금의 포터는 오히려 더 자유롭다. 양조사의 상상력이야말로 원형 너머 모든 것을 가능케 하는 열쇠다. 1차 산업혁명 맥주에서 4차 산업혁명의 미래를 볼 수 있을까? 모든 것을 연결하는 크래프트 맥주 양조사들이라면 가능할지도. 과한 바람이라고? 전혀, 즐거운 설렘이다.

아일랜드의 검은 와인,
기네스

"기네스 스타우트는 아일랜드의 와인이다"

〈제임스 조이스〉

　　율리시즈를 쓴 아일랜드 대표 작가 제임스 조이스는 기네스를 와인에 비유했다. 고혹적인 흑색 바디와 매끈한 흰색 거품, 부드러운 질감을 뽐내는 기네스, 조이스는 왜 신맛도 과일향도 없는 이 맥주를 와인에 빗댄 것일까? 기네스는 매일 천만 잔 이상 팔리며 2조 3천억 이상의 가치를 가진 역사 상 가장 성공한 맥주 브랜드다. 그러나 그 이면에는 아일랜드와 영국의 비극적 관계에서 바둥거려야 했던 실존적 아이러니가 존재한다.

맥주의 섬(Island)
아일랜드(Ireland)

　　영연방 제도가 낯선 우리는 아일랜드가 영국의 일부라고 착각하곤 한다. 하지만 두 나라는 인종과 종교 심지어 모국어까지 다르다. 아일랜드는 앵글로 색슨족인 영국과 달리 켈트족에 뿌리를 두고 있으며 게일어를 모국어로 사용한다. 5세기 성 패트릭(St. Patrick)에 의해 영국보다 먼저 가톨릭이 전파되었을 뿐만 아니라 '켈스의 서(Book of Kells)' 같은 위대한 유산을 보유한 문화 강국이다.

맥주는 아일랜드의 오래된 음료였다. '고대 아일랜드의 예절과 풍습'의 저자인 유진 오커리는 고대 켈트족은 이미 맥주를 질펀하게 마시는 민족이었다고 언급했으며 2001년 고고학자 디클레 모어와 빌리 퀸은 켈트어로 맥주를 뜻하는 '베와르(beoir)'가 청동기 시대부터 있었다고 밝혔다. 가톨릭이 뿌리내린 이후, 아일랜드 맥주는 수많은 수도원과 함께 발전했다. 포도가 없던 아일랜드에서 와인을 대신했고 배고픈 순례자들을 위한 음료로 제공되었다. 평민부터 수도사, 영주까지 아일랜드(Ireland)는 맥주 없이 살 수 없는 섬(Island)이었다.

아일랜드,
비극의 역사를 품다.

12세기 헨리 2세의 침공으로 아일랜드는 영국의 식민지가 된다. 그럼에도 불구하고 수세기 동안 아이리시 문화는 존중되었다. 아일랜드와 영국의 악연은 1534년 헨리 8세부터 시작됐다. 성공회를 만든 헨리 8세는 아일랜드 가톨릭을 차별하고 탄압했다. 17세기 찰스 1세를 처형한 올리버 크롬웰은 독립을 원하는 아일랜드인을 무차별적으로 학살했고, 18세기 북아일랜드로 이주한 영국인과 스코틀랜드인에게 막대한 토지를 불하해 대다수 아일랜드인들을 소작농으로 만들기도 했다. 이들이 경작한 보리, 호밀, 귀리 같은 곡물은 영국으로 수출되어 아일랜드는 영국의 식량기지로 전락했다.

설상가상 19세기에는 감자 대기근이 아일랜드를 덮쳤다. 텃밭에서 재배한 감자는 소작농이었던 아일랜드인에게 유일한 식량이었다. 1845년 미국에서 시작된 감자 역병이 아일랜드에 돌자 많은 사람들이 아사 위기에 처했다. 영국은 충분히 도울 힘과 능력이 있었음에도 이를 방치했다.

그 결과 인류 역사 상 가장 비참한 일이 벌어졌다. 100만 명의 아일랜드인들이 굶어 죽었고 100만 명은 나라를 떠나 전 세계로 흩어졌다. 전 인구의 25%가 감소한 비극이었다. 1851년 감자 역병은 사라졌지만 당시 기억은 아일랜드인에게 깊은 상처로 남았다. 영국에 대한 분노와 저주는 독립에 대한 열망으로 불타올랐다.

기네스,
아이리시 흑맥주의 시작

맥주 역사만큼 우연과 아이러니가 있는 곳이 있을까? 아일랜드 맥주 산업은 영국에 의해 발전됐다. 18세기까지 아일랜드 지역에는 이렇다 할 양조장도 없었고 생산된 맥주를 소비할 시장도 부족했다. 유일한 예외가 북아일랜드와 더 페일(The Pale)라고 불렸던 더블린 지역이었다. 영국과 가까운 이곳은 오래전부터 은행, 부동산, 상업 등 경제적으로 연결되어 있었다. 먹을 곡물도 부족했던 아일랜드 서남쪽과 달리 더블린은 산업의 중심지였다. 시장이 존재했고 맥주 수요도 풍부했던 이곳에서 아일랜드 맥주의 싹이 움텄다.

아서 기네스(Arthur Guinness), 1759년 앵글로-아이리시 가문 출신의 이 남자는 더블린에 9년째 방치된 세인트 제임스 게이트(St. James's Gate) 양조장을 인수한다. 1755년 고향 킬데어의 릭슬립(Leixlip)에서 양조장을 운영하던 아서 기네스에게 더블린은 야망을 이룰 수 있는 기회의 땅이었다. 9000년 동안 월 임대료 45파운드라는 놀라운 조건으

아서 기네스 1세, 1759

로 인수한 양조장의 새 이름은 자신의 이름을 딴 기네스(Guinness)였다.

별 볼일 없던 기네스가 360도 바뀐 건 포터(Porter)를 만들기 시작한 후부터였다. 포터는 어두운 색을 띠는 영국 맥주로 큰 인기를 끌고 있었다. 1778년 포터를 판매하기 시작한 기네스는 곧 성공의 기운을 감지하고 한 우물만 파기로 결정했다. 그리고 이 통찰력은 정확히 맞아 떨어졌다. 기네스 포터는 영국에서 수입된 포터보다 더 좋은 평가를 받았다. 심지어 1810년 영국으로 수출됐을 때 런던의 기라성 같은 포터를 이기며 큰 주목을 받았다. 그 이유는 두 가지였다. 우선 더블린의 물이 검정 맥주를 만들기에 더 적합했다. 더블린은 칼슘과 마그네슘 함량이 굉장히 많은 경수다. 경수는 밝은 색 맥주보다 어두운 색 맥주를 만드는데 유리하다. 런던의 물 또한 경수지만 더블린 물의 경도가 더 높아 검정색 맥주에 더 적합했다.

블랙 페이턴트 몰트(Black Patent Malt)의 적극적인 사용도 기네스 흑맥주의 맛과 품질을 높였다. 블랙 페이턴트 몰트란 색이 완전히 검정을 띠는 몰트를 의미한다. 몰트, 즉 맥아는 보리를 굽는 정도에 따라 색이 달라진다. 18세기만 해도 맥아를 완전히 검게 하는 기술이 존재하지 않았다. 그래서 종종 포터 양조사는 어두운 색을 위해 태운 설탕 같은 부가물을 넣곤 했는데, 이로 인해 맥주의 품질이 나빠지기도 했다. 1817년 다니엘 휠러가 로스팅 드럼(roasting drum)을 이용해 검정색 맥아 제조에 성공한 후, 양조 기술에 새로운 길이 열렸다. 블랙 페이턴트 몰트, 또는 블랙 몰트로 불리는 이 맥아를 사용하면 브라운 몰트와 태운 설탕을 사용하지 않고 더 쉽고 정확하게 검정색 맥주를 만들 수 있었다. 보수적인 런던 양조장들이 기존의 레시피를 고수했던 반면, 다른 곳보다 먼저 블랙 몰트를 자신들의 포터에 적용한 기네스는 완연한 흑색을 띠며 깔끔한 향미를 가진 맥주를 출시할 수 있었다.

기네스,
전 세계로 비상하다.

    아서 기네스 사후, 양조장을 물려받은 아서 기네스 2세는 기네스의 정체성을 확립하고 폭발적인 성장의 토대를 구축했다. 기네스는 작은 아일랜드 시장을 벗어나기 위해 일찍부터 수출 전략을 택했고 곧 놀라운 성과로 돌아왔다. 1801년 선보인 웨스트 인디아 포터(West india porter)는 이런 기네스의 역작이다. 수출에서 오는 변질을 막기 위해 알코올을 높이고 다량의 홉을 넣은 이 맥주는 카리브 해 국가와 아프리카에서 큰 인기를 얻었다. 지금은 포린 엑스트라 스타우트(Foreign extra stout)로 이름이 바뀌었지만 여전히 큰 사랑을 받으며 전체 매출의 40%를 차지하고 있다.

    1821년 아서 기네스 2세가 출시한 엑스트라 스타우트 포터(Extra stout porter)는 현재 기네스 오리지널 스타우트의 모태가 되는 맥주다. 스타우트는 원래 스트롱(Strong)을 의미했다. 1630년대부터 '높은 알코올을 갖는', '프리미엄'이란 뜻으로 사용되며 주로 포터를 설명하는 단어로 쓰였다. 일례로 스타우트 포터는 일반 포터보다 알코올 도수가 높은 고급 포터를

기네스 포린 엑스트라 –
가네스의 세계화를 성공시킨 맥주다.

뜻했다. 스트롱 포터(Strong porter)는 브라운 스타우트(Brown stout)와 혼용되어 불리기도 했다.

    19세기 중반부터 기네스의 기세는 멈출지 몰랐다. 영국은 물론, 유럽 대륙과 미국, 호주, 아프리카와 아시아까지 수출되며 1910년에는 세

계에서 가장 큰 맥주 양조장이 되었다. 1954년 출시한 기네스 드라우트 (Guinness Draught)는 이런 성공에 방점을 찍은 맥주다. 질소로 인한 폭포수 같은 거품과 비단 같은 질감 그리고 가벼운 목 넘김까지, 지금 우리가 기네스 하면 떠올리는 맥주가 바로 이 맥주다. 점차 기네스 드라우트는 아이리시 드라이 스타우트(Irish dry stout)라는 스타일로 정착되었고 아일랜드 맥주의 아이콘이 되었다.

아일랜드와 영국의 아픔을 품은
경계인 맥주

20세기 들어 라거 맥주가 시장을 점령하며 영국 맥주들이 사라져 갔다. 그 즈음에 아일랜드도 영국으로부터 독립을 했다. 1916년 독립 전쟁을 시작한 아일랜드는 세계 1차 대전이 지난 1921년 아일랜드 자유국이 되어 800여 년 만에 영국으로부터 벗어났다. 그리고 2차 세계대전이 끝난 1949년 영연방으로부터 탈퇴한 후 아일랜드 공화국이 됐다.

기네스는 20세기 라거의 공습에도 굳건히 살아남았다. 그리고 시나브로 영국 냄새가 물씬 풍기는 포터라는 단어를 떼어내고 자신의 맥주 이름에 스타우트를 사용하기 시작했다. 스타우트가 '스트롱'에서 벗어나 '아이리시 흑맥주'로 완벽하게 치환된 것이다. 영국에서 독립한 아일랜드와 포터에서 독립한 기네스, 우연일지라도 옹골진 역사의 단면을 보여주는 통쾌한 일이 아닐 수 없다.

그럼에도 기네스에 대한 비판은 존재한다. 아일랜드보다 영국의 관계 속에서 성장했고 감자 대기근 같은 어려운 시기에 적극적인 구호도 하지 않았기 때문이다. 또한 아일랜드 독립에 대해서도 불분명한 태도를 견지한 것도 사실이다. 이런 기네스를 우리는 어떻게 봐야 할까? 기회주의자일까, 아니면 경계인일까? 해석하는 사람에 따라 다를 테지만, 더 중요한 사실은 아일랜드인들은 기네스를 아이리시 정체성이 담긴 자신들의 맥주로 인정하고 사랑한다는 것이다. 비판에도 불구하고 기네스는 꾸준히 가난한 사람을 위한 활동을 전개했고 개신교 집안이었음에도 아일랜드 가톨릭을 지원했다. 1862년에는 아일랜드 국장

기네스 드라우트 – 아이리시 드라이 스타우트의 시작이다.

인 하프를 라벨에 넣어 아이리시 정체성을 확고히 했다.

  2000년대 아일랜드는 높은 경제적 성장을 통해 켈틱 호랑이로 불리며 선진국 반열에 든다. 영국에 대한 열등감은 사라지고 상처도 치유되었다. 영국 또한 과거사를 반성하며 두 국가는 가장 우호적인 관계가 되었다. 고혹적인 기네스의 흑색은 어쩌면 이런 아일랜드와 영국의 모질고 아픈 역사를 조용히 품기에 가장 좋은 색이 아닐까. 그런 의미에서 제임스 조이스의 '아일랜드의 와인'보다 '아일랜드의 검은 와인'이 기네스에게 더 어울릴지도 모르겠다. 슬런체!(Sláinte)

지구 반대편에 살아있는
오스트리아의 심장, 네그라 모델로

"멕시코인들이여! 나는 멕시코의 자유와 독립이라는 정당한 대의 아래 죽는다! 지금 흐를 내 피가 이 땅의 마지막이 되기를! 멕시코 만세!"

〈멕시코 2제국 황제 막시밀리언 1세〉

막시밀리안, 메야, 미라몬의 처형 – 1867년 8월 10일 하퍼스 위클리에 실렸다.

1867년 6월 19일 멕시코 케레타로 시가 한눈에 보이는 세로 데 라스 캄파니스 언덕, 새벽 공기를 짓누르던 침묵을 깨고 제복을 입은 남자가 천천히 걸어 나왔다. 무겁게 내려앉았던 안개가 걷히자 오와 열을 맞춰 서 있는 한 무리의 군인들이 서서히 모습을 드러내기 시작했다. 총을 든 채 전방을 주시하고 있는 그들의 표정에는 긴장감이 역력했다. 남자는 자신을 향해 총구를 겨누고 있는 군인에게 막 금화를 쥐어주던 참이었다. 얼굴은 수척했지만 수염과 제복에는 위엄이 묻어있었다. 태양은 흐릿했던 총열을 점점 날카롭게 다듬고 있었고 남자를 향한 총 끝은 미세하게 떨리고 있었다.

언덕에서 담담히 최후를 준비하고 있던 남자는 오스트리아 제국 프란츠 요제프 황제의 동생 막시밀리안 1세였다. 프랑스 대문호 빅토르 위고와 이탈리아 통일을 이끈 가르발디, 심지어 프로이센 총리 비스마르크도 멕시코 정권을 잡은 후아레스 대통령에게 그의 석방을 탄원했다. 하지만 외세에게 단호한 의지를 보여주고자 했던 후아레스는 모든 청원을 외면했다. 동이 트자 수발의 총성이 울렸고 멕시코의 마지막 황제는 그렇게 이슬로 사라졌다.

멕시코 식민 제국을 꿈꾼
프랑스

1815년 나폴레옹 보나파르트에게 승리한 러시아, 영국, 프로이센, 오스트리아는 빈에 모여 막대한 배상금과 전리품을 나눠 갖는다. 빈 체제로 불리는 이 회의는 외형적으로는 견제를 통해 균형을 확보하고 동맹 간 안정을 꾀한다는 목표를 내걸었지만 속으로는 자유주의 확산을 경계하고 프랑스혁명 이전 질서로 회귀하려는 목적을 갖고 있었다.

1818년 프랑스가 예상 외로 빨리 배상금을 갚자 유럽 대륙은 다시 긴장감이 흘렀다. 그리고 5년 뒤 1823년 스페인 자유주의자들이 프랑스 왕가 출신 페르디난트 왕에 대항해 반란을 일으키자 곧 유럽 전체가 술렁였다. 프랑스가 다른 국가들의 동의 없이 독자적으로 스페인 반란을 진압했기 때문이었다. 이런 프랑스의 움직임에 독일과 영국 그리고 미국은 큰 위협을 느꼈다. 프로이센을 비롯한 독일영방은 본격적으로 통일을 고민하기 시작했고 영국과 미국은 남미 스페인령이 프랑스로 넘어갈까봐 노심초사 했다. 샤를 10세가 1830년 7월 혁명으로 폐위되고 루이 필립 1세가 입헌군주로 등장하는 등 내부적인 혼란이 있었지만 프랑스는 무시할 수 없는 대외 영향력을 행사하고 있었다. 특히, 옛 스페인 점령지, 멕시코에 대한 미련은 더욱 깊어 갔다.

페이스트리,
멕시코 제2 제국의 불씨가 되다.

스페인 식민 시대부터 멕시코와 교류한 프랑스는 19세기 들어 영국과 미국에 이어 세 번째 교역국가로 성장했다. 그러나 두 나라와 달리 무역 협정을 맺지 못해 상대적으로 무거운 관세를 내고 있었고 이를 해소하기 위해 프랑스는 어떻게든 멕시코에 개입할 핑계거리를 찾고 있었다.

1832년 드디어 프랑스가 원하던 일이 일어났다. 프랑스 출신 제빵사 레몬텔이 멕시코 시티에서 운영하던 페이스트리(pastry) 가게가 발단이었다. 그는 멕시코 장교들이 자신의 매장을 약탈했다고 주장하며 멕시코 정부에 조사와 보호를 요청했다. 공무원들이 오랫동안 외상으로 빵을 구입한 대가도 함께 청구했다. 총 금액은 무려 6만 페소, 당시 일당이 1페소였던 것에 비하면 엄청난 액수였고 당연히 멕시코 정부가 요구를 들어줄 리 만무했다. 멕시코 정부의 대응에 화가 난 레몬텔은 프랑스 본국에 도움을 청했다. 설상가상 프랑스인이 해적으로 몰리며 사형당하는 사건까지 발생하자 프랑스는 주저하지 않고 멕시코로 진격했다. 제국주의 앞에 정당한 절차와 협상은 신기루에 불과했다.

1838년 11월 27일 멕시코를 침공한 프랑스 함선들

1838년 11월 프랑스는 멕시코 베라크루즈 항구를 점령하고 모든 물자를 봉쇄했다. 멕시코는 1년 동안 버텼지만 결국 불평등 조약에 서명하며 항복했다. 그 대가는 무려 60만 페소라는 어마어마한 금액이었다. 프랑스는 차관의 형식으로 멕시코와 합의했다. 채무 관계를 이용해 멕시코 침공의 불씨를 심은 것이다.

오스트리아 황제의 동생,
멕시코 황제가 되다

전쟁을 벌인 건 프랑스였지만 실제 멕시코를 파탄으로 이끈 나라는 미국이었다. 19세기 중반만 하더라도 지금의 캘리포니아와 텍사스는 멕시코 영토였다. 프랑스가 멕시코를 점령하는 것이 두려웠던 미국은 1848년 전쟁을 통해 캘리포니아와 텍사스를 탈취했다. 미국에 영토를 잃은 멕시코는 경제적으로 큰 위기에 봉착했다. 1857년 대통령이 된 자유주의자 베니토 후아레스는 개혁을 통해 위기를 극복하고자 했다. 토지개혁을 시행하고 교회 재산을 몰수하며 성직자와 귀족의 특권을 제한했다. 이런 정책은 보수파의 강력한 반발을 불렀고 결국 멕시코는 3년간의 내전에 들어갔다.

여기서 후아레스는 잘못된 판단을 하고 만다. 내전에서 승리하기 위해 미국을 끌어들인 것이다. 그는 1859년 미국인과 미국 상품이 멕시코 영토를 영구적으로 자유롭게 통과할 수 있다는 멕레인-오캄포 조약(McLane-Ocampo Treaty)을 제안하며 돈과 무기를 요청했다. 이 조약은 남북전쟁 중이던 미국 상원에서 비준되지 못했지만 미해군은 기꺼이 후아레즈를 지원했다.

후아레즈는 내전에서 승리했지만 외세에 의존하는 반동적 결정은 멕시코의 미래를 어둡게 했다. 작용이 있으면 반작용이 있는 법, 보수파는 후아레즈에 대항하기 위해 유럽을 끌어들이기로 결정하고 프랑스에 접근했다. 쿠데타를 통해 프랑스 황제가 된 나폴레옹 3세에게 멕시코 보수파의 제안은 달콤했다. 내부의 갈등을 밖으로 돌릴 수 있었고 오래전부터 멕시코를 차지하고자 했던 프랑스의 꿈을 이룰 수 있는 기회였기 때문이다.

후아레즈 정권은 미국의 군사적 도움으로 권력을 잡았지만 경제적으로 궁핍했다. 결국 1861년 외채에 대한 모라토리엄 선언은 채권을 쥐고 있던 프랑스, 영국, 스페인의 파병을 불렀다. 영국과 스페인은 프랑스와 보수파 사이의 결탁을 파악한 후, 멕시코에서 손을 뗐지만 프랑스는 후아레스를 몰아내고 괴뢰 정부를 수립했다. 자신을 대신할 꼭두각시가 필요했던 나폴레옹 3세가 멕시코 제2 제국의 황제로 점찍은 사람이 바로 조카였던 막시밀리안이었다. 오스트리아 황제의 자리에 오르지 못할 것이 확실해

멕시코 제 2제국 황제, 막시밀리안 1세, 1864

지자 막시밀리안은 나폴레옹 3세의 제안을 받아들였다. 권력자로서 멕시코 황제의 자리는 달콤한 유혹이었다.

1864년 4월 멕시코 제국의 황제가 된 막시밀리안은 보수파의 의도와 달리 후아레스의 정책을 이어갔다. 원주민의 권리와 언론의 자유를 보장하는 법을 제정했고 학교와 아카데미도 설립했다. 몰수된 교회 재산은 돌려주지 않았으며 세금과 토지 개혁도 추진했다. 이런 정책과 성향은 이태리 총독 시절 주둔지를 다스렸던 경험에서 나왔다.

순진했던 것일까? 아니면 아둔했던 것일까? 비정한 정치판에서 순수한 열정과 공정한 실현이 인정을 받을 수 있을 것이라 믿었던 것일까? 오랜 기간 스페인의 식민통치를 경험했던 멕시코인은 오스트리아 출신 황제를 받아들이지 않았다. 그를 끌어들인 보수파도 등을 돌렸다. 1865년 남북전쟁을 끝내고 정신 차린 미국도 프랑스가 세운 괴뢰 정권을 가만둘 리 없었다. 미국은 후아레스를 지원하며 막시밀리안의 공격을 도왔다. 나폴레옹 3세에게는 유럽과 미대륙은 서로 간섭하지 않는다는 먼로 독트린을 들이대며 멕시코에서 퇴각하라고 경고했다.

유럽 대륙에서 통일을 준비하는 독일의 움직임이 부담스러웠던 나폴레옹 3세는 미국의 경고를 받아들였다. 1866년 프랑스는 멕시코에서 군대를 철수시켰다. 막시밀리안은 프랑스 군대 지원을 요청했지만 받아들여지지 않았다. 오히려 멕시코 황제 자리에서 내려와 유럽으로 돌아갈 것을 권유받았지만 자신을 따르는 멕시코 민중들을 버릴 수 없다는 명분으로 단호히 거절했다. 아마 무너지는 자존감을 견디기 힘들었으리라. 황제로 목숨을 잃는 것이 더 명예롭다고 생각했을지도 모른다. 1867년 5월 15일 케레타 시는 함락되고 막시밀리안은 생포된다. 6월 13일 재판이 진행됐고 곧 사형이 선고됐다. 그리고 6월 19일 새벽, 총탄으로 짧은 생을 마감했다. 멕시코 만세를 외치며 담담히 죽음을 맞이한 젊은 황제는 유럽 어떤 황제보다 어리석었지만 순수했다.

멕시코에 살아있는 비엔나 라거,
네그라 모델로

막시밀리안은 형장의 이슬로 사라졌지만 멕시코에 맥주를 남겼다. 멕시코 맥주는 막시밀리안 시대 오스트리아에서 건너온 양조사들로부터 시작됐다. 1860년대 이들이 멕시코 땅에서 양조한 맥주 스타일은 비엔나 라거(Vienna lager)였다. 비엔나 라거는 1840년 오스트리아 수도 빈에서 태어난 맥주다. 뮌헨 슈파텐 브루어리의 가브리엘 제들마이어 2세, 칼스버그의 야콥 야콥센과 함께 라거의 아버지로 불리는 안톤 드레허는 영국 에일에 필적할만한 맥주를 만들기 원했다. 그는 짙은 황금 색 라거를 개발하기 위해 노력했지만 빈의 물은 밝은 색 맥주에 적합하지 않았다. 단단한 물, 즉 경수였던 빈의 물은 어두운 색을 띠는 맥주에 어울렸고 짙은 갈색을 품은 비엔나 라거가 탄생했다.

비엔나 라거의 특징은 맥아에서 올라오는 캬라멜과 토피(toffee) 향이다. 5~5.5% 알코올과 부드러운 바디감은 몰트 향과 어울려 음용성과 복합성을 높여준다. 어두운 색을 갖고 있지만 둔켈보다 가볍고 우아하다. 낮은 쓴맛과 섬세한 단맛은 균형감의 절정을 보여준다. 비엔나 라거는 독일 맥주에도 영향을 끼쳤다. 1870년 독일 뮌헨에서 옥토버페스트 맥주로 출시된 메르첸은 비엔나 라거의 후손이다. 그러나 비엔나 라거는 20세기를 거치며 자취를 감춘다. 1,2차 세계대전을 거치며 오스트리아 양조 산업이 파괴됐고 뮌헨 맥주와의 경쟁에서 뒤처지며 오스트리아에서도 쉽게 마실 수 없는 맥주가 됐다.

유럽에서 사라진 비엔나 라거의 원형을 볼 수 있는 곳이 바로 멕시코다. 네그라 모델로(Negra Modelo)는 비엔나 라거의 DNA를 지금까지 간직한 유일한 맥주다. 1860년대 막시밀리안 황제와 함께 멕시코로 이민 온 오스트리아 양조사들은 비엔나 라거의 DNA를 멕시코 맥주에 심었다. 20세기까지 이런 전통은 이어졌다. 1922년 설립된 멕시코 대표 맥주 브랜드 그루포 모델로는 1926년 비엔나 라거, 네그라 모델로를 세상에 내놓았다.

5.4% 알코올, 멋들어진 앰버 색을 띠는 네그라 모델로는 사라진 비엔나 라거의 적통자다. 비강을 물들이는 섬세한 캐러멜과 견과류 향은 섬세한 쓴맛과 만나 최고의 기품을 선사한다. 입안을 채우는 부드러운 바디감은 우아하다고 밖에 표현할 수 없다. 균형감이 좋아 마시기 편하며 목넘김이 깔끔해 부담이 없다. 몇 년 전만 해도 한국 마트에서 쉽게 구할 수 있었는데 지금은 볼 수 없어 아쉬울 뿐이다.

오스트리아 비엔나 라거의 적통자 - 네그로 모델로

35년의 짧은 생을 살다 간 멕시코 마지막 황제. 그가 없었다면 오
스트리아 비엔나 라거는 누군가의 기억 속에만 남아있었을 것이다. 사라진
오스트리아 맥주가 지구 반대편 멕시코에서 살아있을 줄이야. 격동의 역사
뒤로 맥주는 흐른다. 그렇게 고고히.

벨기에 정신이 담긴 검붉은 로망,
로덴바흐 플랜더스 레드 에일

"먼 동이 터오는 아침에 길게 뻗은 가로수를 누비며, 잊을 수 없는
우리의 이 길을 파트라슈와 함께 걸었네. 하늘과 맞닿은 이 길을"

〈애니메이션 '플랜더스의 개' 주제곡 중〉

네로와 파트라슈 – 안트베르펜 성모성당 앞에는 네로와 파트라슈가 잠들어 있다.

　　　TV에서 이 노래가 흘러나오면 우유를 싣고 가는 네로와 파트라슈의
앞길에 좋은 일만 가득하길 기도했다. 화가를 꿈꿨던 네로와 충견 파트라슈,
둘의 슬프고도 아름다운 우정을 그린 '플랜더스의 개'는 80년대 어린이들에게
애잔한 감정을 전한 애니메이션이었다. 가난하지만 성실하고 착하게 사는 사
람들이 행복할 거라는 믿음이 있던 시절이었다. 어린 시절, 네로와 파트라슈가
살고 있는 마을은 어디일까 항상 궁금했다. 넓은 구릉, 작은 교회와 풍차는 생
경하지만 또 어딘가 익숙한 풍경이었다. 한참이 지나서야 제목에 정답이 있다
는 것을 알았다. 네로와 파트라슈가 마지막 잠든 안트베르펜 성모성당이 있는
곳, 북유럽 르네상스의 중심이자 화가 루벤스의 고향 그리고 향기로운 신맛이
가득한 붉은색 맥주를 품고 있는 벨기에 플랜더스(Flanders)였다.

바로 옆 네덜란드는 하이네켄이라는 거대 브랜드가 시장을 지배하고 있는 반면 벨기에에는 작지만 개성을 뽐내는 수백 개의 양조장이 상생하고 있다. 특히 벨기에 북부 플랜더스는 다른 나라에서 경험할 수 없는 독특한 전통 맥주를 갖고 있다. 젖산균과 미생물로 발효한 람빅, 수도원에서 시작된 두벨과 트리펠, 강한 알코올을 자랑하는 벨지안 골든 스트롱 에일이 숨 쉬고 있는 이곳은 맥주 박물관이다.

벨기에가 자랑하는 기라성 같은 맥주들 중 흔치 않은 향미와 검붉은 색이 유독 눈에 띄는 맥주가 있다. 향기로운 붉은 베리 향, 입 안을 짜르르 울리는 신맛, 뭉근한 단맛, 농밀한 붉은색을 지닌 플랜더스 레드 에일(Flanders red ale)이다. 웨스트 플랜더스 지역 전통주에 불과했던 이 맥주를 벨기에 대표 맥주로 만든 것은 로덴바흐(Rodenbach) 가문이다. 이 가문은 1749년 퇴역 후 독일에서 플랜더스 서쪽 루셀라러(Roeselare)로 이주한 페르난드 로덴바흐에 뿌리를 두고 있다. 그의 아들인 콘스탄틴, 알렉산더, 페드로, 3형제는 1821년 양조장을 운영하던 페드로의 장인이 세상을 떠나자 공동 인수를 결정하고 본격적인 운영에 들어갔다. 하지만 이들은 얼마 지나지 않아 맥주보다 더 중요한 것을 만드는데 힘을 쏟는다. 바로 벨기에였다.

국가 벨기에의 탄생

벨기에는 여러 열강의 지배를 받는 작은 공국과 백국으로 이루어진 지역이었다. 벨기에는 기구한 역사를 갖고 있다. 16세기 초 카를 5세의 합스부르크 가문 밑에 있었고 17세기 네덜란드가 공화국으로 독립했을 때는 스페인령이었으며 유럽을 몰아친 스페인 왕권 계승 전쟁 이후에는 오스트리아령 네덜란드 소속이 됐다. 18세기 후반 프랑스 나폴레옹의 지배를 받다 1815년 빈 체제에서 네덜란드 공화국과 합병되며 네덜란드 연합왕국을 이뤘다.

벨기에 국가 정체성은 네덜란드 공화국 출신이자 칼뱅 개신교도였던 네덜란드 연합왕국 초대 왕 빌렘 1세의 치하에서 시작됐다. 빌렘 1세는 프랑스어를 사용하고 가톨릭을 믿는 남부 네덜란드, 즉 현재 벨기에 지역에 우호적이지 않았다. 프랑스어와 가톨릭을 금지했을 뿐만 아니라 이 지역 출신의 사람들을 배척했다. 게다가 북부 네덜란드에는 적극적인 투자를 한 반면 남부 네덜란드 발전에는 인색했다.

언어와 종교 탄압 그리고 경제적 차별을 받는 남부 네덜란드의 불만은 쌓여갈 수밖에 없었다. 그러던 중 1830년 프랑스에서 발발한 7월 혁명이 기폭제가 됐다. 샤를 10세가 물러나고 프랑스에 다시 공화정이 수립되자 벨기에에도 혁명의 기운이 맴돌았다. 아이러니하게 도화선은 빌렘 1세의 생일이었다.

1830년 8월 25일 브뤼셀에서 빌렘 1세의 생일 축하를 위한 오페라가 열렸다. '포르시티의 벙어리'라는 제목의 이 오페라는 하필 스페인에게 지배받던 나폴리 사람들의 저항을 그린 내용을 담고 있었다. 이 공연 이후 남부 네덜란드 사람들은 거리로 뛰어나와 독립을 외쳤고 마침내 전쟁이 시작됐다. 네덜란드는 무력 진압을 시도했지만 벨기에 독립 의지를 누를 수 없었다. 결국 벨기에 독립 문제는 열강들의 모임인 런던 회의로 넘어갔고 1830년 12월 영구 중립국을 조건으로 독립이 인정됐다. 입헌군주제를 채택한 벨기에는 정치적으로 열강과 큰 연관이 없는 독일의 작은 공국 출신 레오폴트 1세를 왕으로 즉위시켰다. 국가 벨기에의 탄생이었다.

벨기에 독립투사가 만든
맥주

　　벨기에 혁명이 발발하자 로덴바흐 형제들은 독립 투쟁에 뛰어든다. 워털루 전투 참전 용사인 페드로는 브뤼셀에서 군대를 지휘했고 맹인이었던 알렉산더는 벨기에 독립의 정당성을 담은 청원서를 통해 대중들을 설득했다. 콘스탄틴은 벨기에 초대 왕 레오폴트 1세를 보좌하며 벨기에 국가를 작곡하기도 했다.

　　1830년 벨기에 독립이 완성된 후 전장에서 복귀한 페드로는 다른 형제의 지분을 인수하며 양조장 운영을 재개했다. 1864년 페드로의 아들인 에드워드는 새로운 시설과 효율적인 시스템을 구축하며 기틀을 마련했고, 1878년 유진 로덴바흐(Eugene Rodenbach)는 맥주의 캐릭터를 선명히 가다듬으며 본격적인 성장을 이끌었다. 이때 그에게 영감을 준 맥주가 영국의 어두운 맥주, 포터(porter)였다. 유진 로덴바흐가 양조 유학 차 머물렀던 런던에서 경험한 포터 양조 방식이 큰 통찰력을 주었다.

　　당시 전통적인 포터는 거대한 나무통에서 발효되었고 이때 발생하는 산미를 중화시키기 위해 서로 다른 포터를 섞는 방식을 사용했다. 그는 포터의 블랜드(blend) 기법을 자신의 맥주에 적용했다. 맥주에 우아한 신맛을 내기 위해 다른 맥주에서 볼 수 없는 특별한 양조 방법도 고안했다. 모주(母酒)를 푸더(foeder)라고 불리는 큰 오크통에 넣고 고의로 야생효모와 젖산균에 노출시킨 것이다. 이처럼 먼저 모주를 만든 후, 야생에 있는 미생물을 통해 추가적인 발효를 하는 양조과정을 혼합발효(mixed fermentation)라고 한다.

혼합발효를 통해 공기 중에 있는 젖산균, 초산균, 야생 효모 같은 미생물은 오크통의 미세한 구멍으로 맥주와 접촉하며 날카로운 산미를 생성한다. 이후 최소 2년 정도 진행되는 숙성 과정은 뾰족한 향과 산미를 우아한 신맛과 체리, 라즈베리 같은 섬세한 과일 향으로 다듬는다. 와인 못지않은 플랜더스 레드에일의 복합적인 풍미는 이렇게 형성된 것이다. 짙은 붉은색 또한 이 스타일의 핵심이다. 로덴바흐에 따르면 짙은색 맥주가 장기 숙성에서 나올 수 있는 과도한 산화와 미

로덴바흐 양조장의 푸더들 -
가장 좋은 푸더의 맥주가 로덴바흐 빈티지가 된다.

생물 오염으로부터 조금 더 안전하다고 한다. 일반적으로 쓴맛을 내기 위해 첨가하는 홉도 이 맥주에서는 항균용으로만 사용된다.

유진의 이런 연구와 노력은 흐릿했던 플랜더스 지역 맥주에 명확한 방향성을 제시했다. 심지어 1999년까지 자신의 효모를 루셀라러 반경 50km 내에 있는 양조장과 나누기도 했다. 곧 다른 양조장들이 뒤따랐고 이렇게 형성된 정체성은 플랜더스 레드 에일을 지역 맥주로 정착시켰다. 로덴바흐를 플랜더스 레드 에일(Flanders red ale)의 원조로 보는 이유도 바로 여기에 있다.

플랜더스 레드 에일,
다채로움을 입다.

로덴바흐에는 294개의 푸더가 존재한다. 푸더 속에 있는 맥주의
향미와 품질은 모두 조금씩 다르다. 로덴바흐 브루마스터는 이중 가장 뛰
어난 한 개의 푸더를 선택해 빈티지 맥주(vintage beer)로 출시한다. 7% 알
코올을 가진 로덴바흐 빈티지(Rodenbach Vintage)는 플랜더스 레드 에일
의 결정체로 신선한 체리, 라즈베리, 갓 수확한 자두 그리고 섬세한 오크
향을 뿜어낸다. 존재감이 뚜렷한 산미는 과일 풍미를 입 안 곳곳으로 퍼트
리며 멋진 복합성을 자아낸다. 누구든 이 맥주를 한 번 마시면 사랑에 빠질
수밖에 없다.

로덴바흐 빈티지 2016

빈티지를 제외한 나머지는 모주와 블랜드(blend)를 통해 다양한 카테고리로 재탄생한다. 로덴바흐 그랑크뤼(Rodenbach Grand Cru)는 1:3 비율로 모주와 숙성주를 섞은 버전이다. 신선한 체리, 산뜻한 산미 그리고 6% 알코올은 플랜더스 레드 에일의 우아함을 보여준다. 모주와 숙성주를 4:1로 혼합한 로덴바흐 클래식(Rodenbach Classic)은 높은 음용성을 자랑한다. 옅은 체리와 적당한 산미, 5.4% 알코올은 마치 음료수와 같다.

체리 같은 부가물은 다양성에 깊이를 더한다. 이중 가장 유명한 것이 로덴바흐 알렉산더(Rodenbach Alexander)다. 창립자이자 맹인 정치가였던 알렉산더 헌정 맥주로 로덴바흐 그랑크뤼에 천연 체리 과즙을 넣어 우아한 향과 멋진 음용성을 담고 있다. 로덴바흐 카락테루즈(Rodenbach Caractère Rouge)는 생 체리를 비롯해 라즈베리와 크랜베리를 로덴바흐 빈티지에 넣고 6개월 동안 숙성한 맥주다. 농익은 체리와 라즈베리 속에 뭉근한 신맛을 가진 이 맥주는 플랜더스 레드 에일의 백미 중 하나다.

　　플랜더스의 개의 마지막 화에서 네로는 안트베르펜 성당에 걸려
있는 루벤스의 그림을 본 후, 파트라슈와 함께 세상의 미련을 내려놓는다.
잊고 있었던 결말을 다시 찾아보게 만든 건, 로덴바흐 때문이었다. 맥주와
만화, 전혀 상관없을 것 같은 장르가 '플랜더스'라는 단어로 연결되다니.

안트베르펜 성모성당 내부 - 루벤스가 제단화로 그린 성모승천을 볼 수 있다.

성인이 된 나는 성모성당에 걸려있는 루벤스의 그림을 보며 이야기하고 있었다. '괜찮아. 그리고 수고했어'

권력에 취한 자에게 한 잔을,
올드 라스푸틴 임페리얼 스타우트

"이제 왕은 없습니다! 그리고 신은 죽었습니다!"

〈피의 일요일〉

1905년 1월 22일 제정 러시아 수도 상트페테르부르크 시내로 수많은 노동자들이 움직이기 시작했다. 그들은 열악한 노동환경과 부당한 인권탄압을 호소하기 위해 황제 니콜라이 2세(Nikolai II)를 향해 행진하고 있었다. 러시아 정교회 게오르기 가폰 신부가 이끄는 노동자 대열은 비폭력적이었고 평화로웠다. 행렬 선두에는 기독교 성화상과 청원서 그리고 니콜라이 2세의 초상화가 들려있을 뿐이었다. 이들에게 황제는 마지막으로 기댈 수 있는 어버이 같은 존재였다.

그러나 약 20만 명이 참가한 이 평화로운 집회는 러시아 역사 상 최악의 참사로 기록된다. 니콜라이 2세는 궁 근처에 다다른 민중들을 군홧발로 짓밟았다. 근위대는 사람들을 향해 발포했고 흩어지는 군중들 뒤로 기마병들의 칼이 번뜩였다. 아이들과 여자들의 비명 소리가 거리를 메웠고 수천 명의 시체가 도시를 뒤덮었다. 황제를 믿고 따르던 민중들에게 돌아온 것은 피와 죽음뿐이었다.

'피의 일요일'로 불리는 이 참사 이후 민중들은 더 이상 황제를 숭배하지 않았다. 러일전쟁의 패배도 황실에 대한 불신을 높였다. 결국 노동자들은 파업을 일으켰고 농민들은 봉기했으며 소수민족들은 반기를 들었다. 러시아 1차 혁명의 발발이었다. 뒤늦게 황제는 러시아 의회인 '두마(Duma)'를 인정하고 국민 기본권을 발표했지만 여전히 현실 파악에는 어두웠다. 국정에 대한 철학은 부재했고 지식은 짧았으며 무엇보다 인의장막에 둘러싸여 있었다. 특히 요승 그리고리 라스푸틴(Grigori Rasputin)과 그를 전적으로 믿은 황후 알렉산드라는 황제의 눈과 귀를 멀게 하며 러시아를 몰락의 길로 내몰았다.

러시아를 삼킨
요승 라스푸틴

니콜라이 2세는 요즘 말로 황제를 당한 인물이었다. 아버지 알렉산드로 3세의 요절로 갑자기 황제가 된 그는 준비가 부족했다. 실정은 대관식부터 시작됐다. 1896년 5월 새로운 황제를 보기 위해 러시아 전역에서 몰려 온 백만 명의 민중들이 궁 앞에서 압사하는 참사가 발생했다. 이 참사로 천 명 넘는 사람들이 죽었지만 황제는 백성들을 돌보는 대신 만찬에 참석했다. 백성들의 원혼이 저주가 된 것일까. 어둡고 아픈 그림자가 그의 앞길을 드리우고 있었다.

19세기 후반 유럽은 정치개혁과 산업혁명의 물결이 일고 있었지만 새로운 러시아 황제는 전제주의를 고수하며 개혁을 거부했다. 러일전쟁으로 산업은 피폐했고 민심은 바닥을 쳤으며 정치는 불안해져갔다. 하지만 니콜라이에게는 더 큰 걱정거리가 있었다. 바로 아들이었다. 4명의 공주 이후 얻은 유일한 후계자 알렉세이는 혈우병을 갖고 있었다. 이 병에 걸리면 조그만 충격에도 멍이 들고 피가 멈추지 않아 단명하는 경우가 많았다.

황태자는 극심한 보호 속에 성장했지만 낙상은 막을 수 없었다. 병을 낫게 하기 위한 갖은 방법이 사용됐지만 당시 의학으로는 해결이 불가능해 보였다. 1905년 치료를 위해 여러 방법을 수소문하던 황제는 한 남자를 궁으로 부른다. 훤칠한 키에 우람한 체격, 깊은 눈과 덥수룩한 수염을 가진 그리고리 라스푸틴이었다.

그리고리 라스푸틴, 1910

라스푸틴의 과거는 신비와 사실로 뒤범벅되어 있다. 도둑질로 고향에서 쫓겨나 시베리아를 떠돌다 계시를 받았다고 전해지지만 확실한 건 아니다. 한때 정식 수도사의 길도 밟았으나 자유분방한 성격은 계율이 딱딱하고 위계가 엄한 러시아 정교와 맞지 않았다. 그의 미래를 바꾼 건 우연히 발을 들인 밀교였다. 라스푸틴은 그 속에서 예언자와 치유자라는 정체성을 만들었고 이후 러시아 사교계로 진출해 사람들을 현혹하기 시작했다. 특히 상류층 여성들에게 사제이자 상담사로 인기를 얻으며 영적인 존재로 자리를 잡았다.

기록에 따르면 라스푸틴은 사람들의 말을 들어주고 진정시켜주는 능력이 뛰어났다고 한다. 지금으로 따지면 정신과 의사나 무당 혹은 법사와 같은 역할이었다. 황제는 상트페테르부르크 상류사회에서 치유자로 유명했던 그의 소문을 전해 듣고 지푸라기 잡는 심정 으로 아들을 맡기기로 한 것이다. 놀랍게도 라스푸틴의 치료를 받은 황태자는 호전을 보였다. 아들 문제로 편집증을 앓고 있던 황후는 무한 신뢰를 보냈다. 라스푸틴의 말이라면 무조건 따랐고 정신적으로 완전히 의존했다. 그녀에게는 유일하게 의지할 수 있는 희망이자 위안이었다.

라스푸틴과 황실 조롱 케리커쳐, 1916

황실을 등에 업은 라스푸틴은 누구도 건드리지 못하는 비선 실세가 됐다. 군사, 사회, 인사 등 국정에 영향을 미쳤으며 실질적인 정치권력까지 휘둘렀다. 황제와 황후 앞에서는 고상한 사제인 척 했지만 뒤로는 재산을 빼돌리고 문란한 생활도 서슴지 않았다. 궁정 안팎으로 라스푸틴을 경고하고 멀리하라는 조언이 빗발쳤지만 황제 부부는 듣지 않았다. 점점 러시아 황실은 라스푸틴이 쳐놓은 장막에 갇혀 현실과 동떨어지고 있었다.

1914년 세계 대전이 발발하고 러시아가 참전하자 상황은 더 악화됐다. 라스푸틴의 권유로 최고 사령관이 된 니콜라이 황제가 궁을 떠나자 러시아는 요승의 손아귀에 놓였다. 라스푸틴은 알렉산드라 황후를 자신의 뜻대로 조정했다. 각료는 수시로 바뀌었고 국가의 중요한 대소사도 합리적 절차 없이 결정됐다. 요망한 승려가 최고 권력자가 된 것이다. 러시아 사회는 더욱 불안해져갔다. 전쟁과 기근으로 수백만 명의 사람들이 사망했다. 국민들은 라스푸틴과 황후가 내연 관계를 맺고 러시아를 전횡하고 있다고 생각했다. 1916년에는 마치 전 러시아와 라스푸틴이 대적하고 있는 것 같았다. 귀족들의 분노도 라스푸틴으로 향했다. 그리고 그 분노는 총탄이 되어 그의 심장으로 날아갔다.

제정 러시아의
몰락

1916년 12월 19일 얼어있는 네바 강 위로 한 구의 시신이 떠오른다. 몸과 얼굴에는 총상과 구타의 흔적이 있었고 위에서는 독극물도 검출됐다. 큰 키에 덥수룩한 수염, 바로 라스푸틴이었다. 라스푸틴을 살해한 자들은 펠릭스 유스포프를 비롯한 귀족들이었다. 그들은 상담을 핑계로 라스푸틴을 집으로 초청한 후 청산가리가 든 와인과 빵을 먹였다. 그래도 라스푸틴은 죽지 않자 결국 총과 도구를 사용하여 살해하고 강에 사체를 유기했다. 러시아를 통째로 흔들던 거인의 비참한 최후였다.

황제와 황후는 큰 충격을 받았으나 여전히 개혁을 거부했다. 결국 모든 민중들이 혁명에 가담했다. 군인들도 전선을 이탈해 무기를 들고 동참했다. 1917년 2월 상트페트르부르크에서 열린 '여성의 날'에 참가한 여성들이 궁전으로 행진을 하자 수십만 명의 군중들이 동참 했다. 대규모 투쟁과 혁명이 시작됐고 러시아는 무정부 상태에 놓였다. 놀라운 건, 황후는 그때까지도 상황이 얼마나 심각한지 몰랐다는 것이다. 전쟁터에서 전보를 받은 황제는 경비대 투입을 지시했지만 이미 황실에 등을 돌린 군인들이 혁명 세력에 가담한 후였다.

"마치 혁명이 일어난 것처럼 이야기하는 군."
"네, 폐하, 혁명이 맞습니다."

1917년 3월 8일 러시아 2차 혁명으로 니콜라이 2세는 폐위됐다. 300년 동안 지속되었던 로마노프 왕조의 몰락과 함께 제정 러시아도 역사 속으로 사라졌다.

마지막 차르를 위한 맥주, 올드 라스푸틴

1995년 미국 캘리포니아 포트 베그에 위치한 노스코스트 브루잉 컴퍼니(North Coast Brewing Company)는 올드 라스푸틴(Old Rasputin)이라는 발칙한 맥주를 세상에 내놓았다. 라벨에는 '진실한 친구는 바로 생기지 않는다'라는 러시아 속담과 음울한 라스푸틴의 이미지를 그려 넣었다. 아직 크래프트 맥주가 존재감이 드러나지 않던 시절, 노스코스트의 대표 마크 루드리치는 누구도 시도하지 않는 맥주를 만들고 싶었다. 높은 알코올과 강한 쓴맛을 가진 검은 맥주 임페리얼 스타우트(Imperial stout)는 90년대에는 흔치 않은 스타일이었다. 그는 자신의 양조장을 대표할 수 있는 맥주 스타일로 임페리얼 스타우트를 낙점한 후, 시험배치에 들어갔다.

생맥주로 마신 올드 라스푸틴

임페리얼 스타우트는 '러시안 임페리얼 스타우트(Russian imperial stout)'의 줄임말로 18세기 영국에서 러시아 황실로 수출했던 높은 도수를 가진 스타우트에서 유래됐다. 마크는 제정 러시아를 몰락으로 이끈 그리고리 라스푸틴을 떠올렸고 자신의 새 맥주를 드러내는데 적합하다고 생각했다. 아마 임페리얼 스타우트와 라스푸틴이라면 수많은 스토리텔링이 가능하다고 여겼을 것이다. 1994년 노스코스트 브루펍에서 한정판으로 판매되며 맛과 품질을 다듬은 이 맥주는 최종적으로 9% 알코올, 진한 흑색, 농밀한 다크 초콜렛과 옅은 적사과 향을 가진 모습으로 출시되었다.

이 맥주에 있는 라스푸틴의 이미지는 뭔지 모를 신비감을 던져준다. 부유했던 러시아 황실을 상징하는 낮은 톤의 금색 라벨은 화려함보다 권력의 허무함과 쓸쓸함을 보여준다. 짙은 검정색을 두른 액체를 한 모금 입에 넣자 높은 알코올과 강한 쓴맛 그리고 묵직한 바디감이 혀를 짓누른다. 라스푸틴의 요술에 걸린 것일까. 올드 라스푸틴의 향미는 20세기 초 제

올드 라스푸틴 병 – 황금색 라벨 속 라스푸틴의 모습은 화려함보다 허무함을 보여주는 듯 하다.

비참한 최후를 맞이한 러시아 마지막 황제 니콜라이 2세와
가족들, 1913

정 러시아의 모습을 눈앞에 그려주고 있었다. 맥주라는 렌즈로 보는 역사는 더 야릇하고 생생하다.

1917년 반대 세력의 구심점이 될 것을 우려한 볼셰비키는 니콜라이 2세, 알렉산드리아, 아들 알렉세이 그리고 네 명의 공주, 올가, 타티야냐, 마리아, 아나스타샤를 머물던 가옥 지하에서 몰살한 후 야산에 매장했다. 황제는 마지막까지 자신이 러시아를 위해 최선을 다했다고 주장했다. 하지만 어리석게도 그는 국민이 곧 러시아라는 것을 이해하지 못했다. 러시아 마지막 왕조는 쏟아지는 총탄 속에서 비극적 결말을 맞았다. 요승 라스푸틴을 내치고 충직한 조언자들에게 귀를 기울였다면 역사는 달라졌으리라. 요승과 법사의 이야기를 듣는 권력의 미래는 이미 정해져있다. 이 시대의 권력이 마지막 차르가 전하는 울림과 떨림을 기억하길 바라며.

PART 3

인간은 더 나은 것을
갈구하고 욕망한다.
그래서 진보한다.
그 안에 맥주이 몫두 있음을

개척과 도전의
바다 속으로

맥주 세계의 혁명,
시에라 네바다 페일 에일

"폼은 일시적이지만 클래스는 영원하다"

〈빌 샹클리〉

　　리버풀FC 빌 샹클리 감독의 명언은 맥주 세계에도 통용된다. 트렌드에 따라 일시적인 폼의 변동은 있지만 클래스, 즉 가치가 변치 않는 맥주들이 있다. 대게 영롱한 황금색과 청량함을 지닌 페일 라거(Pale lager)들이 그 주인공이다. 칼스버그, 버드와이저, 하이네켄, 필스너 우르켈 등 이름만 들어도 알만한 맥주들은 100여 년이 넘게 높은 인기와 상업적 성공을 누려왔다. 　그러나 고인 물은 썩는 법, 황금색으로 통일된 맥주 세계는 조금씩 지루해졌고 역동성도 사라졌다. 20세기 후반 수익이 떨어진 대형 맥주 회사들은 인수합병을 통해 몸집을 키웠고 독과점을 통해 자신들의 기득권을 유지하려 했다. 파괴적 혁신은 유독 맥주 세계에서는 희한하리만큼 찾기 힘들었다.

치코,
크래프트 맥주의 고향

1980년, 영원히 공고할 것만 같던 페일 라거의 벽에 작은 균열이 생겼다. 미국 캘리포니아 샌프란시스코. 거대한 시에라 네바다 산맥이 내려다보는 작은 도시 치코(Chico)에서 누군가 작은 반란을 준비하고 있었다. 이름은 켄이요, 성은 그로스맨인 이 청년은 우유공장에서 주워온 장비로 맥주를 만들기 위해 고군분투하고 있었다. 허름한 창고 너머 보이는 미래는 불투명함으로 가득했지만 이미 그를 멈출 수 있는 것은 없어 보였다.

샌프란시스코 치코에 있는 시에라 네바다 브루어리

켄 그로스맨(Ken Grossman)이 맥주에 대해 관심을 갖게 된 건 홈브루(homebrew)를 했던 아버지 덕이었다. 미성년자부터 맥주를 접했던 경험이 성인 된 후 취미가 되었고 결국 맥주 재료 판매와 양조 클래스 운영으로 이어졌다. 맥주가 인생의 진지한 목표가 된 건 프리츠 메이텍(Fritz

Maytag)을 만나고 나서였다. 1965년 샌프란시스코의 오래된 맥주 양조장 앵커(Anchor)를 인수한 프리츠 메이텍은 소규모 양조장의 선구자이자 개척자였다. 그는 라거와 다른 맥주를 꾸준히 시도하며 누구도 하지 않았던 도전을 하고 있었다. 켄 그로스맨은 1978년 맥주 박람회에서 앵커 맥주에 큰 영감을 받은 뒤 세상에 없던 맥주를 만들기로 결심했다. 고향으로 돌아와 은행에서 사업자금을 빌리고 버려진 공장에서 구입한 장비로 고군분투한 지 1년이 지난 1980년, 마침내 치코에 작고 허름한 양조장이 들어섰다. 입구 간판에는 캘리포니아와 네바다 주를 가로지르는 거대한 산맥, 시에라 네바다(Sierra Nevada)가 새겨 있었다.

시에라 네바다 페일에일,
새로운 맥주 스타일의 탄생

켄 그로스맨이 부활시키려 한 맥주는 강력한 라거의 힘에 밀려 사라진 영국 에일이었다. 영국 에일은 폼은 잠시 떨어졌지만 클래스는 영원한 또 다른 선수였다. 그는 미국 케스케이드 홉을 넣은 앵커의 리버티 에일(Liberty ale)에서 힌트를 얻었다. 그때까지 미국 로컬 홉은 주류 맥주에서 주목받지 못했다. 사라진 영국 에일과 비주류 미국 홉, 켄 그로스맨은 이 둘의 조합이라면 라거의 기득권에 저항할 수 있을 것이라 믿었다.

감귤류, 열대과일류, 솔 향이 가득한 미국 홉은 유럽 홉과 확연한 차이가 있었다. 켄 그로스맨은 미국 홉을 다량으로 사용해 강력한 향과 도드라지는 쓴맛을 자신의 맥주에서 보여주고자 했다. 청량함을 자랑하는 라거와 완전히 다른 노선이었고 다소 밋밋한 영국 에일과도 차별화된 방향이었다. 허접한 장비를 다루는 주 7일의 고된 노동이 이어졌지만 시에라 네바다의 꿈은 거침없었다. 그리고 사업 첫 해, 드디어 시에라 네바디 페일

앵커 리버티 에일 – 캔 그로스맨은 이 맥주에서 시에라 네바다 페일 에일의 영감을 받았다.

에일이 세상에 태어났다. 미국 토종 캐스케이드 홉이 가득 들어간 아메리칸 페일 에일(American pale ale)의 서막이었다.

시에라 네바다 페일 에일이 지닌 매력적인 자몽과 솔 그리고 섬세한 꽃 향은 이전 어떤 맥주에서도 경험할 수 없는 색다른 세계였다. 혀를 툭 치고 지나가는 상쾌한 쓴맛과 묵직하지만 깔끔하게 넘어가는 목 넘김은 물처럼 마시는 라거와 달랐다. 또한 병 안에서 2차 발효를 통해 자연 탄산을 만들어 대량으로 생산되는 맥주에서는 볼 수 없는 전통적인 면도 구현했다. 시에라 네바다 페일 에일은 맥주라는 정체성을 해치지 않으며 전혀 새로운 양조 철학과 가능성을 제시한 첫 사례였다.

시에라 네바다 페일 에일 –
라벨을 통해 미국 토종 캐스케이드 홉이
들어갔음을 뽐내고 있다.

맥주에
가치를 더하다.

허나, 사업은 현실이다. 파괴적 혁신은 적응에 시간이 걸린다. 각고 끝에 출시한 시에라 네바다 페일 에일은 소비자에게 크게 관심 받지 못했다. 일반적으로 생각하는 맥주와 달라 생소하기도 했고 가격도 두 배정도 비쌌다. 게다가 궁합이 맞는 유통 파트너를 만나는 것도 만만치 않았다. 작은 맥주에 관심을 갖는 유통사를 찾는 것도 어려웠지만 25% 정도의 수익을 넘기는 것은 더욱 힘들었다. 사업 초기 어려운 살림으로 직원들에게 제때 월급을 주지 못했고 물론 추가 투자도 기대할 수 없었다. 켄 그로스맨은 결국 개조한 벤을 타고 직접 소매점을 다니며 판매해야 했다.

세상을 바꿀 제품이 있어도 결국 그것을 소비해주는 고객이 없다면 공허한 외침일 뿐이다. 사실 수많은 혁신들이 때를 잘못 만나 빛을 보지 못한 채 사라지는 일이 부지기수다. 가치를 알아보고 공유하며 팬덤을 이루는 것, 이 과정이 시에라 네바다 페일 에일에게 필요했다. 호불호가 없고 가성비가 중요한 대중 맥주 고객과는 다른, 가치를 공유하고 그 리스크를 함께 짊어질 수 있는 고객이 절실했다.

다행히 샌프란시스코는 기회의 공간이었다. 60년대 이후 샌프란시스코는 미동부와 달리 진보적이고 자유로운 물결이 넘쳤다. 기득권의 질서를 거부하는 반문화 운동, 즉 히피 운동의 본진이었고 새로운 도전을 찾아 수많은 젊은 엘리트들이 정착하는 도시였다. 라거의 기득권에 대항하는 애송이 맥주를 기꺼이 소비해줄 수 있는 문화가 샌프란시스코에는 존재했다.

시에라 네바다 페일 에일 - 자몽과 솔, 그리고 꽃향이 물씬 풍긴다.

　　시에라 네바다 페일 에일의 가치를 처음 알아본 곳은 진보적이고 트렌디한 요리를 추구하는 최고급 레스토랑, 쉐 파니세(Chez Panisse)였다. 오너인 앨리스 워터스(Alice Waters)는 신선한 로컬 푸드를 추구하는 자신의 철학과 시에라 네바다 맥주가 어울린다고 생각했다. 몇몇 블라인드 테이스팅 대회에서 좋은 성적을 낸 시에라 네바다를 눈여겨보고 있던 그녀는 술(liquor) 리스트에 시에라 네바다 페일 에일을 올렸다. 이 후, 여러 평론가들이 시에라 네바다에 주목했고 지역 신문과 잡지를 통해 샌프란시스코 전역으로 알려졌다.

　　켄 그로스맨 또한 대형 유통사가 아닌, 작은 맥주의 가치를 이해하는 부티크 유통사와 협력을 맺기 시작했다. 그가 맥주에 담고자 하는 여러 가치들, 지역성(locality), 다양성(diversity), 진정성(authenticity)을 공유하는 고객들은 비싼 가격에도 기꺼이 맥주를 마시고자 했다. 점차 작은 양조장(micro brewery) 맥주는 대량 생산 공장제(manufactured) 맥주와 다른 지향점을 갖는다는 의미로 크래프트 맥주(Craft beer)로 불리기 시작했다. 시에라 네바다가 바로 크래프트 맥주의 출발점이었다.

시에라 네바다 페일 에일, 맥주 세계의 특이점이 될 수 있을까?

시에라 네바다의 성공적인 생존은 90년대 크래프트 브루어리의 폭발적인 성장을 이끈다. 독과점 대형 라거의 타도를 외치며 작지만 다양한 맥주들이 여기저기 튀어나왔고 사람들은 이를 크래프트 맥주 혁명(Craft Beer Revolution)이라고 부르기 시작했다. 2022년 미국에 9000여개, 한국에 180여개의 크래프트 맥주 양조장이 있으니 가히 혁명이라 해도 될 듯하지만, 사실 여전히 맥주 시장의 90%는 라거로 덮혀 있다. 하지만 혁명이 아니면 또 어떤가. 한 번에 모든 것을 뒤엎는 '혁명'보다 다양성과 옳음을 꾸준히 실천하는 '운동(movement)'을 통해 맥주가 우리 사회에 선한 영향력을 끼칠 수 있도록 하는 게 더 중요하지 않을까? 어쩌면 이 작은 흐름이 빅뱅이 되어 세상을 바꿀 수도 있다. 그런 의미에서 시에라 네바다 페일에일은 크래프트 맥주 운동의 특이점이다. 세상을 바꾸고자 하는 모든 이에게 지화자!

알코올 후유증이 맥주 이름으로,
델리리움 트레멘스

"난 초록 요정이에요. 음악 소리에 언덕은 잠을 깨네"

〈영화 물랭루즈 중〉

　　영화 물랑루즈에서 크리스티앙과 샤틴의 비극적 사랑은 초록 요정의 노래로 시작된다. 이 두 주인공뿐만 아니라 많은 문인과 예술가들이 초록 요정의 마법에 홀리곤 했다. 이 요정은 종종 예술적 영감을 건네기도 했지만 더러는 삶을 파국으로 내몰았다. 초록 요정의 또 다른 이름은 압생트(Absinthe), 헤밍웨이는 압생트를 '오후의 죽음'으로 표현했고 고흐는 이 술을 마시고 자신의 귀를 잘랐다.

　　압생트는 진(Gin)의 한 종류로 쑥, 살구씨, 아니스에서 나오는 향신료 향과 50~70%의 높은 알코올을 가진 스피릿(Spirit)이다. 가난한 노동자와 예술가들은 가격이 저렴하고 매혹적인 향을 뿜어내는 압생트를 애용했다. 하지만 술병에서 홀연히 나온 초록 요정은 현실에서 알코올 중독과 정신 착란 같은 치명적인 부작용을 야기했다.

　　압생트가 사회 문제로 떠오르자 각국 정부는 위험을 경고하는 정책을 펼쳤다. 1751년 영국 정부는 진 규제법(Gin Act)를 발의해 높은 세금을 부과했다. 정부의 지원을 받은 영국 화가 윌리엄 호가트(William Hogarth)는 비어 스트리트(Beer Street)와 진 레인(Jin Lane)이라는 판화를 그리기도 했다. 그림 속 진은 가정과 사회를 파괴하는 반면 맥주는 건강하고 부유한 사회를 약속하고 있다. 1919년 벨기에 정부도 압생트 금주령을 발표했다. 벨기에 맥주 전문가 제프 반 덴 스틴(Jef van den Steen)은 이 금주령 덕에 벨기에 맥주의 알코올 도수가 강해졌고 시장 점유율도 높아졌다고 주장했다.

의학 용어가
맥주 이름으로

경상도 정도의 면적과 1000만 명 남짓의 인구를 보유한 벨기에는 맥주 애호가들에게 천국과 다름없다. 수백 개의 맥주 카페와 양조장이 존재하며 세계 어느 국가보다 독특하고 다양한 맥주 스타일을 즐길 수 있다. 6~7% 알코올을 가진 벨지안 브라운 에일과 두벨(Dubbel)은 약과다. 8~9% 알코올을 지닌 벨지안 다크 스트롱 에일, 골든 스트롱 에일, 트리펠(Trippel)과 10~11% 알코올을 자랑하는 쾌드루펠(Quadrupel)도 있다. 신맛이 그득한 람빅(Lambic)과 플랜더스 레드 에일(Flanders red ale)은 이곳에서만 볼 수 있는 즐거움이다.

이런 맥주 천국에 압생트만큼 위험한 매력을 가진 맥주가 존재한다. 유일하게 다른 점은 초록 요정이 아닌 분홍 코끼리가 있다는 점, 초록 요정이 파멸을 가져오는 반면 분홍 코끼리는 기쁨과 즐거움을 선사한다는 점이다. 그러나 코끼리가 귀엽다고 이 맥주를 얕보면 큰일 난다. 델리리움 트레멘스(Delirium Tremens), '알코올 진전 섬망'이라는 무시무시한 이름을 갖고 있기 때문이다. 델리리움 트레멘스는 장기간 음주하던 사람이 갑자기 중단했을 때 겪는 환각을 의미한다. 일종의 알코올 후유증으로 괴물과 작은 벌레 또는 동물이 보이는 부작용을 경험한다고 알려졌다. 왜 맥주가 불편한 의학 용어를 이름으로 갖고 있는 것일까? 게다가 이름과 어울리지 않는 귀여운 분홍 코끼리가 아이콘이라니, 도대체 이 맥주의 정체는 무엇일까?

델리리움 트레멘스가 태어난 휘게(Huyghe) 브루어리는 1902년 레온 휘게(Leon Huyghe)가 벨기에 겐트(Gent)에 있는 작은 양조장을 인수

브뤼셀 델리리움 카페 거리 –
가장 신선하고 맛있는 델리리움 맥주를 마실 수 있다. 골목 끝에는 오줌싸개 소녀 동상이 있다.

하며 시작됐다. 세계 대전과 경제 대공황에도 살아남으며 꾸준히 성장했지만 1980년대까지만 해도 무난한 라거와 다른 나라에서 위탁받은 맥주를 만드는 평범한 양조장이었다. 델리리움 트레멘스도 이탈리아에서 위탁한 '산 그레고리(San Gregory)'가 없었다면 태어나지 못했을 것이다.

1988년 당시 대표였던 장 드 라트(Jean de laet)는 이탈리아 양조장으로부터 높은 알코올을 지닌 밝은 색 에일, 벨지안 골든 스트롱 에일(Belgian golden strong ale)을 만들어 달라는 요청을 받았다. 벨지안 골든 스트롱 에일은 벨기에 효모가 만드는 섬세한 배와 수지 향 그리고 8~9% 알코올을 가진 황금색 에일을 의미한다. 1970년 벨기에 양조장 무르가트(Moortgat)가 출시한 듀벨(Duvel)이 원조인 이 스타일은 과음의 위험성을 경고하듯 대부분 맥주들이 듀벨(악마), 피랏(해적), 굴덴 드락(황금 용) 같은 강렬한 이름을 갖고 있다.

'산 그레고리'라는 고명한 이름을 가진 맥주에 새로운 운명을 선사한 사람은 다름 아닌 세무 공무원이었다. 당시 세무 공무원은 주세를 체크하기 위해 종종 양조장을 찾곤 했다. 산 그레고리가 출시된 날, 마침 세무 공무원들이 방문했고 평상 시 그들과 친분이 있던 장은 별 생각 없이 휘게의 첫 벨지안 골든 스트롱 에일에 대한 시음을 부탁했다. 결과는 대박. 맥주가 뿜어내는 아름다운 향미와 멋진 음용성에 크게 매료된 공무원들은 산 그레고리가 이탈리아 위탁 맥주인 것을 알게 되자 조심스럽게 국내 출시를 권유했다. 자본이 넉넉하지 않았던 장은 새로운 투자를 망설였지만 계속된 설득에 결국 벨기에 판매를 결정한다.

맥주에 대한 반응은 폭발적이었다. 테스트를 진행하던 펍에서 맥주의 콘셉트와 방향에 대한 힌트도 얻었다. 한 손님이 '맥주가 너무 맛있어서 나중에 술이 깨면 알코올 진전 섬망증, 즉 델리리움 트레멘스로 용이나 새 그리고 코끼리가 보일 것 같다'고 농담을 했고 함께 있던 사람들이 차라리 델리리움 트레멘스를 맥주 이름으로 쓰면 어떠하겠냐고 제안한 것이다. 아니, 의학 용어, 더구나 알코올 후유증을 뜻하는 이름을 맥주에 붙이라니, 어디 가당키나 한 일이던가. 까딱하다간 사회적으로 큰 리스크를 질 수도 있었지만 장은 고심 끝에 과감한 결단을 내렸다.

분홍 코끼리가 나가신다,
길을 비켜라.

델리리움 트레멘스라는 전대미문의 작명에 용기를 얻은 것일까? 장은 아예 라벨도 이와 연관된 것으로 결정했다. 겐트 대학생들이 디자인에 큰돈을 쓸 수 없었던 그에게 도움을 건넸다. 용, 새, 악어 그리고 분홍 코끼리가 들어있는 라벨의 대가는 겨우 맥주 두 박스였다. 맥주병도 재고를

독특한 델리리움의 맥주병 – 아이보리 색 도자기와 분홍코끼리가 돋보인다.

사용했다. 창고에는 독일 위탁 맥주를 위해 구매했던 아이보리 색 도자기 병이 남아 있었다. 장은 벨기에에서 보기 드문 이 병에 델리리움 트레멘스를 담기로 했다. 이름도, 라벨도 그리고 맥주병도 그간 볼 수 없었던 벨지안 골든 스트롱 에일(Belgian golden strong ale)이 세상에 등장한 것이다.

8.5% 알코올과 불투명한 황금색, 풍성한 거품을 지닌 델리리움 트레멘스는 벨지안 골든 스트롱 에일의 교과서다. 효모가 만드는 산뜻한 배향과 옅은 페놀릭, 그리고 맥아에서 나오는 섬세한 꿀 향은 따라 하기 쉽지 않은 매력이다. 게다가 적당한 단맛과 쓴맛이 만들어내는 멋진 균형감과 섬세한 탄산 뒤에 있는 묵직한 바디감은 높은 알코올 도수에도 여러 잔 마실 수 있는 용기를 준다.

델리리움 트레멘스 – 황금빛과 산뜻한 배향, 그리고 섬세한 꿀향이 특징적이다.

손님의 농담에서 시작된 델리리움의 아이콘 - 분홍 코끼리

델리리움을 만드는 휘게 양조장 - 분홍코끼리 못지않게 양조장의 외관 또한 특징적이다.

이 미증유의 맥주는 출시하자마자 벨기에뿐만 아니라 세계적으로 히트를 쳤다. 분홍 코끼리는 맥주 역사 상 가장 유명한 마스코트가 되어 유럽은 물론 한국, 일본, 중국과 같은 동아시아와 아메리카 대륙을 분홍색으로 물들이고 있다. 현재 휘게는 벨기에에서 7번째로 큰 양조장으로 성장했다. 일찍부터 태양광 발전과 같은 친환경 에너지 사용을 하고 있으며 오폐수 처리시설에 투자해 지속 가능한 성장을 실천하고 있다. 또한 장애인들을 적극 고용하고 벨기에 전통문화에도 많은 후원을 하고 있다. 이는 자본에 지배받지 않고 전통과 철학을 지킬 수 있는 가족 기업이기에 가능한 일이었다.

압생트의 초록 요정처럼 이 맥주를 마시면 분홍 코끼리를 볼 수 있을까? 그런 건 기대조차 하지 말자. 맥주를 평생 친구로 삼고 싶으면 분홍 코끼리는 상상 속의 동물로 남겨두자. 우리는 알코올 진전 섬망증이 아닌 델리리움 트레멘스라는 멋진 맥주를 즐기는 것이니까.

같은 DNA, 그러나 다른 길을 걷는 형제,
호가든과 셀리스 화이트

"아버지를 아버지라 부르지 못하고

형을 형이라 부르지 못하오니,

어찌 사람이라 하오리까"

〈홍길동 전 중〉

홍상직은 홍길동이 하직 인사를 하던 밤 마침내 호부호형을 허한다. 의적 활동 후 조선을 떠나 율도국 왕이 된 홍길동은 아버지가 사망하자 자신의 나라에 묘를 마련한다. 만약 홍상직이 호부호형을 허락하지 않았다면 홍길동은 아버지의 죽음을 고이 받아들였을까? 이 소설의 결말이 조선과 아버지에 대한 복수극이었으면 하는 바람은 나만의 발칙한 상상이었나보다.

호가든(Hoegaarden)과 셀리스 화이트(Celis White). 여기 기구한 운명을 가진 두 맥주가 있다. 홍상직의 두 아들 홍인형과 홍길동처럼 두 맥주는 같은 양조사에서 태어났지만 다른 길을 걷고 있다. 벨기에 밀 맥주를 대표하는 두 맥주에게 무슨 일이 일어난 것일까? 맥주 여신이 쓰는 이 소설의 끝은 복수극일까? 아니면 해피엔드일까?

오리지널 벨기에 밀 맥주,
호가든

벨기에 밀 맥주의 부활을 꿈꾼 양조사 -
피에르 셀리스

15세기 벨기에 플랜더스 지역 수도사들은 생밀로 멋진 맥주를 만들었다. 이들은 오렌지 껍질로 신맛을 냈고 고수 씨앗을 넣어 쌉쌀함을 더했다. 이 맥주는 호가든이라는 작은 마을로 전파됐고 1709년 13개였던 양조장은 불과 20년 만에 36개까지 늘어나며 큰 인기를 끌었다. 하지만 이 벨기에 밀 맥주(Belgian witbier)도 19세기 라거의 침공을 피해 갈 수는 없었다. 1957년 마을에 유일하게 남아있던 톰신(Tomsin) 브루어리가 문을 닫자 결국 역사 속으로 사라지고 만다. 그렇지만 맥주 여신은 수도사들의 영혼이 담긴 맥주의 몰락을 보고만 있지는 않았다. 그녀는 부활의 표식을 한 사람의 기억 속에 남겼다. 호가든 출신의 피에르 셀리스(Pierre Celis)였다.

양조장 근처에 자라며 젊은 시절 종종 맥주 만드는 일을 도왔던 피에르 셀리스는 사라진 전통주를 부활시키기로 결심한다. 벨기에 밀 맥주의 재료와 양조 방법은 일반적인 맥주와 사뭇 달랐지만 다행히 대부분 그의 머릿속에 남아있었다. 아버지에게 빌린 돈으로 구입한 허름한 구리 케틀로 셀리스 브루어리(Celis brewery)를 세운 지 얼마 되지 않은 1965년, 희고 상큼한 향미를 지닌 밀 맥주가 다시 세상에 모습을 드러냈다. 맥주의 이름은 고향의 이름을 딴 호가든이었다.

피에르 셀리스는 보리 맥아, 생밀, 큐라소 오렌지 껍질, 고수 씨앗 같은 재료와 전통적인 양조 방법으로 벨기에 밀 맥주를 부활시켰다. 밝고 불투명한 황금색은 부드러운 밀을 연상하게 했고 섬세한 오렌지와 은근한 향신료 향은 독특함을 선사했다. 가볍지만 우아하고 특별하지만 마시기 편한 이 맥주에 세간 사람들은 금세 매료됐고 출시된 지 얼마 되지 않아 물량이 부족해지기 시작했다. 공급을 늘리기 위해 양조장을 확장하기로 한 피에르 셀리스는 1979년 레모네이드 공장을 인수한 후 '클루이스(Kluis)'라는 이름을 붙였다. 네덜란드어로 수도사의 작은 방을 의미하는 클루이스는 벨기에 밀 맥주를 창조한 선지자들을 향한 헌정이었다. 곧 새로운 양조장의 생산량은 30만 배럴에 달했고 미국 수출도 예정됐다. 맥주 여신의 표식을 외면하지 않은 그의 앞길은 탄탄하게만 보였다.

그러나 1985년 승승장구하던 호가든에 재앙이 일어난다. 화재였다. 불은 양조장을 송두리째 앗아갔다. 불행히도 화재 보험이 없었던 피에르 셀리스는 재기를 위한 모든 노력을 기울였지만 회복하기에는 힘이 부쳤다. 그때 오래전부터 호가든의 가능성을 눈여겨보던 누군가가 다가왔다. 현재 오비맥주의 모기업, 에이비 인베브(AB InBev)의 전신인 인터브루(Interbrew)였다. 피에르 셀리스는 그들이 제시하는 금액을 거절할 수 없었다.

대기업에 지분을 넘긴 대가는 혹독했다. 호가든을 대중맥주로 만들고자 했던 인터브루는 대량 생산을 위한 공장 이전과 레시피 변경을 요구했다. 피에르 셀리스는 작고 개성 있는 맥주를 만들고 싶은 자신의 철학과 상반된 인터브루에 지쳐갔다. 고집을 꺾고 돈과 명예를 좇을 수 있었지만 끝내 모든 지분을 넘기고 호가든 운영에서 손을 떼고 만다. 상처를 입은 피에르 셀리스는 벨기에를 떠나기로 결심했다. 자식을 빼앗은 인터브루와 함께 있는 것이 쉽지 않았으리라. 아니면 영혼을 팔아넘긴 자신을 용서할 수 없었던 건 아니었을까. 결국 피에르 셀리스는 1990년 가족과 함께 미국 텍사스 오스틴으로 건너갔다.

미국에서 태어난 또 다른 벨기에 밀 맥주, 셀리스 화이트

호가든은 초거대 맥주 기업이 된 에이비 인베브 밑에서 세계적인 맥주로 성장했다. 오리지널 벨기에 밀 맥주라는 명성을 등에 업고 유럽, 아시아, 미국에서 사랑받았다. 호가든의 성공으로 벨기에 다른 양조장도 밀 맥주를 만들기 시작했다. 부드럽고 우아한 벨기에 밀 맥주는 호불호가 없어 누구나 좋아했고 특히 여성들이 선호하는 맥주 스타일 중 하나가 됐다.

호가든 - 피에르 셀리스의 손에서 떠나 레시피가 변경되었다.

한국에서 호가든은 오비맥주 산하 브랜드로 판매되고 있다. 10여 년 전 호가든은 마트와 편의점에서 '오가든'으로 불리기도 했다. 오비에서 만든 호가든은 오렌지 껍질과 고수 씨앗이 들어있지 않아 벨기에 밀 맥주 특유의 매력을 느낄 수 없었기 때문이다. 오가든은 이런 한국 호가든을 비아냥대던 이름이었다. 2010년대 중반 벨기에에서 재수입되던 호가든은 최근 들어 오비맥주에서 생산되고 있다. 물론 지금은 오가든이 아닌 호가든으로 불러도 될 만큼 향미와 품질을 갖고 있다.

한편 피에르 셀리스는 오스틴에서 재기를 꿈꿨다. 1992년 딸 크리스틴과 함께 셀리스 화이트라는 양조장을 설립하고 본격적으로 맥주를 양조하기 시작했다. 양조장 한쪽에는 미국을 건널 때 양말에 숨겨 온 효모가 배양되고 있었다. 그의 DNA를 품은 또 다른 아이가 잉태되고 있었던 것이다. 셀리스 화이트는 벨기에 호가든이 가졌던 모든 것을 고스란히 물려받았다. 희뿌연 황금색, 섬세한 오렌지와 향긋한 향신료 향, 부드럽고 우아한 바디감과 기품 넘치는 목 넘김까지 오리지널 벨기에 밀 맥주의 특징을 고스란히 갖고 있다. 이는 벨기에 전통 방식인 터비드 매쉬(Turbid mash)라는 공정을 따르고 있기 때문이다.

터비드 매쉬는 맥즙을 만들 때 당화되지 않은 일부를 따로 빼내는 공정을 의미한다. 주로 신맛이 강한 벨기에 람빅에서 사용되는 방법이다. 생밀의 부드러운 느낌과 희뿌연 불투명함을 살릴 수 있으나 비용이 증가하고 시간과 노력이 필요해 일반적인 벨기에 밀 맥주에서는 더 이상 찾아 볼 수 없다. 셀리스 화이트는 이 전통을 그대로 품고 있었다. 반면 대기업 맥주 호가든은 합리적인 가격을 위해 대량 생산 방식을 따르고 있다. 무엇이 옳고 그른지 결론을 내는 것은 어리석은 짓이다. 셀리스 화이트는 전통과 프리미엄을, 호가든은 대중성과 가성비에 가치를 두고 있을 뿐 정답은 없다.

텍사스 태생 셀리스 화이트는 평론가와 고객들로부터 좋은 평가를 받았다. 우수한 품질과 원조 벨기에 밀 맥주라는 가치를 지키며 느리지만 꾸준히 성장해나갔다. 하지만 다시 재정 문제가 불거졌고 1995년 또 다른 공룡 기업 사브밀러(SABMiller)에게 지분을 매각하게 된다. 에이비 인베브에 대항할 벨기에 밀 맥주가 필요했던 사브밀러에게 셀리스 화이트는 최적의 대안이었다. 그들의 입장에서는 시의적절한 시점에 셀리스 화이트에 접근할 수 있는 기회가 생겼던 것이다. 안타깝게도 셀리스 화이트를 인수한 사브밀러는 벨기에 밀 맥주 대한 장기적인 안목을 갖고 있지 않았다. 2001년 기대했던 수익이 나오지 않자 결국 셀리스 화이트의 문을 닫아 버리고 만다.

세 번째, 셀리스 화이트
부활하다.

      피에르 셀리스는 2011년 86세의 나이로 세상을 떠난다. 자신이 낳은 두 자식, 호가든과 셀리스 화이트를 보며 무슨 생각을 했을까? 자신의 뜻과는 달랐지만 만인의 사랑을 받으며 세계적인 맥주가 된 호가든에게는 애증 어린 마음이 있었을 것이다. 반면 미국에서 애지중지하며 키운 둘째가 사라졌을 때는 가슴이 찢어지는 아픔을 겪었으리라. 사업적인 평가와 논란을 차치하더라도 피에르 셀리스가 걸어온 길을 비난하기는 어렵다. 그가 없었다면 우리는 벨지안 윗비어(Belgian witbier)라는 맥주를 책 속에서만 만나볼 수 있었을 것이다. 호가든이든 셀리스 화이트든 그의 용기와 도전으로 세상에 나올 수 있었고 그 자체만으로 피에르 셀리스는 전설로 불릴 자격이 있다.

2018년 크리스틴 셀리스와 딸이 셀리스 화이트 홍보를 위해 한국을 방문했다.

그가 세상을 떠난 지 6년이 지난 2017년, 셀리스 화이트가 다시 세상에 얼굴을 드러냈다. 크래프트베브 인터내셔널이라는 회사가 이 브랜드를 되살리기 위해 기꺼이 투자를 단행했다. 피에르 셀리스의 유산을 이대로 보낼 수 없었던 크리스틴도 당연히 합류했다. 이들이 셀리스 화이트의 상표권을 획득하자 다시 양조장 전원에 불이 들어왔다.

2018년 크리스틴이 양조사의 길을 걷는 그의 딸 데이토나와 함께 한국에 왔을 때 셀리스 화이트의 부활을 느낄 수 있었다. 그녀는 자신의 맥주가 피에르 셀리스의 적자임을 강조했고 벨기에 밀 맥주의 원조라는 자부심을 내보였다. 새로워진 셀리스 화이트 로고가 이를 입증하고 있었다. 로고 속에는 명예와 힘을 상징하는 셀리스 가문의 곰과 부와 신념을 상징하는 호가든 마을의 지팡이를 든 손을 볼 수 있다. 그녀가 아버지의 꿈을 이어갈 수 있을까? 쉽지 않겠지만 진심을 맥주에 녹여낼 수 있다면 그리고 서두르지 않고 꾸준히 가치를 담아낼 수 있다면 그럴 수 있다고 믿는다.

맥주 여신의 변덕과 심술은 아버지가 같은 두 맥주의 운명을 갈라놓았다. 벨기에 태생이지만 서자의 운명인 호가든과 적자지만 미국에서 태어난 셀리스 화이트, 이 둘 사이에는 여전히 묘한 긴장감이 흐르고 있다. 그럼에도 불구하고 다행인 건 호가든에게 호부가 허락됐다

크리스틴 셀리스 방문 당시 마셨던 셀리스 화이트

는 사실이다. 호가든 홈페이지에는 피에르 셀리스 이름을 볼 수 있다. 자기의 뿌리를 아는 것이야 말로 정체성을 지키는 유일한 길이다. 호가든이 이를 부정한다면 그 미래는 어두울 수밖에 없다. 맥주 여신이 쓰는 이 소설의 끝은 해피엔드였으면 좋겠다. 앞으로도 셀리스 화이트가 호가든을 형이라 부를 일은 없겠지만, 그럼에도 불구하고 두 맥주가 서로를 존중한다면 냉혹한 비즈니스에서 맥주가 보여주는 몇 안 되는 낭만으로 기억될 것이다. 부디.

영혼이 사라진 맥주의 왕,
버드와이저

1890년 미국 의회는 '미국 맥주 순수령' 제정을 앞두고 긴장감이 흐르고 있었다. 맥주 순수령은 1516년 독일 바이에른 공작 빌헬름 4세가 맥주에 맥아, 홉, 물만 넣어야 한다고 공표한 법이다. 독일이야 수백 년 동안 자신들의 맥주 정체성을 지키려는 목적을 갖고 있었지만 갓 독립한 미국이 이 법을 제정하는 건, 뭔가 생뚱맞고 어색한 일이었다.

독일과 달리 미국 맥주 순수령을 주도한 이들은 보리 농장주와 맥아 제조업자들이었다. 1860년 대 미국 맥주 시장에는 옥수수와 쌀 같은 부가물을 넣은 맥주가 유행했다. 전체 맥아 량의 30% 정도를 대체하는 이 부가물 때문에 보리와 맥아 제조업자들은 위기감을 느꼈고 로비를 통해 미국 맥주 순수령을 관철시키고자 한 것이다.

미국 양조업계는 이 법이 미국 자유주의를 크게 훼손한다고 생각했다. 저명한 양조학자 프랜시스 와이어트(Francis Wyatt)는 곧바로 '부가물이 순수하고 건강한 현대 맥주에 필요한 이유'라는 글을 게재 했고 미국 라거의 아버지 안톤 슈바르츠(Anton Schwartz) 박사는 '맥주와 재료'라는 논문을 발표했다. 미국맥주협회 회장 윌리엄 마일스(William Miles)는 미국 맥주 순수령이 통과되지 말아야 하는 이유를 여러 신문에 기고하며 여론전을 펼치기도 했다.

미국 양조업계에 한바탕 소란을 일으킨 이 법은 거센 저항에 부딪혀 결국 좌초됐고 보리 이외의 곡물이 들어간 밝고 가벼운 라거는 미국 맥주의 간판이 된다. 아메리칸 라거(American lager)로 명명된 이 스타일은 20세기 초 영국 에일과 독일 필스너를 제치고 시장을 석권하기 시작했다. 특히 독일 이민자들이 설립한 잉링(Yuengling), 안호이저-부쉬(Anheuser-Busch), 밀러(Miller), 쿠어스(Coors) 같은 브랜드는 자신들의 맥주를 전 세계로 퍼트리며 옥수수와 쌀을 미국 맥주의 정체성으로 만들었다. 19세기 전까지 위스키에 익숙했던 젊은 미국은 20세기를 지나며 맥주를 사랑하는 국가로 변해가고 있었다.

미국 맥주의 상징, 옥수수와 쌀

1620년 메이플라워호를 타고 영국을 떠난 청교도들이 미국에 도착하기 13년 전 이미 버지니아에 도착한 영국인들이 있었다. 이들의 목적은 황금이었다. 그러나 기대와 달리 황금은 발견되지 않았고 오히려 익숙하지 않은 환경으로 절반이 목숨을 잃었다. 다행히 원주민의 도움으로 담배 재배에 성공한 생존자들은 영국과의 거래를 통해 정착에 성공한다. 메이플라워호에 몸을 싣고 대서양을 건넌 청교도들은 영국 성공회의 탄압을 피해 망명을 선택한 사람들이었다. 칼뱅파의 분파인 청교도는 불순한 목적으로 탄생한 성공회를 정화시키려 했다. 목적에 실패한 청교도들은 영국을 떠나 새로운 곳에 정착하기를 원했고 지금의 보스턴 남쪽 지역에 도착했다.

영국에서 온 초기 식민지인들에게 미국 땅은 척박했다. 보리와 밀 농사는 녹록치 않았다. 대신 옥수수가 풍부했고 키우기도 용이했다. 미국 사람들에게 술에 옥수수를 넣는 것은 전혀 이상한 일이 아니었다. 당시에는 맥주보다 옥수수를 이용한 증류주가 더 인기를 끌었다. 맥주는 가정에서 소량으로 양조되기도 했지만 대부분 영국에서 수입됐다. 1783년 독립 후에도 미국에서 맥주는 영국 포터(porter)와 에일을 의미했다.

미국에 본격적으로 맥주 시대가 열린 건, 독일 이민자 덕분이었다. 1840년대 이들이 가져온 어두운 색 라거 둔켈(Dunkel)은 영국 에일을 밀어냈다. 과학에 기초한 양조 기술도 정착되기 시작했다. 맥주가 위스키를 앞선 것도 이때 즈음이었다. 1860년부터 미국 맥주 산업은 2차 산업 혁명과 함께 크게 성장했다. 노동자들이 선호한 맥주는 갈증 해소에 좋은 밝은 색 라거였다. 그들에게 둔켈은 너무 무겁고 진했다.

미국 양조사들은 체코의 황금 색 라거, 필스너(Pilsner)를 벤치마킹하며 옥수수와 쌀을 첨가했다. 부가물이 들어간 아메리칸 라거가 미국 환경과 문화에 더 적합하다는 연구도 잇달았다. 미국 양조학자들은 추운 유럽과 달리 날씨가 온화한 미국에는 무겁고 진한 올 몰트 맥주(all malt beer)가 어울리지 않는다고 주장했다. 1869년 '곡물, 특히 쌀을 첨가한 양조 방법'을 발표한 안톤 슈바르츠는 부가물 맥주를 옹호하는 대표적인 학자였다.

미국 맥주에는 6줄 보리가 사용된다는 것도 좋은 과학적 핑계가 됐다. 유럽에서 사용하는 2줄 보리와 달리 6줄 보리는 단백질이 많아 맥주를 탁하게 했다. 미국 양조사들은 보리 맥아 대신 일정 비율의 옥수수나 쌀을 넣는 것이 더 밝고 투명한 라거를 만들 수 있다고 생각했다. 맥주를 물처럼 단번에 마시는 미국인들의 음주 습관도 가벼운 맥주를 선호하게 했다. 미국인들이 가벼운 목 넘김을 좋아한다는 것을 포착한 양조사들은 맥주에 부가물을 아끼지 않았다. 사실 비용도 중요한 이유였다. 보리 맥아에 비해 가격이 저렴한 옥수수나 쌀을 넣으면 전체적인 양조 비용을 낮출 수 있었다.

1890년 미국 맥주 순수령이 기각되자 미국에서는 부가물을 넣은 라거가 대세가 된다. 1912년 미국 맥주 시장에서 올 몰트 맥주의 점유율은 겨우 5%에 불과했다. 아메리칸 라거의 성장은 찻잔 속의 태풍으로 그치지 않았다. 20세기 들어 유럽과 아시아로 진출한 아메리칸 라거는 영국과 독일이 쥐고 있던 기득권을 흔들었다. 안호이저-부쉬의 버드와이저는 그 폭풍의 중심에 있는 맥주였다.

미국 맥주의 신화, 안호이저-부쉬

아돌푸스 부쉬, 1839 – 장인 안호이저와 함께 안호이저-부쉬를 설립했다.

1857년 야망으로 가득 찬 18살의 독일 젊은이가 미국 세인트루이스로 건너온다. 그의 이름은 아돌푸스 부쉬(Adolphus Busch), 양조 장비 세일즈를 하던 그가 새로운 기회를 잡은 건, 또 다른 독일 출신 사업가 에버하드 안호이저(Eberhard Anheuser)를 만나면서부터였다. 재정 문제로 어려움을 겪던 양조장을 인수한 안호이저는 업무 차 관계를 맺은 아돌푸스 부쉬를 눈여겨봤고, 1861년 자신의 딸과 결혼시킨 후, 경영에 참여시켰다. 1879년 회사 이름이 안호이저-부쉬로 변경되며 부쉬는 온연한 후계자로서 인정받았고 1880년 안호이저 사망 이후에는 단독 대표로 올라서며 회사를 발전시켰다.

부쉬는 놀라운 개척가이자 사업가였다. 1864년 루이 파스퇴르가 고안한 저온살균법과 병맥주 대량 생산 시스템을 자신의 맥주에 과감히 적용했다. 1874년에는 얼음을 넣은 냉장차도 운용하며 개척가다운 면모도 보였다. 다양한 경험과 기술이 들어간 안호이저-부쉬 맥주는 장거리 배송과 장기간 보관에도 흔들리지 않는 맛과 품질을 자랑했다. 이 맥주가 바로 버드와이저(Budweiser)다.

1876년 태어난 버드와이저는 6줄 보리 맥아와 약 30% 쌀 그리고 미국과 유럽 홉을 넣은 전형적인 아메리칸 라거다. 아돌푸스 부쉬와 그의 친구 콘래드가 체코 여행 당시 감명 깊게 마신 필스너, 부드바이저 부드바(Budweiser Budvar)를 기반으로 디자인됐다. 버드와이저라는 이름 또한 체코 부드바이저에서 그대로 가져왔다. 부드바이저는 약 7백 년의 역사를 가지고 있는 체코 남부 체스케 부데요비체(České Budějovice) 지역 맥주로 부드바이저는 '부데요비체의'를 뜻하는 독일어를 의미한다. 버드와이저는 부드바이저의 미국식 발음이다.

버드와이저의 슬로건 'King of Beer'도 부드바이저의 'Beer of King'에서 따왔다. 부드바이저의 주인은 체코의 왕이었기 때문에 사람들은 부드바이저를 'Beer of King'이라고 불렀다. 저작권 개념이 희박했던 19세기였기에 가능한 일이었다. 그때까지만 해도 유럽 맥주 회사들은 미국 맥주가 자신들에게 위협이 될 거라고 꿈에도 생각하지 못했다. 그러나 20세기 초 버드와이저가 유럽 및 아시아에서 인기를 얻자 체코 부드바이저 양조장은 상표권 문제를 제기했다. 부드바이저 양조장을 이어받은 체코 정부는 길고 지루한 소송을 이어갔다. 지친 안호이저-부쉬는 체코가 공산주의를 벗어났을 때, 부드바이저 인수를 추진했지만 체코 국민들의 반대에 부딪혀 실패하기도 했다.

부드바이저 부드바 – 체코 국영 맥주로 버드와이저 탄생에 큰 영향을 줬다.

소송 결과, 버드와이저는 현재 국가별로 다른 이름으로 판매되고 있다. 유럽 대륙에서는 버드와이저는 버드라는 이름으로 판매되어야 하지만 한국에서는 버드와이저가 허용됐다. 반대로 체코 부드바이저는 유럽 대륙에서 본명 그대로 사용할 수 있지만 한국에서는 부데요비치 부드바(Budějovický Budvar)로 판매되고 있으며 미국을 비롯해 캐나다, 멕시코, 브라질에서는 체코바(Czechvar)로 수입되고 있다.

미국 문화 전도사로 우뚝 선 버드와이저

버드와이저는 금주령 이전 미국에서 가장 잘 나가던 맥주였다. 맥주 자체도 훌륭했지만 그 배경에는 미국 산업 구조의 변화가 있었다. 1908년 헨리 포드의 컨베이어 벨트 시스템은 산업과 소비에 지대한 영향을 미쳤다. 자동차의 가격을 합리적으로 만든 컨베이어 시스템은 상품의 대량 생산을 가능하게 했다. 이는 곧 공산품과 대중의 탄생을 의미했다. 대량으

세인트 루이스에 있는 버드와이저 본사

로 동일한 물건을 찍어내는 생산 체계는 합리적 가격을 가진 공산품을 제공했다. 안정적 임금을 받는 노동자에게 가장 중요한 소비 가치는 용도와 가격이었다. 임금 노동자와 공산품이 만나자 대중 소비 사회가 도래했다. 수요가 공급을 압도하는 시대에 대중들의 개성이나 취향은 사치였고 소비 자체가 미덕이었다. 몰개성은 부끄러운 게 아니었다. 맥주도 이 흐름을 거스를 수 없었다. 가벼운 목 넘김이 강조된 아메리칸 라거는 다른 어떤 맥주보다 대중 상품으로 적합했다. 호불호가 없는 것이 대중 맥주가 가져야 할 첫 번째 미덕이었다. 개성과 특징은 없었지만 합리적 가격에 무난한 향미를 가진 버드와이저는 누구나 좋아하는 맥주가 됐다.

　　1919년부터 1933년까지 있었던 금주령 시기는 안호이저-부쉬에게 위기이자 기회였다. 맥주 대신 개발한 맥주 맛 음료와 무알콜 맥주가 인기를 끌었고 효모와 맥아, 심지어 아이스크림 사업도 나쁘지 않았다. 힘든 시기를 버틴 결과는 달콤했다. 수백 개에 달했던 맥주 양조장이 수십 개로 줄어들며 자연스럽게 독과점 시장이 형성된 것이다. 게다가 가정용 냉장고의 발명은 버드와이저의 판매에 날개를 달아줬다. 세계 대전이 끝난 이후, 미국은 정치, 경제, 군사 면에서 누구도 넘볼 수 없는 최강국이 된다. 특히 한국 전쟁 이후, 전시 체제를 벗어난 미국은 베이비 붐 세대와 놀라운 경제 성장을 이뤘다.

1960년대를 거치며 경제는 문화를 낳았다. 미국 문화는 영화, 음악, 예술을 망라하는 가장 힙한 문화로 전 세계를 향해 퍼져 나갔다. 맥도날드, 리바이스, 코카콜라 같은 미국 상표들도 이 흐름에 편승했다. 미국 맥주도 마찬가지였다. 맥주 산업은 미국 경제 성장과 함께 발전했다. 안호이저-부쉬는 1957년 라이벌 슐리츠(Schlitz)를 누르고 미국 최대 맥주 회사가 됐고 적극적인 인수합병을 시도하며 세계를 호령했다. 안호이저-부쉬의 대표 버드와이저 또한 맥주를 넘어 미국 문화를 상징하는 상품으로 수출됐다. 아메리칸 라거는 버드와이저라는 호랑이의 등을 타고 20세기 맥주의 표준이자 표상이 된 것이다.

사라진 미국 맥주와
그 영혼

2008년 세계 맥주 시장에 속보가 타전됐다. 안호이저-부쉬가 벨기에에 뿌리를 두고 있는 다국적 맥주 회사 인베브(InBev)에 적대적 합병을 당한 것이다. 두 회사는 안호이저-부쉬 인베브(AB InBev)라는 이름을 가진 거대한 초국적 맥주 기업이 되었다. 이 소식을 들은 미국인들은 큰 충격을 받았다. 안호이저-부쉬 합병 이후, 미국을 대표하던 맥주 회사가 모두 사라졌기 때문이다. 안호이저-부쉬의 가장 강력한 라이벌인 밀러는 이미 2002년 남아프리카 맥주 회사에 인수되어 사브밀러(SABMiller)가 되었고 미국에서 3번째로 큰 맥주 브랜드였던 쿠어스도 2004년 캐나다 맥주 회

500ml 버드와이저(좌)는 한국 오비맥주에서 생산하고 있다.
미국산 버드와이저를 원한다면 700ml 버드와이저(우)를 마셔야 한다.

사 몰슨에 합병되어 몰슨 쿠어스(Molson Coors)로 이름을 바꿨다. 한 술 더
떠 안호이저-부쉬 인베브와 사브밀러는 2015년 합병을 성사시켰다. 한 때
팍스 아메리카나를 등에 업고 세계를 호령했던 미국 맥주들이 21세기 초
라한 신세로 전락한 모습은 변화와 혁신에 인색한 결과로 해석될 수밖에
없다.

    현재 한국에 있는 500ml 버드와이저는 전라도 광주에서 생산된
것이다. 라벨은 버드와이저의 것이지만 정체성은 누구의 것인지 알 수 없
다. 20세기 공산품이었던 맥주는 어느덧 영혼을 따지는 문화가 되었다. 미
국 산 버드와이저의 영혼을 찾는 시대가 올 줄이야. 가혹하고 서글프다.

맥주 여신과 달의 여신의 맛있는 만남,
닌카시 그라운드 컨트롤

"이것은 한 명의 인간에게는 작은 발걸음이지만,
인류에게는 커다란 도약이다."

〈닐 암스트롱〉

착륙선 이글에 장착된 카메라는 달 표면에 내리는 닐 암스트롱의
발을 천천히 쫓고 있었다. TV로 이 장면을 보고 있던 전 세계 6천만 명의
숨소리는 순간 멈춰 있는 듯 했다. 닐 암스트롱이 살포시 내디딘 달 표면은
보드랍고 섬세한 먼지 같았다. 바람 잘 날 없는 지구와 달리 고요의 바다는
인류의 흔적을 조용하고 선명하게 머금었다. 1969년 7월 21일 인류는 달의
주인이 토끼가 아닌 우리라는 것을 전 우주에 천명했다. 하지만 닐 암스트
롱의 소감이 무색할 정도로 그 뒤로 달에 간 사람은 아무도 없었다.

2022년 8월, 중단됐던
유인 달 탐사가 재개됐다. 2017
년 중국의 달 탐사 계획에 자극
받은 도널드 트럼프 미국 대통
령은 지속적인 달 탐사와 영구
적 거주를 목표로 우주 프로그
램을 승인했다. 2020년, 지속가
능한 달 방문과 여성 우주인 달

NASA의 달 탐사 프로젝트 –
아르테미스 베이스 캠프 상상도

착륙 그리고 화성 탐사의 전초 기지 건설이라는 세 가지 비전이 제시되자
세계 20개 우주 기지국이 동참했다. 53년 만에 진행되는 달 탐사 계획의 이
름은 아폴로의 쌍둥이 누이이자 달의 여신, 아르테미스(Artemis)였다.

아르테미스 프로그램의 궁극적 목적인 달기지 건설을 위해 현재 다양한 실험이 단계적으로 추진되고 있다. 2022년에는 마네킹을 태운 아르테미스 1호가 약 25일 동안 달 궤도를 돈 후 지구로 귀환했고 2024년에는 유인 우주선이 같은 임무를 수행할 예정이다. 2025년에는 4명의 우주인을 달 궤도로 보내 그중 1명의 남성과 1명의 여성이 달에 발을 딛고 귀환할 계획을 갖고 있다.

작년 10월 첫 번째 임무를 마치고 돌아온 아르테미스 1호에서 혁혁한 공을 세운 것은 마네킹이었다. 마네킹들은 우주 방사선과 비행 스트레스 등 인간 생존에 필요한 데이터를 수집하는 임무를 수행했다. 하지만 미션을 받은 건 마네킹만이 아니었다. 생명이 없는 그것들과 달리 살아있는 유기체가 인류를 위해 우주로 날아갔다. 바로 맥주 효모다.

맥주 효모야,
우주 시대를 부탁해

미국 항공 우주국 나사(NASA)는 아르테미스 1호에 바이오센티넬(BioSentinel)이라고 불리는 박스를 함께 보냈다. 영화 메트릭스에서나 볼 법한 이름을 한 바이오센티넬에는 동결 건조된 12,000개의 효모가 실려 있었다. 인간과 약 70% DNA를 공유하는 이 단세포 유기체의 임무는 우주 방사선에 대한 데이터를 갖고 오는 것이었다. 약 3주 정도 임무를 수행하고 귀환하는 아르테미스와 달리 바이오센티넬은 태양 궤도를 따라 6개월 동안 우주에 머물렀다.

효모들은 마이크로플루이딕스 카드(microfluidics card)라는 곳에 보관되었다. 과학자들은 원격 조정으로 액체와 설탕을 주입해 효모를 활성화시킨 후 방사능을 맞게 했다. 이런 가혹한 환경에서 생존한 녀석들이 있다면 그 이유를 분석하고 밝혀내는 것이 이번 실험의 목적이었다. 이 연구를 주도하고 있는 브리티시 컬럼비아 대학 코리 니슬로우(Corey Nislow) 박사는 우주 방사선에 노출된 효모의 DNA가 달과 화성에 거주할 인류 건강의 열쇠를 쥐고 있다고 설명했다. 향미로 즐거움을 주던 맥주가 우주 시대 인류를 위한 특급 도우미가 된 것이다.

사실 맥주와 우주의 만남은 인류가 우주를 개척한 이래 꾸준히 있어왔다. 1873년 한자동맹 도시 브레멘에서 탄생한 벡스(Beck's)는 북독일 필스너를 대표하는 맥주다. 1928년 스틸 케그(Steel keg)를 발명했고 1968년에는 최초로 6팩을 개발해 유통 혁신을 일으켰다. 20세기말 벡스의 이런 도전 정신은 우주까지 닿았다. 벡스는 1993년 4월 미국 우주선 컬럼비아호에 자신의 효모를 태워 무중력 환경에서 상태를 확인하는 실험을 전개했다.

2001년 나사와 쿠어스(Coors)는 이보다 한 발짝 더 나갔다. 콜로라도 대학원생이자 쿠어스 연구원 컬슨 스테렛(Kirsten Sterrett)은 우주에서 효모의 발효 형태를 실험했다. 그녀는 효모를 우주로 보내 발효를 진행했고 결과물을 받아 분석했다. 샘플은 겨우 1ml였지만 단백질과 비중을 정밀하게 측정했고 대조군과 비교했다. 결과는 지구에서 양조한 맥주와 크게 다르지 않았다. 맛과 품질에서 차이점이 없었던 것이다. 흥미로운 점은 결과가 아닌 과정에 있었다. 우주에 있던 효모의 세포수는 지구의 것보다 적었다. 그럼에도 불구하고 발효 결과에 차이가 없다는 것은 우주 효모가 당분을 더 잘 공급받았다는 것을 의미했다. 중력 때문에 밑으로 가라앉아 당을 고루 섭취할 수 없는 지구 효모와 달리 무중력 환경의 맥즙 속에 골고루 분포한 우주 효모가 발효에서 더 나은 효율을 보여준 것이다. 이는 제약회사 같이 높은 발효 효율이 필요한 곳에 큰 영감을 줬다.

양조사,
우주와 만나다.

우주 맥주는 학자와 연구자만의 전유물이 아니다. 우주와 맥주에 대한 호기심으로 똘똘 뭉친 사람들은 다름 아닌 양조사다. 2020년 아마추어 양조사 닉 티어와 댄 레폴드는 발칙한 도전을 시도했다. 엣지 오브 스페이스 미션(Edge of Space Mission)이라는 과학 클럽에서 풍선을 성층권으로 보내는 실험을 계획하자 맥주 효모를 함께 싣기로 한 것이다. 지구 끝에서 우주를 경험한 효모로 만든 맥주가 향미에서 차이점이 있는지 비교하는 것이 목표였다. 성층권까지 도달했던 효모가 성공적으로 회수되자 닉은 곧바로 우주 맥주를 만들었다. 그가 양조한 맥주는 챌린저 홉과 갤럭시 홉이 들어간 골든 에일(Golden ale)이었다. 2주 뒤 14명의 홈브루어가 테이스팅을 위해 모였고 대조군과 비교하며 차이점을 분석했다. 그 결과 대부분이 우주 맥주가 더 맛이 없다고 평가했다.

달 운석으로 맥주를 만든 양조사도 있다. 도그 피시 헤드(Dogfish Head) 브루어리 대표 샘 칼라지온(Sam Calagione)은 미국 크래프트 양조사 중 실험적인 맥주를 만드는데 두려움이 없는 사람이다. 이집트 피라미드에서 채취한 효모로 고대 맥주를 재현하거나 고구마와 아마씨 같은 재료로 맥주를 만드는 등 흥미로운 소동을 일으켜 왔다. 2013년 샘은 나사의 우주복을 제작하는 ILC 도버의 도움으로 달 운석을 손에 넣자 맥주 재료로 사용할 수 있는지 분석했다. 구성물은 미네랄과 소금이었다. 그는 운석을 미세하게 분쇄한 후 양조 과정에서 우려냈다. 다행히 미네랄과 소금은 효모 영양제 역할을 하며 발효를 도왔고 멋진 맥주가 만들어졌다. 셀레스트-주월-에일(Celest-jewel-ale)이라는 이름의 이 맥주는 5% 알코올 가진 옥토버페스트 맥주로 출시됐다. 당연히 한정판으로 도그 피시 헤드 펍에서만 판매되었다.

우주 효모의 기운을 품은
닌카시 그라운드 컨트롤

오레곤 주에 있는 닌카시 브루잉 컴퍼니 본사

우주 맥주와 관련해 가장 재미있는 스토리를 가진 양조장은 수메르 맥주 여신의 이름을 가진 닌카시(Ninkasi)다. 2006년 제이미 플로이드와 니코스 리지는 미국 오레곤(Oregon)주 유진(Eugene)에 닌카시 브루잉을 설립했다. 이 양조장의 맥주들은 미국 홉의 본진에 위치한 덕분에 강력한 홉 향과 알코올을 자랑한다.

닌카시 맥주들이 뚜렷한 개성을 갖고 있었음에도 제이미와 니코스는 진짜 크래프트 맥주만 할 수 있는 도전을 하고 싶었다. 고민 끝에 우주를 경험한 효모로 맥주를 만드는 아이디어가 논의됐고 곧 NSP(Ninkasi Space Program)라고 명명된 프로젝트가 시작됐다. 2014년 7월 네바다 사막, 닌카시는 두 아마추어 로켓 그룹, CSXT와 팀 하이브리다인이 제작한 로켓에 16개의 효모 바이알을 넣어 발사했다. 효모를 실은 로켓은 성충권까지 도달한 후 지구로 떨어졌지만 불행히도 추적 장치가 고장 나 위치를 찾을 수 없었다. 27일 후에 효모가 발견됐지만 대부분 사용하기 힘들었다. 그러나 이를 실패로 생각하지 않은 닌카시는 첫 도전에 미션 1이라는 이름을 붙인 후 곧바로 미션 2에 돌입했다.

우주에서 돌아온 효모로 양조한 맥주 –
닌카시 그라운드 컨트롤

같은 해 10월, 보다 완벽한 성공을 위해 이번에는 아마추어가 아닌 민간 우주 항공 회사 UP 에어로스페이스가 함께 했다. 로켓에는 드라이아이스로 밀폐된 6개의 효모 바이알이 탑재됐다. 성공적으로 발사된 로켓은 124km 고도까지 날아 갔고 효모는 약 4분 동안 무중력 상태를 경험했다. 지상에서 회수된 6개의 효모 바이얼 중 4개가 닌카시 연구실로 이송됐다. 그리고 다음 해인 2015년 4월 13일 닌카시는 우주에서 돌아온 효모로 양조한 그라운드 컨트롤(Ground Control)을 출시했다. 지상 통제팀을 뜻하는 그라운드 컨트롤은 라벨 디자인부터 특별하다. NSP가 자랑스럽게 박힌 박스 속에는 우람한 우주인과 화성으로 발사되는 로켓이 그려있다. 딱 봐도 우주와 긴밀하게 연관이 되어 있음을 과시하려는 의도였다.

그라운드 컨트롤의 맥주 스타일은 임페리얼 스타우트(Imperial stout)다. 임페리얼 스타우트는 높은 알코올 도수를 가진 스타우트를 의미한다. 10% 높은 알코올과 80 IBU라는 강력한 쓴맛을 가진 이 맥주는 혀끝부터 남다른 개성이 느껴진다. 매혹적인 흑색은 우주 그 자체다. 코에서는 진한 다크 초콜릿과 헤이즐넛, 견과류 그리고 고소한 토스트 향의 울림이 느껴진다. 쓴맛은 정말 세지만 이와 견줄만한 단맛이 균형을 맞춰준다. 뒤에서 올라오는 옅은 향신료 향은 아마 부가물로 첨가된 아니스(Anise) 때문인 듯하다.

솔직히 맥주에서 우주 효모가 주는 특별한 느낌을 찾기는 어렵다. 사실 그런 게 있다면 노벨상, 아니 최소한 이그노벨상(Ig Nobel Prize) 정도는 탔어야 하지 않겠는가. 훌륭한 임페리얼 스타우트지만 그라운드 컨트롤을 단순히 향미로만 평가해서는 안 된다. 크래프트 맥주만이 할 수 있는 도전과 혁신 그리고 재치와 진정성의 관점으로 바라봐야 한다.

그라운드 컨트롤을 시음한 지 거의 10년이 지났지만 나는 크래프트 정신을 이야기할 때마다 여전히 이 맥주를 거론한다. 인간의 위대한 도전을 맥주로 표현하고 이를 맛볼 수 있다는 건, 대단히 복합적이고 특별한 경험이다. 누가 아는가. 2025년 달 기지에 도착한 우주인들의 손

닌카시 그라운드 컨트롤 –
우주와 같은 흑색을 품고 있다.

에 들려있는 맥주가 닌카시 그라운드 컨트롤일지. 수메르 맥주 여신과 달의 여신이 만난다니, 상상만으로 짜릿하다.

네덜란드의 초록 피,
하이네켄

"No, thanks. I'm still driving."

"한 잔 하시겠어요?" 은은한 조명과 조용한 음악이 흐르는 연회장. 북적이는 사람들 사이로 검은색 정장에 헌팅캡을 쓴 노신사가 문을 나서다 멈칫한다. 쟁반 위 초록색 맥주를 잠시 응시하던 그는 문 밖에 흰색 재규어가 보이자 옅은 미소를 지으며 담담히 말한다. "괜찮습니다. 난 여전히 운전을 하거든요." 아름다운 엔진음과 사라지는 얼굴에는 자부심이 가득하다. 노신사의 이름은 재키 스튜어트(Jackie Stewart), 세 차례 포뮬러원 F1 그랑프리에 오른 전설적인 인물이다.

하이네켄(Heineken) 광고 속 주인공은 맥주가 아니다. 남녀 사이의 편견이나 음주운전에 관한 메시지가 주제인 경우가 많다. 코로나 팬데믹 시기에는 중단됐던 인간관계를 광고 속에서 다루기도 했다. 맥주는 이 주제들을 이어주는 매개체에 불과하다. 아이러니하게 이 전략은 하이네켄을 가장 유명한 브랜드로 만들었다. 2021년 기준으로 하이네켄은 전 세계 시장 2위 맥주 회사로 12%의 점유율을 차지하고 있다. 대한민국 면적의 절반에 불과한 네덜란드에서 어떻게 세계적인 맥주가 가능했던 것일까? 수수께끼의 열쇠를 찾기 위해서는 네덜란드와 하이네켄의 역사를 들춰봐야 한다.

네덜란드의 힘,
관용

네덜란드는 16세기까지 신성로마제국 황제 카를 5세의 영토였다. 북해와 맞닿아 있는 이 지역은 상업의 중심지였다. 네덜란드를 비롯해 많은 도시들은 한자(Hansa)동맹이라는 무역 연합을 맺고 교류했다. 자연스럽게 이곳에는 돈이 흘렀고 다양한 문화가 스며들었다. 네덜란드는 마르틴 루터의 종교 개혁(Reformation) 이후 개신교의 영향을 받았다. 특히 영리 추구를 신의 소명으로 해석한 칼뱅교는 상인들에게 큰 환영을 받았다. 세금이 필요한 제후들도 이들에게 자유를 보장했다. 아우크스부르크 화의에서 개신교를 인정한 신성로마제국 황제 카를 5세는 종교 문제가 제국을 분열시키는 것을 두려워했다. 하지만 그의 아들 펠리페 2세는 달랐다. 플란더스 겐트 출신이었던 아버지와 달리 스페인 태생인 펠리페 2세는 가톨릭을 앞세워 개신교를 믿는 제후들을 탄압했다.

네덜란드는 이 소용돌이의 중심에 있었다. 무자비한 펠리페 2세와 스페인 군대는 개신교를 믿는다는 이유로 마녀 사냥을 자행했다. 저항하는 자들은 사형장의 이슬로 사라졌다. 자유는 떠났고 관용은 잠들었다. 무거운 세금마저 부과되자 1567년 제후들은 마침내 전쟁을 선포한다. 네덜란드 독립 전쟁의 시작이었다. 기나긴 독립 전쟁은 1648년 30년 전쟁의 마침표인 베스트팔렌 조약과 함께 끝난다. 저항의 중심지였던 홀란드(Holland)는 네덜란드를 부르는 또 다른 이름이 됐다. 독립을 인정받은 네덜란드는 해상 무역을 통해 큰 부를 축적했고 과학과 예술의 국가로 성장했다. 이런 배경에는 스페인 펠리페 2세와 프랑스 루이 14세에게 종교적 박해를 받던 유대인과 위그노를 적극적으로 받아들인 관용의 정신이 숨어 있다.

가톨릭의 종교 탄압으로 고향을 떠난 사람들은 자유가 보장된 네덜란드로 향했다. 이주민의 비율이 3분의 2가 넘을 정도였다. 다양한 사람들이 안정적으로 정착하자 발전의 토대가 형성됐다. 뛰어난 상업과 수공업 기술을 갖고 있던 유대인과 위그노들은 양모 산업과 다이아몬드 가공 기술을 네덜란드에 심었다. 조선업도 타의 추종을 불허했다. 이민자들의 다양한 기술 속에서 네덜란드 배는 효율성과 경제성을 입었다. 그 덕에 17세기 네덜란드는 영국을 제치고 해양 강대국으로 부상한다. 다른 문화에 대한 수용과 관용이 모든 것의 열쇠였다.

네덜란드 라거의 탄생

네덜란드 맥주 역사는 11세기로 거슬러 올라간다. 1112년에 이미 맥주에 세금을 부과했다는 기록이 남아있다. 당시 새로운 재료였던 홉을 1320년부터 과감히 사용했고 1450년에는 일상적인 재료로 취급했다는 자료도 있다. 암스테르담과 로테르담, 델프트 같은 도시에는 양조장이 즐비했으며 평민뿐만 아니라 귀족층까지 맥주를 흔하게 즐기곤 했다. 네덜란드의 역사와 맥주에 대한 흔적들로 미뤄볼 때, 이 저지대 국가에는 오래전부터 진보적인 양조 기술과 자유로운 맥주 문화가 존재했음을 짐작할 수 있다.

네덜란드 위기는 17세기 후반 인도를 비롯한 아시아 패권 경쟁에서 영국에게 패배하며 시작됐다. 네덜란드에게 이긴 영국은 산업 혁명을 등에 업고 해가지지 않는 나라로 부상했다. 맥주 산업의 중심도 영국으로 옮겨갔다. 수요가 끊이지 않는 맥주는 자본이 가장 좋아하는 산업 중 하나였다. 작은 양조장은 힘없이 쓰러졌고 자본 앞에 다양성은 사라졌다. 네덜란드 맥주 산업도 영국 앞에 빛을 잃었다.

하이네켄 익스피어리언스 –
암스테르담에 있는 이곳에서 하이네켄 역사를 체험할 수 있다. 신선한 하이네켄 맥주는 덤.

19세기 중반 네덜란드를 유럽 맥주 산업의 중심으로 이끈 한 젊은이가 등장한다. 1864년 22살에 불과한 제랄드 아드리안 하이네켄(Gerald Adriaan Heineken)은 암스테르담의 오래된 맥주 회사를 인수했다. 그의 뒤에는 무역상이었던 아버지의 지원이 있었다. 당시 독일을 비롯한 덴마크와 오스트리아에서는 라거에 대한 활발한 연구가 진행 중이었다. 분명 젊은 제랄드 하이네켄도 필스너 우르켈, 칼스버그, 슈파텐 같은 라거 선구자들의 움직임에서 새로운 가능성을 엿봤을 것이다.

1873년 10년간의 노력 끝에 드디어 '하이네켄스(Heineken's)'라는 이름으로 라거 맥주가 출시된다. 1886년은 하이네켄 맥주의 분기점이었다. 파스퇴르 제자이자 하이네켄 연구소장 하르톡 엘리온(Hartog Elion)이 하이네켄의 핵심 효모인 에이 이스트(A-yeast) 순수 분리에 성공한 것이다. 이 과정에는 1883년 라거 효모의 순수 분리 배양을 최초로 성공한 칼스버그 연구소의 영향이 있었다. 칼스버그에 따르면 당시 하이네켄이 자사의 라거 효모를 받아갔으며 이에 대해 감사의 편지를 보냈다고 한다.

하이네켄 창립자, 제럴드 아드리안 하이네켄

에이 이스트는 여전히 하이네켄 맥주의 주인공이다. 이 작은 녀석이 만들어내는 세계는 깔끔하고 단순하다. 라거 본연의 모습을 간직하고 있는 맥주 중 최고 수준을 자랑한다. 낮은 쓴맛과 날카로운 탄산은 갈증 해소에 탁월하며 언제 마셔도 부담이 없다. 하지만 효모와 향미로만 하이네켄의 성공을 설명하기에는 어딘가 부족하다. 향미와 품질 면에서 하이네켄과 어깨를 나란히 하는 라거를 찾는 것은 그리 어렵지 않다. 하이네켄 DNA는 무엇이 달랐을까?

마케팅 천재,
하이네켄

하이네켄은 1875년 국제 해양 전시회와 1889년 파리 세계 박람회에서 대상을 획득하며 품질을 인정받는다. 지금도 라벨에 이 두 메달의 이미지를 넣은 것을 보면 얼마나 자랑스럽게 여기는지 알 수 있다. 그러나 당시만 해도 하이네켄은 다른 맥주들에 비해 도드라지는 브랜드는 아니었

GOLD
Medaille d'Or, awarded to Heineken in Paris, 1875

1875년 파리 국제 해양 전시회에서 받은 금메달
– 하이네켄의 명성을 국제적으로 알린 계기가 됐
다. 여전히 라벨에서 볼 수 있다.

다. 본격적인 하이네켄의 성장에는 제랄드 아드리안 하이네켄의 뒤를 이은 아들 헨리 피에르 하이네켄(Henry Pierre Heineken)이 있다. 그는 아버지가 구축한 탄탄한 품질을 바탕으로 과감한 도전을 시도했다.

개혁의 출발은 디자인이었다. 갈색 병 일색이었던 맥주 시장에 최초로 초록색 병을 도입했고 로고 속 별에는 빨간색을 입혔다. 1930년대에는 보기 드문 디자인 마케팅이었다. 초록색 병과 빨강 색 별이 있는 하이네켄은 시각적으로 다른 맥주와 확연히 구별됐고 고객들은 하이네켄을 프리미엄 맥주로 인식하기 시작했다.

시장에 대한 헨리 하이네켄의 탁월한 안목도 빼놓을 수 없다. 그는 금주령 이후 미국 시장에 주목했다. 1919년부터 있었던 미국의 금주령이 풀리면 프리미엄 유럽 맥주에 대한 수요가 급증할 것이라 예상했다. 1933년 12월 5일 마침내 금주령이 사라졌고 그의 예측대로 맥주 수요가 폭발적으로 늘어났다. 놀라운 사실은 금주령 해제 바로 다음 날 뉴욕 선착장에 하이네켄이 도착할 수 있도록 준비했다는 것이다. 부두에서는 즉석 맥주 파티가 열렸고 그 주인공은 초록색 하이네켄이었다. 이후 하이네켄은 유럽산 프리미엄 맥주로 시장에 안착했고 지금도 가장 많이 팔리는 수입 맥주로 명성을 떨치고 있다.

1900년 하이네켄 초록색 병 – 초록색 병은 하이네켄의 고급화에 기여했다.

　　다음 경영권을 맡은 알프레드 하이네켄(Alfred Heineken)은 하이네켄 맥주의 정체성을 완성한 인물이다. 먼저 그는 '하이네켄스'에서 's'를 빼 발음과 표기를 단순하고 명확하게 했다. 평범한 폰트에는 위트를 더했다. 'e'의 기울기를 왼쪽으로 살짝 틀어 마치 웃고 있는 듯 보이게 만들었다. 단순함과 친숙함, 마케팅이라는 단어가 익숙하지 않은 시절에 핵심을 파악하는 전략이었다. 핵심 가치의 방향도 수정했다. 하이네켄은 '우리는 맥주를 팔지 않습니다. 즐거움을 팝니다.'라는 한마디로 핵심 가치를 요약했다. 품질과 디자인에만 쏠리던 시선을 '즐거움'이라는 가치로 바꾼 것이다. 또한 코믹한 광고 속에서 이를 재미있고 신박한 방법으로 녹여내며 소비자들과 가까워지려고 했다. 다른 맥주에서는 보기 드문 사회적 이슈도 광고 속에 녹여냈다. 차별과 선입견, 음주 운전 문제, 코로나 백신 접종과 팬데믹 속 인간관계 같은 주제를 광고에서 볼 수 있다는 것은 자유와 관용이 있어야만 가능한 일이었다. 이런 경험은 하이네켄을 마시는 사람으로 하여금 자신을 특별한 존재로 여기게 했다.

하이네켄 익스피어리언스에서 마신 하이네켄 생맥주 – 지하에 가면 2잔씩 제공된다.

하이네켄 DNA에는 네덜란드 상인의 피가 흐른다. 리스크를 두려워하지 않고 새로운 시장을 찾아 떠났던 선조들처럼 하이네켄도 과감한 도전을 마다하지 않았다. 하지만 이것만으로는 하이네켄의 성공 비밀을 풀 수 없다. 관용이라는 또 다른 열쇠를 발견해야 한다. 맥주를 통해 사회적 메시지를 꾸준히 전달하는 모습은 다양성을 인정하는 철학과 문화가 있어야만 가능한 일이다. 하이네켄은 맥주가 우리 사회의 매개체로서 중요한 역할을 할 수 있음을 증명했고 이를 지지하는 소비자를 팬으로 만들었다. 도전과 관용으로 소비자를 팬으로 만드는 힘, 보이는가? 다른 브랜드가 따라 하지 못하는 하이네켄의 성공 공식은 바로 여기에 있다.

PART 4

진보적으로, 그러나 유연하게.
예상을 넘는 결과들은
언제나 그래왔다.
맥주가 이룬 멋진 것들을 보는

예상을 뛰어
넘는 발자취

맥주가 쏘아올린 작은 공,
블랙 이스 뷰티풀

"連帶[연대], 잇닿아 있는 띠."

2020년 5월 25일 미국 미네소타 주 미니애폴리스, 한 흑인이 편의점에서 위조지폐 사용 혐의로 체포된다. 이미 수갑을 차고 있어 신체적 저항을 하지 않았음에도 연행을 거부한다고 판단한 경찰은 그를 바닥에 눕히고 무릎으로 목을 눌러 제압했다. 남자는 숨을 쉴 수 없다고 호소했지만 경찰은 듣지 않았고 결국 길바닥에서 사망하게 된다.

흑인이라는 이유로 경찰에 의해 살해된 조지 플로이드. 그의 사망 이후 미네소타를 비롯해 미국 전역에서 시위가 발생했고 '흑인의 목숨도 소중하다(Black Lives Matter)'라는 메시지가 전 세계로 퍼져나갔다. 곧 각개각층의 사람들과 단체들이 유색 인종 차별에 대한 자성과 성찰의 목소리로 연대하기 시작했다.

국제축구연맹(FIFA)은 조지 플로이드 사건에 대한 축구 선수들의 세리머니를 허용했고 영국 시위대는 17세기 노예무역으로 막대한 부를 쌓은 에드워드 콜스턴 동상을 끌어내렸다. 케이팝 스타 BTS도 미국 흑인 인권운동 기관에 100만 달러를 기부했다. 이 연대의 띠는 전 세계 크래프트 맥주 양조장까지 닿았다. 작전명은 '검은색은 아름답다(Black is beautiful)', 맥주 색과 연결된 고혹적인 메시지였다.

작전명
'Black is beautiful'

    맥주가 사람들의 가치를 공유하고 이어주는 끈이 될 수 있을까? 미국 텍사스 샌안토니오에 있는 웨더드 소울스 브루어리(Weathered Souls brewing)는 '그렇다'라고 답한다. 이 양조장의 대표이자 헤드 브루어 마커스 베스커빌(Marcus Baskeville)은 조지 플로이드 사건 이후, 크래프트 맥주 속에서 유색 인종뿐만 아니라 소수자들을 지지할 수 있는 길을 찾기 시작했다. 그는 맥주 판매 수익금을 지역 인권 단체에 전액 기부하는 아이디어를 떠올렸고 지역 크래프트 양조장뿐만 아니라 미국 전역에 있는 양조장까지 동참할 수 있는 프로젝트를 구상했다. 서로 다른 맥주를 만들지만 '크래프트'라는 철학으로 연결되어 있기에 가능한 일이었다.

    크래프트 맥주에서 '크래프트'는 단순히 '수제'라는 의미를 넘어 지역성, 다양성, 지속가능성 같은 가치를 의미한다. 이 가치들은 좁게는 지역 재료나 다양한 맥주 스타일, 친환경과 같은 뜻이 되지만 넓게는 지역 사람, 문화, 인권 그리고 환경 문제 같은 이슈도 포함한다. 마커스는 크래프트 철학을 이해하고 공유하는 양조장들이 자신의 뜻과 함께 해 줄 것이라 믿었고 '검은색은 아름답다(Black is beautiful)'라는 메시지와 함께 작전을 시행했다.

    우선 그는 'Black is beautiful'이라는 이름의 임페리얼 스타우트(Imperial stout)를 양조하고 레시피를 공개했다. 임페리얼 스타우트는 18세기 영국에서 러시아 왕실로 수출하던 스타우트에서 유래된 스타일이다. 당시는 러시아로 맥주를 보내기 위해서 높은 알코올과 홉 함량이 필요했다. 두 요건은 맥주를 외부 미생물로부터 보호해 산패를 막았다. 현재의 임

페리얼 스타우트도 이 공식을
따르고 있다. 높은 알코올과 더
불어 다크 초콜렛, 견과류, 쿠
키와 같은 아로마 그리고 높은
쓴맛과 묵직한 단맛을 갖고 있
어 강렬하고 기품이 넘친다.

임페리얼 스타우트는
이 프로젝트를 위한 완벽한 스
타일이다. 깊은 흑색과 진득한

블랙 이스 뷰티풀 라벨 – 프로젝트에
동참하고 싶은 맥주는 반드시 이 라벨을 붙여야 한다.

바디감은 가볍게 마시기보다 천천히 음미하게 한다. 반면 다크 초콜렛과
견과류 향은 친숙하고 편하다. 인권이라는 주제를 표현하고 다루기 위해
임페리얼 스타우트를 선택한 것은 더할 나위 없는 판단이었다. 이 프로젝
트에 동참하기를 원하는 양조장은 웨더드 소울스가 제시한 임페리얼 스
타우트를 만들어야 하며 'Black is beautiful'이 디자인된 라벨을 사용해
야 한다. 단, 맥주의 알코올 도수, 부가물, 캐릭터 등은 양조장의 철학과 개
성에 따라 변경될 수 있으며 라벨 하단에 자신의 브랜드를 넣을 수도 있
다. 정체성을 유지하되, 자유로운 창작과 변형이 가능한 '크래프트 맥주'
이기에 가능한 일이었다. 맥주 수익은 지역 인권 단체에 기부해야 한다.
웨더드 소울스는 홈페이지(blackisbeautiful.beer)에서 다음과 같이 밝히
고 있다.

'Black is beautiful' 계획은 유색 인종이 매일 겪는 문제에 대한
경각심을 불러일으키기 위한 일환으로
양조 커뮤니티와 소비자가 함께 하는 프로젝트입니다.
우리의 미션은 맥주가 세대를 연결하고 피부색과 상관없이
모두를 포괄하는 공간임을 보여주는 것입니다.

22개 국가,
1000개 이상의 양조장이 참여하다

웨더드 소울스의 울림에 놀랍게도 미국뿐만 아니라 전 세계 무려 22개국, 1021개 크래프트 양조장이 화답했다. 이중에는 영국과 벨기에 같은 유럽은 물론이고 한국과 일본, 베트남, 태국, 인도네시아 같은 아시아 양조장과 브라질 크래프트 양조장들도 있다. 한국에서는 제주도에 있는 맥파이가 함께 했다.

제이 웨이크필드 블랙 이스 뷰티풀 - 향미는 다소 다를지 몰라도, 같은 가치를 품고 있다.

내가 마신 'Black is beautiful'은 미국 마이애미에 있는 제이 웨이크필드 브루잉(J Wakefield brewing) 버전이다. 맥주의 묵직한 흑색과 10% 알코올은 벌써 만만치 않다. 이 맥주에는 매력적인 부가물들이 함께 한다. 헤이즐넛, 커피 그리고 바닐라 빈은 임페리얼 스타우트와 찰떡궁합이다. 이런 부가물들은 임페리얼 스타우트가 가지고 있는 강한 모습을 차분하게 다듬어 좋은 음용성을 선사한다.

한 모금에 벌써 진득한 향들이 몰려온다. 80% 다크 초콜렛, 섬세한 커피, 잘 구운 견과류 향은 마치 멋진 슈트를 입은 신사와 같다. 알코올 풍미가 살짝 코를 찌르지만 부드러운 바닐라 향이 각진 모를 다듬어 준다. 쓴맛은 꽤 세지만 뭉근한 단맛이 뒤를 받쳐 마시기 나쁘지 않다. 누군가는 매우 무거운 바디감으로 한 잔 이상은 마시기 힘들 수도 있다. 그러나 임페리얼 스타우트는 여러 잔이

'유색 인종의 정의와 평등을 지지하기 위해 태어난 맥주'라는 문구가 선명하다.

아닌 한 잔을 충분히 음미하기 위한 맥주다. 이 맥주가 전하고자 하는 메시지를 즐기기에 보다 더 좋은 음료는 없을 테다.

인간은 도움을 주는 것을 넘어 생각과 가치를 공유하고 서로 연결된 상태를 지향하는 '연대의 동물'이다. 난 그 다양한 방법 중에 맥주도 들어 있다고 믿고 있다. 돕는다는 것은 우산을 들어주는 것이 아니라, 함께 비를 맞아 주는 것이라는 신영복 선생님의 말씀처럼 맥주라는 끈을 통해 우리는 가치를 공유하고 정서를 교감할 수 있다. 맥주가 우리 사회를 더 나은 곳으로 만들 수 있을까? 연대의 도구가 된다면, 충분히.

맥주 세계를 뒤바꾼 황금색 혁명,
필스너 우르켈

"그 곳이 바로 하벨 대통령과 빌 클린턴 대통령이
필스너 우르켈(Pilsner Urquell)을 마시던 자리에요"

우 즐라테호 티그라(U Zlateho Tygra) 주인장은 미소를 지으며 내가 앉은 자리를 가리켰다. 반은 하얀 색 거품, 나머지 반은 황금색 맥주가 담긴 머그잔을 막 입에 대려던 나는 주인장이 건넨 한마디 말에 한껏 상기됐다. 발음은 어눌했지만 무슨 말인지 금세 알아들을 수 있었다. 고백하건 데, 프라하를 찾은 이유도, 우 즐라테호 티그라에 온 이유도 바로 이 자리에서 필스너 우르켈(Pilsner Urquell)을 마시기 위함이었다.

하벨과 빌 클린턴의 사진 - 우 즐라테호 티그라에 걸려있다.

　　1989년 소련의 손아귀에서 벗어난 체코 공화국의 첫 대통령은 벨
벳 혁명을 이끈 바츨라프 하벨(Václav Havel)이었다. 1994년 미합중국 빌
클린턴과 만찬이 진행된 장소는 화려한 호텔이나 고급 레스토랑이 아닌 프
라하 골목 한 귀퉁이에 있는 작은 펍 '우 즐라테호 티그라'였다. 황금 호랑
이라는 이름을 가진 이곳은 하벨이 자주 들러 필스너 우르켈을 마시던 단
골집이었다. 하벨과 빌 클린턴은 우 즐라테호의 구석, 작은 테이블과 좁은
의자에 앉아 체코 전통 음식과 필스너 우르켈을 마시며 환담을 나눴다. 사
진 속 하벨의 표정은 마치 맥주 세계에서는 체코가 더 우위에 있는 듯 자부
심이 넘쳐보였다.

맥주 혁명의 도시,
플젠

　　1838년 보헤미아 왕국의 작은 마을인 플젠(Plzen), 딱히 내세울
것 없는 작은 동네에서 흥미로운 일이 일어났다. 자신의 맥주가 형편없다

고 느낀 시민들이 시내의 모든 맥주를 버리는 퍼포먼스를 벌인 것이다. 일설에 따르면 약 143통, 병으로 따지면 13,000병이나 되는 맥주를 마을 중앙에 있는 광장에 쏟아 버렸다고 한다. 이 사건 이후 시에서는 플젠을 대표하는 맥주를 만들기로 결정하고 외부 양조사를 물색했다. 이 엄청난 프로젝트를 맡은 주인공은 바로 옆 동네 남부 독일 바이에른에서 이름을 날리고 있던 요셉 그롤(Josef Groll)이었다.

요셉 그롤은 새로운 맥주의 실마리를 라거(lager)라는 스타일에서 찾았다. 19세기는 독일 양조사들이 영국의 에일(ale) 맥주를 이기기 위해 라거 맥주에 큰 관심을 쏟던 시기였다. 라거는 사과나 배의 에스테르(ester) 향을 풍기는 에일과 달랐다. 깔끔한 풍미와 좋은 음용성으로 갈증 해소에 적합한 맥주였다. 상온에서 만드는 에일과 달리 라거는 섭씨 10도 정도의 온도에서 발효가 필요했기에 냉장시설이 없던 당시에는 양조하기 쉽지 않았다. 하지만 안정적인 생산이 가능하다면 에일을 압도하는 높은 시장 잠재력을 기대할 수 있었다.

요셉 그롤은 라거의 아버지라 불리던 가브리엘 제들마이어 2세와 비엔나 라거의 창시자 안톤 드레허 같은 사람에게 조언을 얻은 후, 라거 효모와 함께 플젠으로 돌아왔다. 체코 모라비아 지방의 몰트, 사츠 홉 그리고 플젠의 물을 이용한 라거에 배팅한 그는 수많은 시행착오 끝에 1842년, 새로운 맥주를 선보였다. 그 때까지만 해도 그 맥주가 역사를 통틀어 가장 위대한 결과를 낳을지 누구도 상상하지 못했다.

황금색 라거의
탄생

요셉 그롤이 세상에 내놓은 플젠 라거는 황금색이었다. 사람들은 지금껏 본 적 없는 맥주 색에 환호했고 경외감을 표했다. 아니, 맥주가 황금색인 것이 이렇게 놀랄 일인가. 하지만 당시 모든 맥주가 어두웠다는 사실을 안다면 황금색 맥주가 얼마나 놀라운 발명이었는지 이해할 수 있다.

최초의 황금색 라거 필스너 우르켈 – 맥주의 역사를 단번에 바꾸어 놓았다.

우리가 지금 맥주하면 떠올리는 황금색은 플젠의 라거가 탄생하기 전까지 맥주 세계에는 존재하지 않았다. 황금색 라거의 비밀 열쇠는 바로 물이었다. 플젠의 연수, 즉 부드러운 물은 밝은 색 맥아로 만드는 맥주에 적합했다. 사람들은 한 번도 보지 못한 황금색 맥주에 열광했다. 이 맥주는 플젠의 독일어 발음인 필센(Pilsen)의 이름을 따 필스너(Pilsner)라고 불리기 시작했고, 최초의 황금색 라거로 이름을 떨치게 된다.

나는 이 황금색 라거의 출현은 우연의 결과라고 생각한다. 연수와 경수 같은 물의 조성이 맥즙 pH(수소 이온 농도)에 영향을 미쳐 양조에 결정적인 역할을 한다는 사실은 19세기 말에서야 밝혀졌다. 화학자가 아닌 양조사였던 요셉 그롤이 연수가 밝은 색 맥주에 유리하다는 걸 알 리 만무했다. 허나, 역사에서 우연은 종종 물길을 바꾸고 벽을 무너뜨리곤 한다. 우주의 기운이 플젠에 모여 인간이 한 번도 경험하지 못한 위대한 맥주가 나왔으니, 그 공을 요셉 그롤이 가져간다고 해도 그리 불만 가질 필요는 없지 않을까?

<h2 style="text-align:center">새로운 맥주 시대를 연
필스너 우르켈</h2>

1842년 필스너의 출시는 유럽의 양조업계에 커다란 충격을 던졌다. 특히 맥주에 대단한 자부심과 기술을 가진 영국과 독일의 양조사들은 머리를 망치로 세게 얻어맞은 느낌이었을 것이다. 당시 세계 최고의 맥주는 영국의 어두운 색 포터(Porter)와 앰버(amber)색 페일 에일(Pale ale)이었다. 수많은 독일과 북유럽 양조사들이 이 두 맥주를 넘어서기 위해 황금색 라거를 연구했지만 생각지도 않던 플젠에서 그 답이 나왔으니, 그들이 받은 충격과 허탈함이 어느 정도인지 가늠하기조차 힘들다.

영국과 달리 유럽 대륙의 양조사들은 새로운 흐름을 적극적으로 수용했다. 1872년 독일 드레스덴 근처의 작은 도시인 라데베르그(Radeberg)에서는 독일 최초의 황금색 라거를 출시했고 1894년 바이에른에서도 가브리엘 제들마이어 2세가 헬레스(Helles)라는 황금색 라거를 만들었다. 북유럽의 대표적인 양조장인 칼스버그와 하이네켄도 자신들만의 황금색 라거를 탄생시키며 대세에 동참했다. 하지만 영국은 이 혁신을 거부했고 결과적으로 그들의 맥주는 순식간에 역사 속으로 사라지게 된다. 플젠의 맥주, 필스너는 맥주 세계의 대부가 되어 20세기 최고의 맥주로 우뚝 섰다.

필스너의 인기는 날로 높아졌지만 플젠 양조사들은 큰 불만을 품고 있었다. 필스너는 플젠의 황금색 맥주라는 뜻인데, 여기저기서 그 이름을 붙이고 있었던 것이다. 이를 해결하기 필스너 양조장인 '플젠스키 프라즈드로이(Plzeňský Prazdroj)'는 맥주 이름에 '우르켈(Urquell)'을 붙였다. 우르켈, 즉 오리지널을 상표에 '대놓고' 붙이는 방법으로 자신이 원조임을 만천하에 천명한 것이다. 또한 필스너라는 이름으로 맥주를 팔고 있는 독일 양조장들에게 그 이름을 쓰지 말도록 요청했다. 평상시 독일 양조업계라면 맥주에 관한 일에 대해서는 한 발짝도 양보하지 않았겠지만, 이번만큼은 이 요구를 받아들여 자신들의 황금색 라거를 필스너가 아닌 필스(Pils)로 변경했다. 아마 모든 황금색 라거의 어머니인 필스너 우르켈에 대한 존중의 의미였으리라.

눈으로부터 시작하는 필스너 우르켈의 골든 타임

필스너 우르켈은 먼저 눈으로 마셔야 한다. 이 아름다운 황금색을 감상하지 않고 잔에 입을 대는 것은 이 맥주에 대한 예의가 아니다. 작은 항아리 같은 모양의 머그잔에 섬세한 흰색 거품을 손가락 한마디 정도의 두께로 따르면 TV에서나 보던 금괴들의 짙은 황금색이 그라데이션을 형성한다. 4.4% 알코올을 가볍게 봤다간 꽤 강력한 쓴맛에 혓바닥을 얻어맞고 말 것이다. 그러나 너무 두려워할 필요는 없다. 달고나를 씹는 듯 올라오는 캬라멜라이즈드(caramelized) 향과 뭉근한 단맛이 놀라운 밸런스를 이루며

우 즐라테호 티그라에서 마신 필스너 우르켈

단지 '맛있다'라고만 느끼게 될 테니. 뒤에서 스물스물 느껴지는 흰 빵 향과 사츠 홉(Saaz hop)의 젖은 흙 뉘앙스는 다른 황금색 라거와 구분되는 필스너 우르켈 만의 매력을 혀 위에 각인시킨다.

금빛 라벨을 달고 있는 모든 라거는 필스너 우르켈에게 빚지고 있다. 수백 년 간 왕좌를 차지하던 영국 에일을 한방에 선반 한 끝으로 밀어버리고 황금색 라거가 지구를 뒤덮게 만든 첫걸음도 이 맥주부터였다. 수 만개의 맥주 중에 '원조'를 이름 옆에 붙은 몇 안 되는 맥주이기도 하며 1842년 양조 방법을 지금까지 고수하고 있는 맥주기도 하다. 21세기, 우리는 여전히 필스너 우르켈 시대에 살고 있다. 그러니 이제 1842가 새겨진 묵직한 초록색 맥주를 본다면 그냥 지나치지 말 것. 맥주와 사랑에 빠질 수 있는 골든 타임을 놓치는 것과 다름없으니.

효모로 세상을 바꾼 맥주,
칼스버그

"세계 최고의 맥주를 만든다면, 경쟁자를 두려워할 필요 없다."
〈야콥 크리스티안 야콥센〉

1883년 11월 덴마크 코펜하겐, 칼스버그(Carlsberg) 대표 야콥 크리스티안 야콥센(Jacob Christian Jacobsen)은 맥주 역사 상 가장 혁신적인 연구 결과를 보고를 받은 후, 과감히 공개를 지시했다. 회사 기밀로 유지하면 엄청난 부가 보장될 수 있는 내용이었기에 반대의 목소리가 나올 법도 했지만, 누구도 그의 지시에 토 달지 않았다. 칼스버그 연구소에서 나온 결과물은 전 인류와 공유한다는 철학을 따르는 일이었기 때문이다.

20세기 이전 맥주는 맛과 품질이 일정하지 않았다. 효모들이 다른 미생물에 쉽게 감염이 되기 일쑤였고 같은 효모라 할지라도 동일한 결과를 만들어내지 못하는 경우가 허다했다. 만약 최상의 맛과 품질을 만드는 효모를 골라내 지속적으로 배양할 수 있다면 인류는 차원이 다른 맥주를 경험할 수 있을 터였다. 양조장 또한 수익과 운영에서 높은 안정성을 기대할 수 있었다.

1883년, 칼스버그 연구소가 그 어려운 일을 해낸다. 연구소장 에밀 크리스티안 한센(Emil Christian Hansen)은 각고의 연구 끝에 효모를 단일 균체로 분리하고 배양하는 데 성공한다. 이 기술을 보유했다는 것은 칼스버그가 세계 최고의 라거 맥주를 독점적으로 양조할 수 있다는 의미였다. 그럼에도 불구하고 야콥 야콥센은 모든 지식과 정보를 공개하고 원하는 양조장에 자신들의 효모를 보냈다. 정말로 더 나은 세상을 위한 고결한 철학 때문이었을까? 사업가로서 라거 시장의 파이를 폭발적으로 키울 수 있으리라는 야망 때문은 아니었을까?

칼스버그,
위대한 여정의 시작

폼페이로 알려진 정원에 서있는 야콥 야콥센 –
옆에는 실험실 장비, 라거와 맥주잔, 루이 파스퇴르와
에밀 크리스티안 한센의 책이 놓여 있다.

19세기 중반, 라거 맥주의 발전을 위해 세 명의 선구자가 움직인
다. 독일 슈파텐 양조장의 가브리엘 제들마이어 2세, 오스트리아 출신 안톤
드레허 그리고 덴마크 출신 야콥 야콥센이었다. 야콥센이 맥주 기술을 공
부하기 위해 독일 뮌헨 슈파텐 양조장을 방문했을 때, 이 세 명은 당시 세

계 맥주 시장을 주름잡던 영국 에일에 대항하기 위해 라거에 배팅하기로 결심하고 연구에 매진한다. 때마침 1842년 체코 플젠에서 세상에 나온 필스너 우르켈(Pilsner Urquell)은 이들에게 새로운 자극을 선사했다.

1845년 뮌헨에서 자신의 고향인 덴마크로 돌아온 야콥센의 손에는 슈파텐에서 가져온 효모가 들려있었다. 냉장고가 없던 시절, 효모가 죽지 않게 하기 위해 중간중간 물을 뿌리며 마차를 탄 젊은 야콥슨의 심정은 어떠했을까? 자신만의 맥주를 만든다는 기대감, 실패할 수 있다는 두려움, 새롭게 출현할 라거에 대한 설렘, 그의 감정이 어떠했을지 상상하기는 쉽지 않다.

1847년 야콥슨은 아들 칼(Carl)의 이름과 덴마크어로 언덕을 뜻하는 베르그(Bjerg)를 붙여 '칼스버그' 양조장을 코펜하겐에 설립한다. 흥미로운 건, 그가 과학에 관한 지식이나 학위가 없음에도 불구하고 과학이 맥주의 기본이 되어야 한다는 믿음을 갖고 있었다는 사실이다. 필경 물리학자이자 화학자였던 아버지 한스 크리스티안 오스테드와 뮌헨에서 함께 라거 연구를 했던 동료들에게서 영향을 받았으리라. 또한 영국의 양조 산업을 탐방하며 장치 산업에 대한 이해도를 넓혔던 경험도 영향을 미쳤을 것이다.

맥주에
과학을 더하다

양조장 설립 초기 칼스버그의 맥주는 어두운 색 라거였다. 효모는 뮌헨 슈파텐에서 스타일은 안톤 드레허의 어두운 색 비엔나 라거에서 영향을 받았을 것이다. 라거는 15세기부터 존재했지만 안정적인 생산을 하기에는 한계가 있었다. 칼스버그 또한 마찬가지였다. 라거 효모에 대한 지식도 부족했고 낮은 발효 온도를 유지시킬 수 있는 냉장시설과 장치도 없었다.

1860년대에 들어서야 라거에 빛이 들기 시작했다. 파스퇴르의 효모와 젖산균 발효에 대한 연구는 미생물학자와 의사뿐만 아니라 양조자들에게 큰 희망이었다. 야콥슨은 과학이 맥주 양조 중 겪는 문제들을 해결해줄 것이라 확신하며 1875년 세계 최초의 맥주 연구기관인 '칼스버그 연구소'를 세운다. 맥주 재료, 양조, 발효 등 맥주에 대한 연구들이 체계적으로 진행되었고 곧 위대한 연구물들이 쏟아지기 시작했다.

라거 효모의 순수 분리 배양은 그 믿음에 대한 첫 결과물이었다. 그 전까지 맥주 양조는 기술이 아닌 운과 환경에 더 많은 영향을 받곤 했다. 칼스버그 연구소장 에밀 크리스티안 한센은 이런 어려움을 해결할 방법을 찾고 있었다. 그는 양조장의 효모가 여러 균체와 다양한 개체군을 갖고 있다고 생각했다. 그중 소수의 효모 균주만이 발효에 가장 적합하다고 가정했고 이를 찾는 실험을 시작했다. 오랜 시간 실험과 발효를 진행한 결과 단일 세포에서 자란 순수한 라거 효모를 발견하는 데 성공했고 칼스버그는 이 효모를 가지고 기존과 다른 수준의 라거를 만들었다.

학계에서는 이 효모에 칼스버그의 이름을 따 '사카로미세스 칼스버겐시스(Saccharomyces carlsbergensis)'라는 학명을 붙였고 사람들은 단순히 '라거 효모(Lager yeast)'라고 불렀다. 칼스버그가 위대한 것은 이 라거 효모를 필요한 모든 양조장에 보냈기 때문이다. 라거 시장의 파이를 키우기 위한 전략적 선택이라고 폄하할지라도 분명 쉽지 않은 결정이었을 것이다. 많은 양조장이 이에 대해 고마움과 경의를 표했다. 1885년 네덜란드 하이네켄도 효모를 보내준 것에 대해 칼스버그에게 감사 편지를 보냈다. 칼스버그는 게임 체인저였다. 라거 시장은 폭발적으로 성장하며 맥주 시장의 판도를 순식간에 바꿔 놓았다. 그리고 마침내 20세기 들어 영국 에일은 몰락하며 라거가 새로운 왕좌에 앉게 된다.

연구실에서 실험 중인 에밀 크리스티안 한센

1909년 칼스버그는 또 다른 업적을 세상과 공유한다. 2대 연구소장 소렌 소렌슨이 수소 이온 농도 지수인 pH(power of hydrogen)를 발표한 것이다. pH는 산성과 알칼리성의 정도를 0~14 숫자로 표시한 혁명이었다.

pH는 맥주 양조에서 가장 중요한 효소와 효모의 활동에 지대한 영향을 끼치는 요소로 맥주 향미뿐만 아니라 안정적인 품질의 핵심이다. 소렌 소렌슨의 연구는 맥주뿐만 아니라 화학계 전체에 엄청난 영향을 끼쳤고 그 공로로 노벨상 후보에 오르기도 했다.

덴마크 맥주의 자존심, 칼스버그 필스너

1904년 칼스버그 최초의 밝은 색 라거, 필스너(Pilsner)가 출시된다. 아들인 칼 야콥센이 만든 이 맥주가 현재 칼스버그의 시그니처다. 필스너 우르켈이 나온 지 64년 만이니 명성에 비해 늦은 감이 있지만, 그 시절 안정적인 황금빛 라거 생산이 쉽지 않은 일이었음을 반증하기도 한다. 칼스버그 필스너는 세상에 나오자마자 시장을 휩쓸었고 덴마크 황실에 공급하는 첫 맥주로 선정됐다. 칼스버그 로고 위에 보이는 왕관도 이때 붙여졌다.

칼스버그 캔 – 덴마크 황실 마크가 선명하게 보인다.

칼스버그 필스너를 한 마디로 표현하면 '부드러움'이다. 투명한 밝은 황금색 칼스버그를 머금으면 섬세한 탄산과 쓴맛이 입안을 간지럽힌다. 깔끔하고 청량하며 무난하다. 진하고 무거운 필스너 우르켈이나 깨끗하지만 날카로운 하이네켄과는 다른 결을 갖고 있다. 가볍지만 우아하며 모나지 않은 기품이 있다. 5%의 알코올은 이 모든 것을 받치는 기둥이다.

칼스버그 생맥주 - 필스너 우르켈이 라거 혁명을 이끌었다면, 칼스버그는 라거 혁신을 주도했다.

그러나 칼스버그를 마실 때마다 느끼는 건, 단순히 향미가 아니다. 그 너머에 있는 아우라다. 오리지널 라거 효모를 사용한 맥주라는 아우라, 덴마크 황실이 인정한 맥주라는 아우라 그리고 더 나은 맥주를 만들기 위해 얻은 지식을 세계와 공유한 양조장이라는 아우라는 다른 맥주에서 맛볼 수 없는 칼스버그 만의 독특한 아로마와 같다.

2016년 칼스버그는 1883년 에밀 크리스티안 한센이 발견한 라거 효모로 만든 맥주를 복원하는 프로젝트를 진행했다. 창고에서 발견된 맥주에서 당시 효모를 추출해 그때 레시피로 맥주를 만든 것이다. '1883'이라고 명명된 이 맥주는 인류 발전에 기여한 위대함과 헌신을 상징한다. 맥주가 단순히 알코올을 함유한 술이 아닌, 우리 사회에 선한 영향력을 행할 수 있는 존재임을 칼스버그는 보여 주고 있다.

칼스버그가 더 나은 맥주를 만들었는가? 아마도. 더 나은 세상을 만들었는가? 아마도.

타이타닉과 수장된 영국 최고의 맥주,
바스 페일 에일

외세의 유입과 술의

Introduction of Foreign Po
Diversification

조선 사람으로 처음으로 양주를
신미양요(1871년)당시 이양선이었던
문정하기 위해 승선한 인천읍 관
통역관 세 사람이었습니다.
이 중 한 사람이 갓과 두루마기를 벗
빈 맥주병과 담뱃대를 들고 사진을

당시 기록에

5월 30일 아시아 함대로 작약도와
정박했다. 몇몇 조선사람들이…배를
식사와 술을 들자…이때 귀중한
찍을 수 있었다.

내셔널지오그래픽, 「은

The first people who tasted w
government officials of Inch
aboard the Colorado Fer
during the incident of Shi
States expedition was
1871).
One of the official
was pictured
gat and d
overco

"왜요? 일등칸 여자는 맥주도 못 마시는 줄 알았어요?"

〈영화 타이타닉 중〉

담배 연기가 가득한 3등 칸, 한껏 상기된 표정의 여인이 붉은색 맥주를 건네받자 벌컥벌컥 들이켰다. 와인 색 드레스에 짙은 화장, 그녀의 외모는 같은 공간에 있는 사람들과 달랐다. 곁에 아이리시 댄스를 춘 잭이 없었다면 분명 이방인 취급을 당했을 터였다. 맥주를 마시는 그녀의 모습은 갈증이 아니라 가식을 털어버리려는 몸부림에 가까웠다.

그녀의 이름은 로즈, 사람들과 춤도 추고 맥주도 마셨지만 1등 칸 그녀는 여전히 그곳과 어울리지 않았다. 로즈를 해방시킨 건 맥주였다. 취객과 부딪힌 잭의 손에 있던 맥주가 로즈의 드레스로 쏟아지자 그녀는 활짝 웃었다. 와인 색 드레스가 맥주 색 앰버로 바꾸는 맥주 세례가 마침내 로즈를 계급과 가식에서 해방시킨 것이다. 맥주가 건넨 새로운 자아는 그녀를 완전히 다른 삶으로 이끌었다.

영화 타이타닉에서 맥주는 로즈의 거짓 페르소나를 벗게 해준 정화수와 같다. 제임스 카메룬 감독은 정확한 고증으로 영화 속 맥주를 표현했다. 3등 칸 사람들이 들고 있던 병의 빨간색 삼각형은 타이타닉에 실린 맥주가 바스(Bass)라는 것을 알려준다. 1912년 당대 최고의 유람선과 함께 수장된 바스 페일 에일(Bass pale ale)은 무려 500 상자, 총 12,000병에 달했다.

영국 맥주 산업의 변곡점,
버튼 온 트렌트

19세기 중반 영국 맥주 산업은 변곡점을 지나고 있었다. 변화는 1837년 작은 도시 버튼 온 트렌트 맥주 바스가 철도를 타고 런던을 공습하면서 시작됐다. 150년 이상 시장을 지배하던 어두운 맥주 포터(Porter)가 도전장을 받은 것이다. 승부는 의외로 싱거웠다. 아름다운 앰버 색과 섬세한 홉 향 그리고 깔끔한 마우스필(mouthfeel) 앞에 포터는 속수무책이었다.

페일(pale)을 문자 그대로 해석하면 창백함이지만 맥주에서는 앰버(amber), 즉 밝은 적갈색을 의미한다. 맥주가 색을 갖게 된 것은 1635년 영국인 니콜라스 할스의 코크(coke) 맥아 가마 발명 덕이었다. 석탄에서 유해 물질을 제거한 코크는 나무와 달리 열을 조절할 수 있어 맥아의 굽기 정도를 결정할 수 있었다. 인류가 맥주를 만들어 온 이래, 처음으로 맥주 색을 창조할 수 있게 된 것이다.

페일 에일의 싹은 1640년대부터 움트고 있었다. 그럼에도 17, 18세기를 영국을 주름잡던 맥주는 포터였다. 포터에 비해 향과 맛에서 완성도가 떨어지는 페일 에일은 세계 최대 시장 런던에서 경쟁력이 부족했다.

의외로 밝은 색 에일이 주목받던 지역은 바다 건너 인도였다. 영국의 중요한 식민지 인도로 수출하던 맥주들 중 옥토버비어(October beer)는 밝은 색과 뚜렷한 홉 향, 높은 쓴맛과 알코올로 인기가 높았다. 후에 인디아 페일 에일(India pale ale)로 명명된 이 스타일을 선도한 양조장은 호지슨의 보우 브루어리(Bow brewery)였다. 호지슨의 옥토버비어는 런던에서 인도로 가는 수개월 동안 알맞게 익었고 인도 최고의 맥주가 됐다. 19세기 초 인디아 페일 에일이 런던에서 존재감이 없었던 이유는 이 스타일이 최소 6개월 이상의 숙성을 필요로 했기 때문이다.

영국 맥주의 지도를 바꾼
버튼 페일 에일

런던에서 북서쪽, 차로 세 시간 정도 거리에 있는 버튼 온 트렌트(Burton on Trent)는 19세기 이전까지만 해도 버튼 에일(Burton ale)이라는 전통 맥주를 양조했다. 마호가니 색을 띠는 버튼 에일은 맥아에서 오는 묵직한 단맛과 높은 알코올을 지닌 맥주였다. 버튼 양조장들의 주 거래처는 날씨가 추운 러시아였다. 러시아 대세 맥주까지는 아니었지만 버튼 에일의 매출은 꾸준했다. 위기는 나폴레옹에서 비롯됐다. 대륙을 정복한 나폴레옹은 수차례 영국을 노렸으나 해전에는 영 소질이 없었다. 그의 마지막 선택은 대륙봉쇄령이었다. 유럽 대륙을 봉쇄해 무역 대국이었던 영국을 경제적으로 말려 죽이려 했던 것이다. 대륙봉쇄령은 러시아 수출로 먹고 살던 버튼 양조장들에게 청천벽력과 같은 일이었다. 단기간 안에 새로운 매출처를 찾을 수도 없는 노릇이었다. 그렇게 근근이 생존을 이어가던 그들에게 뜻하지 않던 기회가 찾아온다. 인도였다.

19세기 초 인도 시장을 장악하고 있던 보우 브루어리는 치명적인 실수를 저지른다. 오랫동안 파트너였던 해운 회사와 계약을 깨고 자체적으로 운송을 하기로 결정한 것이다. 또한 인도 현지의 도매가격을 최저로 설정해 독점적 지위를 악용하려 했다. 동인도 회사는 이런 보우의 움직임을 두고만 보지 않았다. 동인도 회사 이사였던 캠벨 메이저리뱅크스는 독과점이 몰고 올 폐해를 걱정하며 새로운 경쟁사를 물색했다. 이때 그의 레이더망에 걸린 곳이 버튼 온 트렌트의 양조장이었다.

바스 페일 에일 – 지금은 사라진 바스
뮤지엄에서 생산된 마지막 바스 에일.

1822년 캠벨은 판로를 찾지 못하던 버튼 양조장에게 보우 IPA 샘플을 건네며 비슷한 맥주를 생산해 달라고 요청했다. 돌파구를 찾던 버튼의 올솝(Allsopp)과 바스는 색이 밝고 홉이 많이 들어간 맥주를 테스트했고 자신들의 맥주가 충분한 경쟁력 있다는 사실을 깨달았다. 동인도 회사의 암묵적 도움 하에 인도로 진출한 이들 맥주는 놀랍게도 불과 10년 만에 보우를 시장에서 지워버렸다.

곧 인도의 열풍은 영국 본토까지 번졌다. 사실 런던에도 IPA가 이미 있었지만 트렌드로 이어지지는 않았다. 그러나 버튼 온 트렌트 IPA는 런던 출신 IPA와 확연한 차별점을 가지고 있었다. 아름다운 앰버 색과 허브 같은 섬세한 영국 홉 캐릭터는 런던 맥주들이 갖고 있지 못한 것이었다.

1839년 런던과 버튼 온 트렌트를 연결한 기찻길은 이 열기에 기름을 부었다. 마차로 보름에서 한 달 정도 걸리던 유통기한을 기차는 7일로 단축시켰다. 신선한 컨디션의 버튼 IPA를 맛 본 런던 사람들은 환호할 수밖에 없었다. 버튼 온 트렌트 양조장들은 IPA보다 쓴맛과 알코올이 낮은 맥주에도 수요가 있다는 것을 파악한 뒤 버튼 페일 에일(Burton pale ale)을 양산했다. 버튼 페일 에일은 런던 페일 에일을 짧은 기간에 몰아내고 대세가 됐다. 나폴레옹도 침공 못한 런던이 버튼 페일 에일에 뚫린 것이다.

주 소비자는 산업혁명으로 성장한 자본가와 귀족층이었다. 이들은 노동 계급이 즐겼던 포터보다 페일 에일을 선호했다. 런던 양조장들은 버튼 페일 에일을 따라잡기 위해 엄청난 노력을 했지만 쉽지 않았다. 그 이유는 19세기말에야 밝혀졌다. 바로 물이었다.

버튼 온 트렌트와 런던의 물은 모두 칼슘과 마그네슘이 많은 경수였지만 그 조성이 조금 달랐다. 버튼의 물은 칼슘, 마그네슘도 있었지만 이 이온들과 결합할 수 있는 중탄산염과 황산염도 다량으로 들어있었다. 칼슘과 마그네슘은 중탄산염과 결합해 물의 pH를 떨어트렸다. pH 하락은 앰버 색 맥아만 사용해도 당화와 발효가 용이한 환경을 만들었다. 게다가 황산염은 홉의 성질을 깔끔하게 맥주에 스며들게 했다. 버튼 온 트렌트의 수질은 앰버 색 맥주에 적합했고 홉 향을 더 날카롭게 끌어냈다.

반면 런던의 물은 중탄산염이 부족해 밝은 맥아에는 어울리지 않았다. 황산염도 없어 홉 향을 충분히 뽑아내지 못했다. 19세기 후반 화학자들이 이 비밀을 밝혀내자 런던 양조장들은 버튼 온 트렌트로 진출했다. 나중에는 물의 성질을 버튼처럼 바꿔 양조에 사용했는데, 이를 버트니제이션(Burtonization)이라고 한다. 맥주가 물의 화학적 조성과 성질을 밝혀내는 데 큰 기여를 한 것이다.

맥주의 아이콘이 된 바스의 빨간색 삼각형

런던의 거대 양조장들과의 경쟁에서 가장 두각을 보인 버튼 양조장은 1777년 윌리엄 바스가 설립한 바스였다. 바스는 1830년대 인도에서는 보우와 올솝을 제쳤고 1840년을 지나며 런던을 장악했다. 1877년에는 무려 100만 배럴을 생산하는 회사로 성장했고 미국은 물론 일본까지 진출했다.

폴리베르제르의 바 / 에두아르 마네 – 빨간 삼각형의 바스맥주가 눈에 띈다.

조선시대 강원도 관리 김진성 – 조선인 최초로 맥주를 마셨을 지 모르는 그가 바스 맥주를 들고있다.

바스의 트레이드 마크인 빨간색 삼각형은 영국 특허청에 등록된 1호 디자인 상표였다. 1876년 1월 1일 빨간색 삼각형을 누구보다 빨리 등록하기 위해 전날 밤에 특허청 사무실로 직원을 보낸 일화는 유명하다. 바스는 디자인이 마케팅에 중요한 요소라는 것을 19세기에 이미 통찰하고 있었다. 사람들은 맥주병 라벨에 있는 빨간색 삼각형만으로 바스라는 것을 인지했고 이 로고는 품질과 진정성의 상징이 되었다. 에두아르 마네의 유작 '폴리 베르제르의 바'의 바텐더 앞에 있는 맥주와 1871년 강화도 관리 김진성의 품속에 있는 맥주를 알아챌 수 있는 건, 빨간색 삼각형 덕분이다. 심지어 피카소 작품 속에 있는 이상한 모양의 맥주가 바스인 것도 이 삼각형이 있기에 알 수 있다.

20세기 라거 맥주의 확산으로 포터와 IPA, 페일 에일이 쇠락했지만 바스는 굳건히 자리를 유지했다. 크고 작은 양조장을 인수합병하며 덩치를 키웠고 철도를 소유하며 유통 경쟁력도 높였다. 바스가 타이타닉에 실린 건 결코 우연이 아니었다. 1,2차 세계대전은 영국 에일의 품질을 떨어트리고 향미를 밍밍하게 했지만 바스는 펍 체인을 통해 생산과 유통의 수직 계열화를 완성하며 경쟁력을 잃지 않았다. 1952년에는 캐나다 라거 칼링(Carling)과 합작회사를 설립하며 라거 시장으로 진출했고 1988년에는 호텔 사업까지 손을 댔다. 바스는 영국을 대표하는 6개 양조회사 중 하나로 우뚝 섰다.

맥주 법령(The Beer Orders),
바스를 해체하다

1989년 12월 마가렛 대처 수상은 6개 맥주 회사의 독점이 시장 경쟁력을 약화시킨다고 판단하고 이를 해체하는 법령을 공표했다. 이 법에 따르면 대형 맥주 회사가 소유할 수 있는 펍은 2000개 이하여야 하며 반드시 게스트 맥주를 판매해야 했다. 바스는 직격탄을 맞았다. 7000개 이상이었던 펍은 3분의 1로 줄어들었고 시장 지배력은 희석됐다. 이 법으로 소규모 맥주 회사가 성장하고 유통 시장이 활발해졌지만 장점만 있는 것은 아니었다. 기존 회사들은 그동안 쌓아왔던 많은 것을 내려놓아야 했다.

에이비 인베브가 생산하고 있는 바스 페일 에일. 병으로만 마실 수 있다. 물론 한국에는 없다.

2000년 맥주 사업에 염증을 느낀 바스도 호텔 사업에 집중하기로 결정을 내리고 양조 사업부문을 인터브루(현 에이비 인베브)에 매각했다. 영국 정부는 맥주 다국적 기업인 인터브루(Interbrew)의 독과점을 우려해 바스 소유의 브랜드를 분리매각하고 버튼 온 트렌트 양조시설의 처분을 명령했다. 인터브루는 바스 페일 에일에 대한 권리를 제외하고 바스 양조장 부지와 라거 브랜드 칼링을 몰슨 쿠어스(Molson Coors)에 넘겼다. 200여 년 동안 영국 페일 에일을 대표하고 버튼 온 트렌트 맥주의 전통을 이어온 바스가 허무하게 역사 속으로 사라지는 순간이었다.

영국 에이비 인베브(AB InBev) 산하 샘리스버리에서 양조되던 4.4% 알코올의 바스 페일 에일은 2010년 중반 한국 마트에서 쉽게 구입할 수 있었다. 붉은 기가 도는 투명한 앰버 색은 전형적인 영국 페일 에일의 정체성을 보여준다. 탄산은 적지만 영국 효모에서 나오는 건자두 프루티 에스테르(fruity-ester) 향은 생각보다 진하다. 단맛과 쓴맛이 낮아 마시기 편하지만 깔끔하고 드라이한 질감은 밍밍하다는 느낌을 줄 수도 있다. 하지만 이런 담백함이 바스 페일 에일의 매력 중 하나다. 바스 페일 에일은 2019년 5.1% 알코올을 가진 프리미엄 에일로 리포지셔닝 된 이후, 안타깝게도 한국에서는 더 이상 찾기 힘든 맥주가 됐다.

1990년 후반, 타이타닉 조사 및 복원 작업 중 9병의 바스 맥주가 발견됐다. 맥주 세계에서 타이타닉 영화가 만들어진다면 로즈가 마지막 장면에서 바다 속으로 버린 보석은 다름 아닌 바스 페일 에일이었을 것이다. 그러나 지금 바스 페일 에일은 타이타닉 같은 처지와 다를 바 없다. 전통은 있으나 진정성은 사라져 안타까울 뿐이다. 전통과 진정성은 저절로 지켜지지 않는다는 것, 껍데기만 남은 바스가 보내는 유일한 교훈이다.

아메리칸 홉 아이돌,
스컬핀 IPA

"홉은 따뜻하고 건조하며 적절한 수분을 가지고 있지만
우울함을 높이고 영혼을 슬프게 만든다.
또한 장기를 약하게 하여 사람에게 유용한 식물은 아니다.
그러나 홉의 쓴맛은 음료의 부패를 막아 오래 보존하게 한다."

〈힐데가르트 폰 빙엔〉

HILDEGARDIS a Virgin Prophetess, Abbess of
St Ruperts Nunnerye. She died at Bingen A° Do
1180 Aged 82 yeares.   W. Marshall sculpsit.

힐데가르트 폰 빙엔, W. Marshall

1150년 독일 루페르츠베르그, 20여 명의 수녀들이 흙을 나르며 낡은 건물의 벽과 바닥을 다듬고 있다. 손은 부르트고 다리는 상처로 쓰라렸지만 얼굴은 평온했고 입에서는 노래가 흘러나왔다. 고된 노동과 기도의 나날이 지속됐지만 자신들만의 수녀원을 일군다는 생각에 육체적 고통은 사라진지 오래였다.

여성 인권이 보잘것없던 중세 시대, 성녀 힐데가르트 폰 빙엔 (Hildegard von Bingen)은 최초의 독립 수녀원을 세웠다. 자리를 지키며 안온을 영위할 수 있었지만 그녀는 수녀들의 보금자리를 마련하기 위해 주교에게 독립을 청원했다. 종교를 넘어 다양한 분야에서 위대한 업적을 세운 힐데가르트였기에 가능한 일이었다.

1098년에 태어나 8살에 수녀원에 봉헌된 힐데가르트. 그녀가 일생동안 남긴 업적은 경이롭다. 가장 오래된 도덕극 '덕의 유희'와 69곡의 음악을 비롯해 세 권의 신학서를 남겼고 어려운 라틴어를 쉽게 읽을 수 있는 대체 문자도 발명했다. 또한 질병의 원인과 치료에 대한 의학서와 약초의 종류와 사용을 밝힌 '피지카(Physica)'를 저술했다. 신성로마제국 황제 프리드리히 바르보사를 비롯해 당대 최고 권력자들은 최초의 여성 수도원장이자 작곡가, 극작가, 시인, 철학가, 예언가, 의사, 약초학자였던 힐데가르트에게 존경을 보냈다. 루페르츠베르그 수녀원과 아이빙엔 수녀원은 이런 배경 속에서 이뤄졌다.

힐데가르트는 맥주 세계에도 적지 않은 영향을 끼쳤다. 그녀는 저서 피지카에서 홉의 특성과 사용법을 처음 기록했다. 홉은 736년 독일 바이에른 할러타우에서 재배됐다는 기록은 있었지만 역할에 대해서는 알려진 바가 없었다. 힐데가르트는 이 책에서 홉을 음식이나 약초가 아닌 방부제로 사용하기를 권했고 이 작은 통찰은 맥주 역사에 놀라운 파장을 일으켰다.

맥주의 마법 지팡이, 홉

홉은 삼과 덩굴 식물로 은행나무 같이 암그루와 수그루로 구분된다. 맥주에 사용되는 부분은 수정되지 않은 암그루의 꽃송이다. 영국, 독일, 체코 같은 유럽을 비롯해 북미와 중국, 한국, 일본과 같은 북반구 지역이면 어디서든 생육이 가능하며 여러 해살이 식물로 재배하기 용이하다. 맥주에서 홉은 마법 지팡이와 같다. 맥주 향미의 핵심인 쓴맛과 향이 홉에서 나온다. 그 비밀은 루플린(Lupulin)이라고 불리는 노랗고 찐득이는 물질에 있

울산 트레비어 브루어리 홉농장에서 찍은 홉송이

다. 루플린에는 4~10% 홉 수지(resin)와 1% 미만의 홉 오일(oil)이 존재하는데, 이 녀석들이 쓴맛과 향이라는 마법의 열쇠다.

다른 술과 달리 맥주는 일부러 쓴맛을 만든다. 쓴맛의 주인공은 홉 수지 속에 있는 알파산(α-acid)이라는 물질이다. 놀랍게도 알파산은 펄펄 끓는 물과 만나면 높은 쓴맛으로 변한다. 양조사는 맥즙을 끓이는 과정에 홉을 넣어 쓴맛을 생성한다. 쓴맛을 만드는 이유는 간단하다. 맥아에서 나오는 단맛을 상쇄시켜 맛의 균형감을 맞추기 위해서다.

루플린의 또 다른 마법 열쇠, 홉 오일은 맥주에 매혹적이며 아름다운 향을 남긴다. 감귤, 열대과일, 꽃, 솔, 베리, 풀, 허브와 흙 향까지, 1%도 안 되는 미미한 홉 오일은 세상 온갖 향을 품고 있다. 양조사는 자신이 디자인한 향을 구현해 내기 위해 다양한 홉 조합을 구성한다. 향을 내는 홉은 주로 발효 전후에 투입된다. 이외에도 홉은 청징과 항균 작용을 통해 맥주 품질에 중대한 역할을 하고 있다.

현대 맥주에서 홉 없는 세상은 상상하기 힘들다. 하지만 수천 년의 맥주 역사 중 홉이 주재료로 등장한 건, 겨우 500여 년에 불과하다. 힐데가르트가 홉을 보존재로 권장한 이후, 종종 항균용으로 사용되긴 했지만 주인공은 아니었다. 놀랍게도 16세기 이전 맥주의 쓴맛과 향은 그루트(gruit)라는 녀석의 몫이었다.

맥주의 역사를 바꾼
홉과 그루트 대전

그루트는 맥주에 쓴맛과 향을 부여했던 허브 혼합물(herb mixture)을 말한다. 이 혼합물의 구성은 우리에게 다소 생소하다. 습지 머틀, 야생 로즈마리, 톱풀을 비롯해 주니퍼 베리, 생강, 육두구, 계피, 민트, 헤더 등 지역에서 구할 수 있는 식물과 향신료가 주재료였다. 그루트는 향미와 보존성에서 홉과 유사한 역할을 했다. 하지만 홉에는 없는 무서운 것을 가지고 있었다. 바로 '권력'이었다.

11세기 신성로마제국 황제 하인리히 4세는 그루트를 넣지 않는 맥주의 양조를 금지했다. 그리고 '그루트 생산과 판매에 대한 독점권(Gruitgerechtigkeit)'을 지역 영주와 수도원에 부여했다. 양조사들은 맥주를 만들기 위해서 반드시 권력층에게 그루트를 구매해야 했다. 주세로서 복무한 그루트는 수백 년 동안 영주와 수도원에게 막대한 부를 보장하며 살아남았다.

일찍이 사람들은 홉이 그루트보다 맥주에 적합하다는 것을 알고 있었지만 대놓고 사용할 수 없었다. 변화의 바람은 1517년 종교 개혁 이후 네덜란드에서 불어왔다. 개신교를 따르는 네덜란드 양조사들은 가톨릭 살림에 보탬이 되는 그루트를 거부하고 홉을 넣기 시작했다. 홉이 들어간 맥주는 그루트 맥주보다 상쾌한 쓴맛과 우아한 향이 났다. 보존성도 더 우수했다. 사람 입맛은 간사하다고 했던가. 수천 년 간 그루트에 적응됐던 사람들의 입맛이 바뀌는 것은 순식간이었다. 그루트 권력을 뒤집는 홉 혁명의 서막이 시작된 것이다.

　그루트에 있는 향정신성 물질도 사회적 이슈였다. 허브와 향신료 중에는 다량으로 섭취하면 정신적으로 문제를 일으키는 것들이 있었다. 중독이나 환각 같은 의도치 않은 사고도 있었지만 최음이나 독살 같은 사건도 종종 발생했다. 1516년 독일 바이에른에서는 맥주 재료로 인한 문제를 없애고자 맥주 재료로 보리와 물 그리고 홉만을 허용하는 '맥주 순수령'이 제정되기도 했다.

　유럽 대륙에서 일어난 홉 혁명은 16세기말 쾰른 대주교가 홉을 허락하며 어느 정도 마무리됐다. 그루트의 마지막 저항지는 영국이었다. 15세기 플랜더스 상인들에 의해 전파된 홉은 영국 전통 에일에는 사용할 수 없었다. 영국은 홉이 들어가지 않은 맥주를 에일(ale), 홉이 첨가된 맥주를 비어(beer)로 철저히 구분하며 비어에만 영업세를 부과하기도 했다. 심지어 홉이 독초라는 소문도 돌았다. 그럼에도 최후의 승자는 홉이었다. 소비자들은 홉이 주는 향미에 매료되었고 양조사들은 높은 보존성에 환호했다. 1648년 한 에일 양조업자가 에일에도 홉을 넣게 해달라고 탄원서를 보냈고 곧 수락됐다. 사실 이미 암암리에 에일에 사용되고 있던 홉을 영국 정부도 더 이상 외면할 수 없었던 것이다. 17세기가 지나기 전, 홉은 맥주 세계 중심에 승리의 깃발을 꽂았다.

크래프트 맥주 혁명을 이끈
미국 홉

　　그루트가 사라진 뒤, 독일과 영국산 홉이 홉 세계를 양분했다. 뒤늦게 홉을 받아들인 영국은 산업 혁명을 타고 전성기를 구가하던 자국 맥주에 켄트(Kent) 지역 홉을 넣었다. 19세기말 독일과 체코를 중심으로 발전한 라거에는 할러타우, 스팔츠 같은 독일 홉과 사츠 같은 체코 홉이 주로 사용됐다. 깔끔한 쓴맛과 은은하고 섬세한 향을 만드는 이 홉에 사람들은 노블 홉(Noble hop)이라는 우아한 별명을 붙여줬다.

　　노블 홉은 깊은 인상을 주거나 돋보이는 재료는 아니었다. 홉이 새로운 스타로 떠오른 건, 유럽이 아닌 미국이었다. 17세기 미국 이민자들은 유럽에서 가져온 홉 묘목으로 농장을 시작했다. 1800년대에는 뉴욕을 비롯한 동부 지역에 대규모 홉 농장이 있었지만 높은 습도와 추운 봄 날씨로 양질의 홉을 생산하기 힘들었다. 그 대안은 서부였다. 동부와 달리 서부의 날씨와 풍토는 좋은 홉을 키우기에 적합했고 자연스럽게 캘리포니아와 오레곤 그리고 워싱턴 주는 홉 재배의 중심으로 떠올랐다. 특히 야키마 밸리(Yakima Valley)와 윌라멧 벨리(Willamette Valley)는 전 세계에서 가장 명성이 높은 지역 중 하나가 됐다.

　　신세계 홉(New world hop)으로 불리는 미국 홉은 구세계 유럽 홉과 뚜렷한 차이점을 보인다. 이는 유럽 홉과 자생 홉이 인위적, 자연적으로 교배되며 진화한 결과다. 유럽 홉이 풀과 흙 향을 머금고 있다면 미국 홉은 감귤, 열대과일, 솔, 베리 같은 향을 내뿜는다. 그러나 이런 향은 전통적인 유럽 스타일 맥주나 라거 맥주에 어울리지 않았다. 아니 규칙을 위반하는 것 같다고 하는 게 더 정확하다. 이런 편견을 깬 것이 바로 크래프트 맥주였다.

1970년 중반 샌프란시스코 앵커 브루어리(Anchor brewery)는 미국 캐스케이드 홉(Cascade hop)을 넣은 리버티 에일(Liberty ale)을 출시한다. 쌉쌀한 쓴맛에 섬세한 자몽 향이 돋보이는 이 맥주는 크래프트 맥주 운동을 촉발한 1980년 시에라 네바다 페일 에일(Sierra Nevada Pale Ale)에 큰 영감을 주었다. 미국 홉은 잉글리시 페일 에일(English pale ale)을 바탕으로 캐스케이드 자생 홉을 단독으로 넣은 아메리칸 페일 에일(American pale ale)을 통해 주인공으로 발돋움했다.

시에라 네바다 셀레브레이션 IPA - 아메리칸 IPA의 시초로 여겨진다.

1981년에는 강렬한 쓴맛과 폭발적인 홉 향을 가진 시에라 네바다 셀레브레이션 IPA(Celebration IPA)가 탄생했다. 아메리칸 페일 에일보다 더 많은 홉을 넣어 미국 홉의 잠재력을 극대화시킨 맥주였다. 아메리칸 IPA라고 명명된 이 스타일은 18세기 영국에서 인도로 보내기 위해 높은 알코올과 다량의 홉을 넣은 잉글리시 IPA(Enlgish India pale ale)에서 영감을 받았다. 6% 이상의 알코올과 입안을 울릴 정도의 높은 쓴맛을 배경으로 비강 구석구석을 찌르는 강력한 감귤류, 열대과일, 솔 향이 매력인 맥주다.

17세기 홉이 그루트에 길들여진 입맛을 바꿨듯이 미국 홉은 유럽 구세계 홉에 익숙했던 사람들의 취향을 뒤흔들었다. 크래프트 맥주 양조사들은 거리낌 없이 홉 폭탄을 만들었고 다양한 스타일에 투하했다. 1990년대 들어 아메리칸 IPA는 미국 전역에서 가장 인기 있는 맥주 스타일 중 하나가 되었고 2000년대에는 한국을 비롯해 전 세계를 강타했다. 20년이 지난 지금 아메리칸 IPA가 없는 맥줏집은 앙꼬 없는 붕어빵과 같이 느껴질 정도다.

아메리칸 IPA의 아이돌,
스컬핀 IPA

1996년 잭 화이트가 설립한 밸라스트 포인트(Ballast Point)는 금주령 이후 샌디에이고에 생긴 첫 소규모 양조장이다. 배의 균형을 잡기 위해 하부에 놓는 중량물을 의미하는 밸라스트(ballast)에서 알 수 있듯이 이 양조장의 맥주는 바다와 낚시에 관련된 이름을 갖고 있다. 밸라스트 포인트에게 세계적인 명성을 안겨준 스컬핀 IPA(Sculpin IPA)는 2010년 대 대한민국에 아메리칸 IPA 열풍을 몰고 온 장본인이다.

우리말로 독중개를 뜻하는 스컬핀은 IPA의 아이돌이다. 감귤을 연상하게 하는 황금색 외모와 7% 알코올은 우리의 마음을 홀린다. 비강 구석구석을 물들이는 자몽과 귤 향은 남아있던 무장마저 해제시킨다. 하지만 아뿔싸, 곧 혀를 아프게 할 만큼 강력한 쓴맛이 입 안을 때리며 정신을 번쩍 들게 한다. 화려한 외모 속에 감춘 독기가 매력적이다. 누가 마셔도 사랑할 수밖에 없다.

밸라스트 포인트의 간판 스타, 스컬핀 IPA - 물고기 라벨은 밸라스트 포인트의 정체성이다.

강한 쓴맛과 뚜렷한 향을 가진 홉은 식용으로는 거의 사용되지 않는다. 다른 술에도 쉽게 어울리지 않는다. 홉의 튀는 개성을 어루만질 수 있는 존재는 맥주가 유일하다. 수백 종류의 홉은 맥주 속에서 수만 가지의 조화를 이루며 공존한다. 그리고 그 공존은 다시 맥주에 다채로운 숨결을 불어넣는다. 다양한 식물군이 모였지만 조화를 이루지 못한 그루트는 인간의 권력이 생존의 무기였다. 이에 반해 균형과 일체감 속에 수백 개의 향을 품고 있는 홉의 생명력은 조화 그 자체다. 다양성이 조화롭게 공존하는 세계, 이것이 홉이 건네는 맥주의 아름다움이다.

전복과 반전의 아름다운 울림,
버번 카운티

"모든 신은 죽었다.
이제 우리는 초인이 오기를 바란다."

〈니체〉

　　세계대전은 수 세기 동안 인류가 숭배했던 이성이라는 가치를 회의적으로 만들었다. 합리성과 효율성이 인류를 더 행복하게 할 것이라는 믿음은 대량살상 무기와 나치의 홀로코스트를 경험하며 무참히 무너졌다. 비이성과 폭력으로 얼룩진 20세기, 사람들은 신을 죽인 니체의 사상에서 새로운 해답을 찾았다.

　　19세기 후반 니체는 절대적 진리란 존재하지 않으며 진정한 가치는 신이나 이성이 아닌 자신이 부여하는 것이라고 설파했다. 기존의 틀을 깨부수고 새로운 가치를 창조할 수 있어야 자유로운 삶이 가능하다고 주장한 것이다. 그의 이런 사상은 20세기 후반 이성과 전통이 억압하고 있던 것들을 해체하고 상대적 가치를 인정하는 포스트모더니즘(Postmodernism)으로 진화했다. 포스트모더니즘은 획일적인 것에 대한 반대, 다양한 문화에 대한 관용, 절대불변에 대한 저항 그리고 개별성에 대한 인정을 핵심으로 담고 있는 사조다. 다원성, 상대성, 탈전통 같은 포스트모더니즘의 가치는 이종 간 결합과 탈장르화를 통해 문학, 예술, 음악, 건축에 영향을 끼쳤다.

포스트모더니즘의 파동은 맥주 세계에도 전파됐다. 1960~70년대 68 혁명과 보헤미안 운동의 영향을 받은 양조사들에게 황금색 라거는 대량생산을 통해 천편일률적으로 생산되는 기득권 맥주였다. 1980년 미국, 시에라 네바다, 스톤, 앵커 같은 작은 양조장을 세운 보헤미안 양조사들은 다채로운 향미와 독특한 개성을 가진 맥주들을 출시했다. 맥주가 청량하고 깔끔한 황금색 액체라는 절대적 진리를 깨려는 첫 걸음이 시작된 것이다. 이 맥주들은 전통에서 벗어나 사람, 지역재료, 지속가능성 같은 이야기를 담았다. 여성의 권리와 인종차별 문제 심지어 정치 이슈를 말하는 맥주도 있었다. 사람들은 대량생산을 거부하고 다양성과 도전적인 가치를 추구하는 이런 맥주를 크래프트 맥주(Craft beer)라고 불렀다.

크래프트 맥주 양조장들은 맥주 간 경계를 뛰어넘고 장르를 혼합하는 대범한 실험도 서슴지 않았다. 이 분야의 선구자는 구스 아일랜드(Goose Island)였다. 구스 아일랜드는 버번 위스키(Bourbon whisky)를 숙성했던 배럴에 맥주를 넣는 발칙한 시도를 하며 맥주 역사에 마일스톤을 남겼다. 맥주와 위스키가 창조하는 포스트 모던한 세계의 시작이었다.

시카고 크래프트 맥주의 시작, 구스 아일랜드

1988년 존 홀(John Hall)은 미국 일리노이 주 시카고에 구스 아일랜드라는 작은 브루펍을 오픈한다. 런던에서 경험한 펍 문화가 결정적인 사업의 계기가 됐다. 영국에서 펍은 지역 사람들의 커뮤니티였고 맥주는 이들을 연결하는 수단이었다. 존은 자신이 직접 양조한 맥주를 통해 시카고만의 맥주 문화를 만들고자 했다. 구스 아일랜드는 지역 사람들이 부담 없이 즐길 수 있는 맥주를 선보였다. 그중 구스 IPA는 구스 아일랜드를 시카고의 간판 맥주 양조장으로 격상시킨 시그니처 맥주였다. 5.9% 알코올과 향긋하지만 과하지 않은 홉 향은 시카고뿐만 아니라 미국인들을 사로잡았다. 하지만 구스 아일랜드를 전설의 반열에 올린 건 다른 맥주였다. 이전까지 세상에 존재하지 않던, 충만한 도전정신과 치명적인 아름다움을 간직한 맥주, 버번 카운티(Bourbon County)였다.

버번위스키와 맥주의
치명적인 만남

버번 카운티는 미국 중동부에 있는 켄터키 주에 있는 지역이다. 켄터키는 우리에게 켄터키 프라이드 치킨(KFC)으로 유명하지만 애주가들에게는 버번위스키(Bourbon whiskey)로 더 알려져 있다. 버번위스키는 미국의 정체성이 그득한 술이다. 1960년대 미국의회는 버번위스키를 '미국의 것'으로 규정하기 위한 법을 통과시켰는데 이 법에 따르면 버번위스키는 크게 세 가지 기준을 따라야 한다.

먼저 위스키를 만드는 곡물에 적어도 51%의 옥수수를 넣어야 한다. 옥수수는 개척시대부터 미국에서 가장 풍부한 곡물 중 하나였다. 위스키 또한 과거 남아도는 옥수수를 소진하기 위한 방편 중 하나였다. 위스키 숙성에 사용되는 배럴도 반드시 미국 오크 나무로 만들어야 한다. 완성된 오크 배럴의 내부는 강한 불로 태워 향을 입힌다. 투명한 증류주 원액은 최소 2년에서 십여 년 동안 오크배럴 속에 머물며 색과 향을 얻어 버번위스키로 다시 태어난다. 미국산(Made in USA) 또한 버번위스키를 규정하는 중요한 테제다. 꼭 켄터키가 아니어도 상관없다. 위의 기준을 충족하고 미국 내에서 증류된 위스키라면 모두 버번위스키라는 명칭이 허락된다.

구스아일랜드 로고 –
거위의 옆 모습이 인상적이다.

특별한 연결점이 없던 맥주와 버번의 만남은 2대 구스 아일랜드 브루마스터였던 그렉 홀에 의해 성사된다. 1000번째 양조를 앞두고 있던 그는 특별한 맥주를 만들고 싶었다. 세상에 존재하지 않던 독특한 맥주를 고심하던 중, '맥주, 버번, 시가'라는 모임에서 우연히 전설적인 디스틸러이자 짐빔(Jimbim)의 손자 부커 노를 만나 버번 배럴에 맥주를 숙성시키는 아이디어를 얻는다. 그들은 한 번 사용된 버번 배럴이 폐기되거나 스카치위스키 숙성을 위해 수출되는 것에 착안했다. 다른 술에 향미를 입힐 수 있다면 맥주도 가능하지 않을까? 문제는 어떤 맥주가 버번의 짝으로 어울릴 것 인가였다.

사실 이종 간 만남은 투쟁이다. 맥주가 버번위스키를 품었던 통에서 생존하기 위해서는 맞서 싸울 힘이 필요하다. 버번의 강력한 알코올과 불에 그을린 오크 향은 맥주에게 가혹한 환경이다. 이 투쟁에서 진다면 맥주의 존재는 위스키에 먹혀 사라지게 된다. 반대로 맥주가 이를 극복한다면 지금까지 세상에 없던 새로운 모습이 될 수 있다.

그렉은 직감적으로 임페리얼 스타우트(Imperial stout)를 떠올렸다. 버번의 높은 알코올에 맞서기 위해서는 맥주 또한 강한 알코올과 짙은 향미를 가지고 있어야 했다. 버번 특유의 바닐라 향과 궁합도 맞아야 했다. 10% 알코올, 짙은 다크 초콜릿 향, 묵직한 바디감을 가지고 있는 임페리얼 스타우트야 말로 가장 적합한 맥주였다.

베럴 옆 버번 카운티 - 베럴과 버번 카운티는 뗄레야 뗄 수 없는 관계다.

2015 버번 카운티 - 버번 카운티는 빈티지를 갖고 있어 매년 향미가 미묘하게 달라진다.

각고의 노력 끝에 구스 아일랜드는 1992년 세계 최초로 버번 배럴에 숙성된 임페리얼 스타우트를 출시한다. 그렉은 이 역사적인 맥주의 이름으로 버번위스키의 고향 버번 카운티를 헌정했다. 한정판이었지만 사람들의 반응은 뜨거웠다.

가능성을 본 구스 아일랜드는 1995년 미국에서 가장 권위 있는 맥주 대회인 전미맥주대회(Great American Beer Festival)에 버번 카운티를 출품했다. 결과는 탈락. 압도적인 향미를 가졌지만 익숙하지 않은 스타일과 풍미를 가지고 있다는 이유였다. 세상은 아직 혁신을 받아들일 준비가 안 되었던 것이다.

구스 아일랜드는 버번 카운티가 창조한 가치를 흘려보내지 않았다. 양조장을 분리해 독립된 장소를 마련한 후 본격적인 도전을 시작했다. 그리고 몇 번의 실패 속에서 마침내 '버번 배럴 숙성 맥주(Bourbon barrel aged beer)'라는 정체성을 완성했다. 버번 카운티가 던진 작은 울림은 점점 큰 떨림이 되어 커져갔다. 많은 크래프트 맥주 양조장들 또한 자신만의 버번 배럴 숙성 맥주를 시도했고 현재는 프리미엄 맥주로 큰 인기를 끌고 있다.

아름다운 투쟁의
결과물

버번 카운티는 브랜디 잔이 적합하다. 반 정도 채운 후, 체온으로 온도를 올리며 즐겨야 한다. 잔속에 담긴 버번 카운티는 고혹적인 흑색이다. 빛이 적절히 분산되는 투명도는 암흑의 우주 그 자체다. 진득한 다크 초콜릿과 섬세한 검은 과일의 향 그리고 중간부터 이어지는 구운 견과류, 쿠키 같은 향은 압도적이다. 이런 진한 맥아 향은 맥즙을 4시간 이상 끓이며 나온 결과물이다. 우아한 바닐라와 오크 향, 그리고 직선적이고 강건한 버번위스키 향도 밀려온다. 위스키의 알코올이 더해진 14%의 알코올은 뜨겁지만 불편하지 않다.

스니프터 글래스에 담긴 버번 카운티 –
고혹적인 흑색을 가진 버번 카운티를 즐기기 위해서는 브랜디 잔에 천천히 즐겨야 한다.

맥주의 쓴맛을 표현하는 IBU(International Bitterness Unit)는 무려 60이 넘는다. 보통 40이면 꽤 자극적인 쓴맛인데, 60이니 혀를 짜르르 울릴 정도로 쓰다. 그러나 묵직한 단맛이 이런 쓴맛의 날카로움을 다듬어 이내 균형을 맞춘다. 입 안을 꽉 채우며 비단과 같이 흐르니 한 모금씩 머금고 그 아름다움을 누리기에 충분하다.

버번 카운티는 소리 없는 투쟁의 결과다. 배럴 켜켜이 배어있는 버번은 맥주와 만나 치열한 전투를 벌인다. 온도에 따라 변하는 미세한 배럴의 틈으로 들어오는 산소와 습기도 버거운 존재다. 하지만 이 속에 대립만 있는 것은 아니다. 때로는 수용하고 때로는 인정하며 결합한다. 이때 인간이 할 수 있는 건 없다. 아름다운 화학적 결합을 바라며 그저 기다릴 뿐. 버번 카운티에 와인처럼 빈티지(vintage)가 붙는 이유다. 8~15개월 동안 치열한 투쟁을 잘 버텼다면 맥주는 이제껏 볼 수 없었던 견고한 모습으로 진화한다.

니체의 관점으로 보면 스스로를 극복하고 새로운 가치를 창조한 버번 카운티는 초인의 맥주와 같다. 인간이 하지 못한 일을 맥주가 해내다니. 버번 카운티에서 전복과 반전의 순간은 그래서 눈부시다.

PART 5

맥주와 도시는
얽히고 설키며
살아간다.
질박하고 고담스레, 도시는
맥주 속에 그렇게 물들어 있다

도시, 맥주 속으로
노을지다

에일과 라거의 중심에서 자유를 외치다,
가펠 쾰쉬

"쾰쉬는 우리가 마실 수 있는 유일한 언어다"

프랑크푸르트의 북서쪽, 기차를 타고 라인 강의 아름다운 풍광을 따라가다 보면 독일에서 가장 오래된 도시이자 네 번째로 큰 도시인 쾰른 (Köln)을 만날 수 있다. 기원전 38년부터 로마와 게르만족을 나누는 최전 선이었고 중세 시대 한자 동맹의 중심지였던 쾰른, 이곳은 영주와 교황의 억압에 맞서 자유를 갈망하던 길드의 요람이기도 했다.

쾰른 중앙역에 도착하면 누구나 신실하고 성스런 마음을 갖게 된다. 세계에서 세 번째로 높은 교회인 쾰른 대성당(Kölner Dom) 때문이다. 하늘로 솟은 두 개의 거대한 첨탑, 커다란 문과 그 위에 서있는 무표정한 석상들, 쾰른 대성당은 웅장함 아니 경외감 그 자체다. 동방박사의 유골을 안치하기 위해 지어진 쾰른 대성당은 중세 시대 수많은 순례객들의 성지였 다. 지금도 수백만 명의 관광객이 이곳을 찾아 두 손을 모으고 있다.

대성당을 품에 안고 걷다 보면 곳곳에 사람들이 옹기종기 모여 황금색 액체를 마시고 있는 모습을 볼 수 있다. 높이 153미터 첨탑에 어울 리는, 크고 육중한 맥주잔이 있어야 할 것 같지만 사람들 손에는 앙증맞은 잔이 들려있다. 독일에서 흔히 볼 수 있는 광경이 아니라는 생각도 잠시, 내 손에도 작은 황금색 맥주가 있는 게 아닌가. 맥주를 들어 황금빛을 응시 하자 살짝 굴절된 로고가 선명하게 보였다. 짙은 푸른색 옷을 입은 가펠 쾰 쉬(Gaffel Kölsch)였다.

수녀 쾰쉬와 소세지 - 쾰른 비어에셀에서는 쾰쉬의 원조, 수녀 쾰쉬를 즐길 수 있다.

쾰쉬(Kölsch)는 쾰른의 맥주를 의미한다. 투명한 황금색과 청량한 탄산감 그리고 깔끔한 목 넘김을 가진 이 맥주는 얼핏 보면 페일 라거와 다름없다. 하지만 투명한 황금색에 속지 말자. 쾰쉬는 에일 맥주다. 만약 이 맥주를 마신 후 좋은 라거 맥주라고 '엄지 척'하면 쾰른 양조사들은 큰 상처를 입을지도 모른다. 그렇다고 여타 에일처럼 건자두나 바나나 같은 과일 향은 나지 않는다. 라거처럼 깔끔하다. 아니, 도대체 이것은 에일인가 라거인가?

비법은 저온에서 장기간 숙성시키는 라거링(lagering)에 있다. 쾰쉬는 에일 효모로 발효되지만 라거링을 하면서 향미가 깔끔해진다. 아이러니하게 쾰쉬가 이런 특성을 가진 건, 라거 때문이다. 원래 에일 맥주를 만들던 쾰른의 양조사들은 19세기 말 황금색 라거의 확산에 맞서 대응책에 골몰했다. 19세기 말 공업 도시가 된 쾰른 노동자를 위한 맥주 또한 필요했다. 해답은 1906년 수너(Sünner)에서 나왔다. 에일 효모를 사용하되, '라거스러운 맥주'를 만드는 데 성공한 수너 맥주에 사람들은 환호했고 1918년부터 이 맥주를 쾰쉬라고 불렀다. 물론 처음부터 쾰쉬가 쾰른을 대표했던 건 아니었다. 당시에는 막 이름을 알리기 시작한 작은 맥주에 불과했다.

세계대전을 거치며 독일의 다른 도시처럼 쾰른의 양조장도 대부분 파괴됐다. 하지만 이때가 쾰쉬에게는 기회의 순간이었다. 새로운 양조장들은 쾰른의 정신과 문화를 담은 맥주를 만들기로 결정하고 쾰쉬를 양조했다. 이 덕에 쾰른은 라거의 공습에서 비껴갈 수 있었고 다른 독일 도시에서 찾아볼 수 없는 독특한 맥주 문화도 갖게 됐다.

슈땅에, 쾨베스, 크란츠

쾰른 맥주 문화의 첫걸음은 맥주잔이다. 쾰쉬는 슈땅에(stange)라 불리는 200ml 용량의 원통형 유리잔에 마신다. 이는 노동자들을 위한 배려였다. 입구가 좁고 몸통이 긴 슈땅에는 쾰쉬를 한 번에 마실 수 있어 갈증을 해소하기에 안성맞춤이었다. 쾨베스(Köbes)와 크란츠(Kranz)도 쾰쉬 문화에서 빼놓을 수 없다.

쾨베스는 쾰쉬를 전문적으로 서빙하는 사람을 의미하며 크란츠는 여러 잔의 슈땅에를 한꺼번에 꽂을 수 있는 전용 쟁반을 말한다. 쾨베스는 크란츠를 들고 다니며 비어있는 테이블에 쾰쉬를 가져다준다. 재미

크란츠 속 슈땅에 – 제대로 된 쾰쉬 문화를 즐기기 위한 필수 아이템

있는 건, 주문을 하지 않아도 빈 맥주잔이 보이면 맥주를 놓고 간다는 것이다. 처음 쾰른을 방문하는 사람은 주문 없이 쾰쉬가 추가되는 이런 문화에 어리둥절할 수밖에 없다. 당연히 공짜는 아니니 좋아하지는 말 것. 만약 맥주를 원하지 않을 경우, 비어 코스터(beer coaster)를 슈땅에 위에 올리거나 쾨베스에게 맥주를 주문하지 않는다는 의사를 전달하면 된다.

　　　'쾰쉬'를 보호하기 위한 조건과 법도 존재한다. 1986년 쾰른 브루어리 협회는 쾰쉬에 관한 규약(Kölsch Konvention)을 제정해 스타일 가이드라인을 규정하고 원산지 보호를 받도록 했다. 이 규약에 따르면 쾰쉬는 상면 발효 공법으로 만들어야 하며 밝은 황금빛 색을 띠어야 한다. 필터링이 되어 깨끗해야 하고 몰트와 홉의 향이 적절히 조화되어야 한다. 또한 맥주에 홉, 몰트, 효모, 물만 들어가야 한다는 독일 맥주 순수령을 따라야 하며 반드시 쾰른 지역에서 만들어져야 한다. 이런 노력 덕에 쾰쉬는 1997년 '지리적 표시 보호'인 PGI(Protected Geographical

Indication)에 의해 EU 내에서 법적으로 보호를 받게 되었고 현재 쾰른 맥주 시장의 90%를 차지하고 있다. 다른 독일 도시에서 쉽게 찾아볼 수 없는 현상이다.

쾰른의 정신을 담은 맥주, 가펠 쾰쉬

가펠 슈땅에 – 가펠 쾰쉬는 슈땅에에 마셔야 진짜 맛을 알 수 있다.

쾰른에는 원조 쾰쉬 수녀를 비롯해 프뤼, 돔, 라인도르프 등 다양한 쾰쉬가 존재한다. 그중 가장 흥미로운 맥주는 단연 가펠 쾰쉬다. 가펠(Gaffel)은 1908년 베커 형제에 의해 설립된 쾰쉬 브루어리다. 가펠이라는 이름은 쾰른에서 자유를 갈망했던 길드 문화와 연관되어 있다. 쾰른은 대표적인 한자동맹 도시이자 자유도시로 영주와 교회로부터 저항한 길드 연합체가 존재했다. 이들은 투표를 통해 의사 결정을 했는데, 이때 사용한 포크의 이름이 바로 가펠이다. 베커 형제는 가펠이라는 이름을 통해 권력에 대항하고 자유를 쟁취하고자 했던 쾰른의 정신을 담고자 했다.

가펠 쾰쉬 캔과 슈땅에 – 한국에서도 신선하고 맛있는 가펠 쾰쉬를 즐길 수 있다. 꼭 드셔 보시길.

가펠 쾰쉬는 쾰쉬의 표준이자 전형이다. 4.8% 알코올 도수와 아름답고 투명한 황금색 그리고 깔끔하고 청량한 목 넘김을 자랑한다. 과거에는 에일 효모에서 나오는 청사과 향이 있었으나 지금은 부드러운 꿀 향과 섬세한 풀 향이 혀와 코를 즐겁게 한다. 화룡점정은 역시 슈땅에다. 가펠 쾰쉬는 200ml 슈땅에로 마셔야만 진정한 맛을 느낄 수 있다. 마치 뚝배기에 담긴 김치찌개나 양은냄비에 먹는 라면과 같은 이치랄까? 섭씨 5~7도의 찬 온도의 가펠 쾰쉬를 슈땅에로 쭉 들이키면 세상 어떤 액체보다 맛있다.

쾰른 대성당을 바라보고 있는 가펠 암 돔(Gaffel am Dom)은 반드시 가봐야 할 쾰쉬의 성지다. 근처만 가도 쾰쉬의 포스를 느낄 수 있다. 저마다 가펠 로고가 붙어있는 슈땅에를 들고 수다를 떨거나 여유를 즐기는 사람들이 행복의 기운을 뿜어내고 있다. 용기 내어 가펠 쾰쉬를 주문해 보자. 웃음을 띤 쾨베스가 반갑게 맞아줄 테니. 꼭 자리에 앉지 않아도 괜찮다. 건물 벽에 기대어 대성당을 바라보며 쾰쉬를 마시면 그보다 자유로울 수 없다.

쾰른에는 '쾰쉬는 우리가 마실 수 있는 유일한 언어다'라는 시답지 않은 농담이 있다. 쾰쉬가 상황에 따라 '쾰른의 사람, 쾰른의 언어, 쾰른의 그리고 쾰른의 맥주', 네 가지 의미를 가지고 있기 때문에 만들어진 표현이다. 독일답게 농담은 별로 재미없지만 그 속에 쾰른의 자존심이 숨어있다는 걸 알아채기는 어렵지 않다. 쾰쉬는 절대 권력에 대항해 자유를 쟁취하고자 했던 쾰른의 정신을 품고 있다. 만약 맥주가 우리를 자유롭게 한다면 그 주인공은 쾰쉬일 것이다. 맥주로 자유롭고 싶은 자여, 여기에 길이 있다. 푸른색 가펠 쾰쉬로 지화자.

보스턴의 심장을 새긴 크래프트 맥주,
사무엘 애덤스 보스턴 라거

"만약 당신이 자유보다 부를 사랑한다면
그리고 자유를 얻기 위해 투쟁하는 것보다
노예상태의 안온을 사랑한다면 조용히 우리를 떠나시오.
우리는 당신의 조언도 무기도 받지 않을 것입니다.
그저 무릎 꿇고 먹이를 주는 손이나 핥고 있으세요.
쇠사슬에 묶여 그렇게 살길 바랍니다.
후대는 당신을 우리 국민으로 기억하지 않을 것입니다."

〈사무엘 애덤스〉

1773년 5월, 인디언 분장을 한 60명의 남자들이 보스턴 항에 정박해있는 세 척의 배로 올랐다. 곧 큰 함성과 함께 갑판에 있던 상자들이 바다로 떨어졌고 항구는 검붉은 물질로 뒤덮였다. 이날 '자유의 아들' 소속으로 밝혀진 무리들이 바다 위에 버린 것은 영국 동인도회사에서 수입된 홍차 342상자, 지금 가치로 무려 20억 원에 달하는 양이었다.

'보스턴 차사건(Boston Tea Party)'으로 알려진 이 사태는 영국의회가 동인도회사의 '차 독점권'을 승인하는 '차세법(Tea Act)'을 통과시키면서 발생했다. 차세법은 파산 위기에 몰린 동인도회사를 돕기 위해 아메리카 식민지로 수출하는 차에 독점권을 부여한 법이었다. 식민지인들은 거세게 반발했다. 기존에 차 무역을 하고 있던 사업가는 물론 영국의 일방통행을 반대하던 정치인들도 목소리를 높였다.

영국정부도 보고만 있지 않았다. 곧바로 '탄압법'을 제정해 식민지 메사추세츠에 대한 응징을 시작했다. '탄압법'은 메사추세츠 자치권을 제한하는 법이었다. 국왕이 직접 식민지 상원의원과 공무원을 임명했고 총독의 권한을 강화했으며 정치 미팅을 제한했다. 식민지에서 범죄를 저지른 영국인들의 재판을 본토에서 받게 했고 심지어 영국 군대의 주둔을 위한 식량과 재산을 마음대로 징발할 수도 있었다. 식민지민들은 이전 보다 조직적이고 격렬하게 저항했다. 1774년 9월, 55명의 식민지 대표들은 필라델피아에서 영국 정부에 대응하기 위해 제1차 대륙회의를 열었다. 미국 독립의 신호탄이 터진 것이다. 이 모든 이벤트의 뒤에는 사무엘 애덤스(Samuel Adams)라는 인물이 있었다.

미국 저항과 혁명의 중심,
사무엘 애덤스

미국 건국의 아버지로 칭송되는 사무엘 애덤스는 1722년 메사추세츠 보스턴에서 태어났다. 그는 타고난 정치가였다. 맥아 공장을 운영하는 부유한 집안의 아들이었지만 사업보다 정치에 재능이 있었다. 하버드 재학 시절에는 국가권력을 사회계약, 즉 법으로 제한하고 개인의 자유와 천부적 권리를 주장하는 존 로크의 사상에 깊이 감명을 받았다. 1743년 대학원 시절에는 영국 권위에 대한 합법적인 저항을 논문으로 발표해 석사학위를 받기도 했다. 졸업 후, 가업을 이어받지만 얼마 가지 않아 파산했고 이 후 본격적인 정치가의 길로 들어섰다.

1765년, 꾸준히 영국 정부의 식민지 정책을 비판하던 그의 목소리에 힘이 실리는 일이 일어났다. 1756년부터 유럽과 아메리카 대륙에서 7년 전쟁을 치룬 영국이 세수를 채우기 위해 설탕법을 통과시킨 것이다. 설탕법은 아메리카 식민지로 들어오는 설탕, 와인, 커피 등에 관세를 부과하는 법이었다. 전쟁 후 마찬가지로 불황을 겪고 있던 식민지인들은 이 법을 가혹하다고 여겼다. 하지만 영국의회는 인지세법(1765년)과 타운센트법(1767년)을 잇달아 의결하며 식민지인들을 압박했다.

인지세법은 식민지에서 발행되는 모든 인쇄물에 인지를 붙여 그 수익을 본토가 가져간다는 법이었고 타운센트법은

사무엘 애덤스, 1772,
by John Singleton Copley.

차(tea), 납, 유리, 페인트 같은 공산품에 관세를 부과하는 법이었다. 식민지인들도 가만히 있지 않았다. '대표자 없는 곳에 세금 없다'는 원칙을 주장하며 영국상품수입금지협회를 만들어 불매운동을 전개했고 시위대를 조직해 물리적으로 항거했다.

사무엘 애덤스는 이런 모든 소용돌이의 중심에 있었다. 시위대 '자유의 아들'을 이끌고 인지세법과 타운센트법 철폐 시위를 하며 보스턴을 저항 정신으로 물들였다. 결국 영국 정부는 한 발 물러나게 된다. 그러나 그 대가는 무거웠다. 1770년 영국 군대는 보스턴을 무력으로 점령하고 주민과 의회를 감시했다. 1773년 발생한 보스턴 차사건은 영국에 대한 적개심이 임계점에 달했던 순간, 응축된 저항의 기운을 폭발시킨 기폭제였다.

보스턴 차사건 이후 제정된 탄압법은 영국이 식민지의 자유와 재산을 몰수할 수 있다는 경각심을 일깨우는 계기가 되었다. 사무엘 애덤스는 식민지 정보 교환을 목적으로 조직된 통신위원회를 이용해 영국에 저항하기 위한 모임을 주도했다. 필라델피아에서 열린 1차 대륙회의는 식민지 의회가 아닌 식민지협의회를 통해 선출된 대표들이 모인 자리였다. 이들이 조직한 공안위원회는 아메리카를 대표하는 임시정부의 초석이 되었다. 영국의 인내심도 한계에 달했다. 1775년 4월 9일 새벽, 마침내 영국군과 아메리카 민병대 사이에 첫 총소리가 울렸다. 미국 독립전쟁이 시작된 것이다.

곧이어 열린 2차 대륙회의에서 조지 워싱턴을 수장으로 대륙군이 창설되었다. 1776년 7월 4일에는 사무엘 애덤스를 포함한 12명의 대표가 독립선언서에 서명하며 미국의 독립을 공표했다. 전쟁은 화력이 우세한 영국군이 쉽게 승리할 것이라는 예상을 뒤엎고 지속됐다. 대륙군은 끈질기게 버티고 버텼다. 이후 영국과 적대관계였던 프랑스가 개입하며 군수물자를 지원했고 1781년 요크타운 전투에서 프랑스와 식민지군의 승리로 미국은 주권국으로 독립하게 된다.

사무엘 애덤스는 독립 전쟁은 물론 미국 헌법 제정에 많은 기여를 했다. 당시까지만 해도 공화주의는 익숙한 체제가 아니었기에 초기 미국 정부의 틀을 잡기 위해서는 보이지 않는 설득과 노력이 필요했다. 독립을 쟁취한 미국이 헌법에 기초한 공화정을 완성하자 그는 고향으로 돌아와 주지사를 역임한다. 그리고 1803년 10월 81세의 나이로 흙으로 돌아갔다.

보스턴,
미국 크래프트 맥주의 또 다른 발상지

1984년 보스턴, 한 남자가 부엌에서 손으로 쓴 빛바랜 메모를 두고 골몰하고 있었다. 하버드 대학을 졸업하고 보스턴 컨설팅 컴퍼니에 다니던 34살의 전도유망한 청년이 보고 있던 것은 할아버지가 남긴 맥주 레시피였다. 그는 커리어를 포기하고 맥주회사 설립을 결정한 상태였다. 화려한 현재를 버리고 불투명한 미래를 선택한 이 남자의 이름은 짐 코흐(Jim Koch)였다.

보스턴 비어 컴퍼니 창립자,
짐 코흐

짐 코흐가 맥주에 관심을 갖게 된 것은 어쩌면 자연스러운 일이었다. 독일계 이민자였던 증조부부터 그의 집안은 대대로 맥주 양조업에 종사했다. 그럼에도 불구하고 아들이 연봉 25만 달러를 포기하고 맥주 양조장을 준비하자 아버지는 '세상에서 가장 멍청한 일'이라고 한탄했다. 그는 소규모 양조장이 사업적으로 얼마나 위험하고 도전적인 일인지 알고 있었다. 당시 미국의 소규모 양조장은 겨우 12개에 불과했다. 게다가 미국 맥주 시장은 안호이저 부쉬, 밀러 같은 몇몇 대기업으로 재편되고 있어 작은 독립 양조장의 생존은 요원해 보였다.

하지만 짐 코흐는 돈보다 가슴이 원하는 길을 따랐다. 그의 꿈은 작지만 가치 있는 맥주를 세상에 내놓는 일이었다. 첫 맥주에 대한 고민은 크지 않았다. 증조부 루이스 코흐가 남긴 레시피가 다락에 보관되어 있었기 때문이다. 짐 코흐는 그 레시피를 바탕으로 자신만의 맥주를 디자인했다. 중요한 건 다음이었다. 버드와이저와 다르고 밀러와 구분되는 가치, 바로 짐 코흐 맥주가 가져야할 정체성이었다.

사무엘 애덤스
그리고 보스턴 라거

짐 코흐는 그 해답을 보스턴에서 찾았다. 미국 독립의 발화점이자 건국의 아버지 사무엘 애덤스의 흔적이 남아있는 보스턴은 대기업 라거가 가지고 있지 않은, 크래프트 맥주만의 스토리를 녹여낼 수 있는 공간이었다. 하버드 대학을 졸업하고 맥아 사업을 운영했던 사무엘 애덤스는 맥주 혁명을 준비하고 있던 20세기 짐 코흐와 다름없었다.

1985년 보스턴 비어 컴퍼니(Boston Beer Company)는 애국자의 날(Patriots' Day)에 맞춰 첫 맥주를 출시했다. 라벨에는 맥주잔을 들고 장난스럽게 웃고 있는 사무엘 애덤스의 모습과 '사무엘 애덤스 보스턴 라거(Samuel Adams Boston Lager)'라는 이름이 뚜렷하게 박혀있었다. 증조부 레시피에 따라 만든 맥주 스타일은 비엔나 라거(Vienna lager)였다. 비엔나 라거는 19세기 중반 안톤 드레허가 오스트리아 수도 빈(Wien)에서 시작한 맥주로 5~5.5% 알코올, 투명한 앰버색, 옅은 캬라멜 향, 뭉근한 바디감이 매력적인 라거 맥주다. 그러나 비엔나 라거는 황금색 라거 열풍에 밀려 20세기에 거의 멸종되다시피 했다.

짐 코흐는 비엔나 라거를 부활시키며 보스턴 라거를 완성했다. 5%의 알코올과 아름다운 앰버 색을 담고 있는 사무엘 애덤스 보스턴 라거는 우아하다. 과하지 않은 단맛은 섬세한 쓴맛과 만나 좋은 균형감을 이루고 옅은 캬라멜과 견과류 향은 매끈한 바디감과 함께 복합적인 풍미를 발

사무엘 애덤스 보스턴 라거 - 비엔나 라거 특유의 영롱한 색이 아름답다.

산한다. 이 맥주는 꽃병처럼 생긴 유려한 전용 잔에 마셔야 한다. 잔속에
담긴 보스턴 라거는 그 어떤 맥주보다 기품이 넘친다.

　　　사업 초기만 해도 짐 코흐는 일일이 펍을 방문하며 맥주를 판매
했다. 흔하게 볼 수 없던 앰버 색 라거도 주목을 끌었지만 사람들이 더 관
심을 가진 건, 라벨 속 사무엘 애덤스였다. 맥주잔을 들고 있는 미국 건국
아버지의 모습은 친근함과 자부심을 전달했다. 사람들은 맥주를 넘어 미국
의 정신과 보스턴의 역사를 마신 것이다.

　　　사무엘 애덤스는 출시된 지 1년 만에 전미맥주대회(Great America
Beer Festival)에서 수상하며 신데렐라로 떠오른다. 보스턴 비어 컴퍼니의 성
장세는 놀라웠다. 1990년에는 2000만 달러, 약 250억 원의 매출을 달성하
며 짐 코흐가 세운 목표를 훌쩍 뛰어 넘었고 1995년에는 뉴욕 증권거래소
상장에도 성공했다. 2009년에는 5천억 원이 넘는 규모로 성장했다.

　　　사무엘 애덤스의 성공은 1980년 샌프란시스코에서 시작된 또 다

른 전설 시에라 네바다와 곧잘 비교되곤 한다. 두 회사는 미국 크래프트 맥주의 심장으로 산업을 동인했지만 추구하는 가치는 다소 달랐다. 시에라 네바다가 미국 홉을 통해 자유롭고 실험적인 맥주로 크래프트 맥주 혁명을 이끌었다면 사무엘 애덤스는 정체성과 로컬문화를 통해 크래프트 맥주 정신을 실현했다. 40년 동안 크래프트 맥주를 선도한 두 브랜드는 전체 미국 맥주 시장에서 탑10 안에 위치하고 있다. 사실 버드와이저, 밀러, 쿠어스 같은 브랜드가 해외 다국적 자본에 매각되었기 때문에 순수 미국 자본을 대표하는 브랜드라고 해도 무방하다. 2022년 보스턴 비어 컴퍼니는 미국 크래프트 맥주 회사 중 두 번째, 전체 맥주 시장에서는 아홉 번째를 차지하고 있다.

　　"행복과 부자 중 후자를 선택하면 당신은 소시오패스일 지도 모릅니다. 저는 소시오패스가 아니었습니다. 행복을 선택했거든요. 당신을 부자로 만드는 것이 아닌 행복하게 하는 것을 선택하십시오." 누군가는 짐 코흐의 철학을 낭만적이라고 치부하겠지만 수십억 연봉을 마다하고 열정을 선택한 결정을 비판할 수 있는 사람은 없을 것이다. 평온한 길을 박차고 가슴이 원하는 일을 한 짐 코흐, 어쩌면 그는 크래프트 맥주 혁명의 임무를 완수하기 위해 환생한 사무엘 애덤스일 지도 모르겠다.

사무엘 애덤스 - 라벨 속 사무엘 애덤스는 맥주 잔을 들고 웃고 있다.
맥주는 모두를 행복하게 하는 음료다.

드레스덴의 아픔과 기적을 품은 맥주,
라데베르거

"철과 피만이 독일의 통일을 가져다줄 것입니다."

〈비스마르크〉

성모교회는 드레스덴의 수호자였다. 드넓은 노이마르크트 광장을 바라보며 도시 전체를 홀로 지키고 있는 모습이었다. 우아한 바로크 장식 뒤로는 군데군데 생채기가 보였다. 까맣게 그을린 상처와 총탄의 흔적을 교회는 굳이 숨기고 싶지 않은 듯 했다. 그제야 교회 앞에 있는 루터가 단호한 표정을 짓고 있는 이유를 이해했다. 그는 종교개혁보다 평화가 더 중요하다고 말하고 있었다.

한때 '엘베 강의 피렌체'라고 불리던 작센의 주도 드레스덴은 독일 근현대사를 관통하는 아픔을 안고 있는 도시다. 지금의 아름다운 모습 뒤에는 독일제국의 탄생, 연합군의 대폭격, 동독 치하의 암흑기 그리고 재통일까지 역사의 영욕이 응축되어 있다. 드레스덴의 굴곡진 역사를 기억하는 이가 남아있을까? 사람은 아닐지 몰라도 이 도시의 고통과 허물을 기꺼이 품고 있는 존재가 있다. 드레스덴의 맥주, 라데베르거(Radeberger)다.

독일 최초의 황금빛 라거, 철의 수상 비스마르크가 가장 사랑한 맥주 등 화려한 수사를 가진 라데베르거는 독일 역사 상 가장 중요한 맥주 중 하나다. 역사가 조금만 달랐어도 독일 최고의 맥주 도시는 뮌헨이 아닌 드레스덴이 되었을 것이다. 도대체 어떤 사연이 도시와 맥주 사이에 숨어 있는 것일까? 독일 제국과 함께 태어난 라데베르거는 어쩌면 시작부터 격동의 세월을 겪을 운명이었을지도 모른다.

비스마르크의
맥주

    1871년 유럽 대륙에 거대한 폭풍이 일어났다. 9세기 프랑크 왕국 이후 잘게 쪼개져 있던 게르만들이 1000년 만에 독일을 통일한 것이다. 하나의 독일이라는 대업을 이룬 주역은 프로이센의 왕 빌헬름 1세와 총리 비스마르크. 북독일 연방을 이룬 그들은 보불전쟁에서 승리하며 과거 프랑스에게 당한 치욕을 되갚았다. 다른 곳도 아닌 베르사유 궁전에서 독일 제국을 선포한 것은 60년 전 나폴레옹에게 받은 굴욕에 대한 철과 피의 복수였다.

    철은 프로이센에게 겸손과 절제 그리고 강인한 정신을 상징하는 금속이었다. 1805년 나폴레옹은 신성로마제국을 무너뜨린 후, 자신에게 대항하는 프로이센을 극한으로 몰아갔다. 프랑스 군의 공격으로 러시아 국경까지 밀려난 프로이센 왕실은 풍전등화와 같았다. 나폴레옹은 전쟁 배상금으로 프로이센 영토와 국민 절반을 러시아와 작센에게 나눠 주었다. 이런 치욕 속에서 프리드리히 빌헬름 3세와 루이제 왕비는 고통을 인내하며 기회를 엿보고 있었다.

    그들에게는 절제와 절약 그리고 불굴의 정신이 필요했다. 프로이센 왕실과 국민들은 금과 같은 값비싼 금속 대신 철로 만든 장신구를 두르며 재기를 꿈꿨다. 나폴레옹이 연합군의 전쟁에서 패하며 조금씩 희망이 보이자 프리드리히 빌헬름 3세는 과거의 훈장을 모두 폐지하고 철십자 훈장을 제정했다. 그리고 출신과 상관없이 국가를 위해 희생하는 모든 사람들에게 이 훈장을 수여했다. 1813년 라이프치히 전투 승리 이후 1815년 워털루에서 프로이센은 드디어 나폴레옹을 패퇴시킨다. 철의 정신은 프로이센을 강력한 신흥국으로 만들었다. 하지만 동시에 철십자 훈장도 사라졌다. 철십자 훈장이 다시 등장한 시기는 프로이센이 격변의 순간을 맞이했을 때였다. 프로이센의 수상 비스마르크는 철십자 훈장을 부활시키며 철과 피만이 독일 제국을 가능하게 한다고 주창했다. 프로이센에게 철은 절제와 강한 정신이었지만 독일 제국에게는 무기와 경제였다.

프로이센 주도로 만들어진 북독일 연방은 1871년 프랑스와 다시 전쟁을 치른다. 보불전쟁의 승리는 독일의 통일을 의미했다. 곧 남부 독일을 대표하는 바이에른이 합류했고 마침내 독일 제국이 탄생했다. 제국의 첫 수상이 된 비스마르크는 냉정하고 과감한 결정을 통해 근대 독일의 기틀을 쌓았다. '철의 수상'으로 불리며 냉철하기 그지없던 비스마르크였지만 애정을 아끼지 않는 맥주가 있었다. 독일 최초의 황금색 맥주, 라데베르거였다.

드레스덴에서 태어난 독일 최초의 황금색 라거

드레스덴을 대표하는 맥주, 라데베르거는 폐허가 되어 먼지 밖에 남지 않았던 이 도시의 기적을 품고 있는 맥주다. 1872년 이 맥주가 태어나기 전까지 독일에는 황금색 라거가 존재하지 않았다. 1842년 체코 플젠에서 최초의 황금색 라거, 필스너 우르켈이 독일 양조업계를 발칵 뒤집어 놓았지만 30년 간 누구도 밝은 색 라거를 내놓지 못했다.

1871년 통일 독일이 가져다준 자신감이었을까? 드레스덴에서 20km 떨어진 작은 도시 라데베르그에서 구스타프 필립, 막스 룸펠트, 플로렌츠 율리우스 숀, 칼 헤르만 라쉐 그리고 하인리히 밍키위츠, 5명의 남자가 모여 독일 황금색 라거를 위해 의기투합한다. 그들은 체코에서 가져온 레시피로 필스너 우르켈을 따라잡기 위해 노력 했지만 결과는 마땅치 않았다. 이유는 물이었다. 미네랄 없는 연수가 밝은 색 맥주에 유리하다는 사실을 깨달았지만 대부분 독일의 물은 경수였다. 라데베르거 양조사들은 적합한 물을 찾기 위해 지역의 모든 수질을 조사했고 우연히 카스발트 숲의 물이 연수인 것을 알아냈다. 드디어 독일에서도 황금색 라거, 필스너를 양조할 수 있게 된 것이다.

라데베르거는 출시되자마자 큰 인기를 끌었다. 드레스덴의 맥주지만 베를린 공식 행사에는 항상 라데베르거가 등장했다. 1887년 비스마르크는 이 맥주를 '수상의 맥주(Beer of Chancellor)'로 명명하며 최고의 권위를 부여했다. 명실상부 독일 제국을 대표하는 맥주로 등극한 순간이었다. 하지만 20세기 초 라데베르거와 고향 드레스덴에는 어두운 그림자가 드리웠다.

아픔과 희망의 도시,
드레스덴

1945년 2월 13일 밤, 연합군은 사흘 내내 드레스덴을 향해 폭격을 가했다. 3900톤 이상의 고폭탄과 소이탄이 도시 한복판에 떨어졌다. 연합군은 독일 군대와 산업시설을 향한 공격이었다고 주장했지만 화염은 시민들이 살고 있는 도시를 집어삼켰다. 드레스덴의 찬란함을 증명하던 궁정, 교회와 성당, 박물관과 오페라 하우스 심지어 일반 가옥들이 모두 재가 되어 사라졌다. 사망자만 35,000명에 달했고 실종자는 셀 수 없을 정도였다.

드레스덴을 방문했을 때, 폭격 전후를 비교한 사진을 보고 놀라지 않을 수 없었다. 특히 폭격을 맞고 사라진 성모교회의 모습은 충격적이었다. 아픔의 흔적은 전쟁 이후에도 여전히 지속됐다. 분단으로 동독의 도

시가 된 드레스덴은 치유되지 못했다. 국민들은 복구를 요청했지만 재정이 부족했던 동독은 무기력했다. 최초의 독일 필스너라는 위대한 역사를 가진 라데베르거 또한 국유화되며 존재감이 희미해졌다.

독일이 재통일 되고 나서야 드레스덴의 복원이 본격적으로 시작됐다. 드레스덴을 대표하는 성모교회를 비롯해 오페라 하우스, 츠빙거 궁전과 같은 건축물들이 새로 지어졌다. 2000년대 들어 대부분의 건물들이 19세기 모습을 되찾았지만 참혹했던 과거의 모습은 지금도 남아있다. 드레스덴 역사적 구시가에 들어섰을 때 화려한 건물 사이로 폭격의 흔적을 볼 수 있었다. 성모교회는 군데군데 검은색 상흔을 갖고 있었고 가톨릭 궁정성당의 첨탑 또한 검게 그을려 있었다.

라데베르거 또한 1989년 이후 부활의 기지개를 켰다. 프랑크푸르트 맥주 회사 빈딩(Binding)은 동독 정부 소유였던 라데베르거를 인수한 후 대대적인 시설투자를 단행했다. 재미있는 건 매수자 빈딩이 오히려 사

드레스덴에서 마신 라데베르거 - 드레스덴의 기적을 보여주듯 깔끔하고 깨끗하다.

명을 라데베르거로 바꿨다는 사실이다. 독일 맥주에서 라데베르거가 어떤
가치와 위상을 지니는지 가늠해볼 수 있다. 한국과 프랑크푸르트에서 수없
이 마셔본 이 맥주를 드레스덴에서 만나는 건 흥미로운 경험이었다. 고블
릿 잔에 담겨 나온 라데베르거는 아름다웠다. 쩽할 정도로 투명한 황금색
과 끊임없이 올라오는 기포는 참을 수 없는 갈증을 일으켰다. 기다리지 못
하고 한 모금 마시자 깔끔한 목 넘김과 함께 독일 홉에서 나오는 건초 같은
향이 슬며시 비강을 물들였다.

독일 필스너는 체코와 미묘하게 다르다. 홉 향은 더 또렷하고 쓴 맛은 섬세하다. 섬세한 바디감과 목 넘김은 편하지만 기품 있다. 체코 필스너가 조금 더 뭉툭하고 부드러운 느낌이라면 독일 필스너는 날카롭고 존재감이 확실하다. 라데베르거 또한 쩅한 홉 향과 드라이한 마우스필로 자신이 독일 필스너의 원조임을 확인시켜 주고 있었다.

드레스덴이 어두운 과거를 겪지 않았다면 과연 뮌헨이 독일 최고의 맥주 도시가 될 수 있었을까? 뮌헨에서 처음 밝은 색 라거가 출시된 시기는 1894년이었다. 라데베르거가 출시된 1872년보다 무려 20여 년이 지나서야 슈파텐(Spaten)에서 밝은 라거가 나왔다. 뮌헨 양조사들은 독일 필스너의 기준이었던 라데베르거에 질시를 느꼈을 수도 있다. 자신들이 그토록 만들고 싶었던 밝은 색 라거가 작센에서 출시된 사실을 외면하고 싶었을지도 모른다.

뮌헨이 맥주를 자신들의 문화로 꽃 피우고 있었을 때 드레스덴은 복구에 온 힘을 쏟고 있었다. 드레스덴은 라데베르거 존재만으로 다른 어떤 도시보다 맥주 성지로 평가받아야 한다. 라데베르거가 최초의 독일 필스너라는 이유를 넘어, 이 맥주가 드레스덴의 한 부분으로 숨 쉬고 있다는 것 자체가 기적이기 때문이다. 맥주와 도시가 어떻게 공동운명체가 될 수 있는지 라데베르거는 명확히 보여주고 있다. 도시를 이야기하는 맥주가 있다는 것, 아직 그 문화를 갖지 못한 우리에게 가장 부러운 문화가 아닐 수 없다. 프로스트.

런던 에일의 마지막 자존심,
런던 프라이드

"Keep Calm and Carry On"

1940년 9월 7일 나치는 영국 본토에 대공습을 시작했다. 1941년 5월 21일까지 런던은 무려 71회에 달하는 공중 폭격을 받았다. 런던 블리츠(London Blitz)라고 불리는 이 공습으로 사상자는 무려 15여만 명에 달했다. 독일은 민간인들의 터전을 파괴하고 불안과 공포를 야기해 전쟁의 승기를 잡고자 했다. 그러나 왕실과 처칠 수상은 불안에 떠는 국민들을 향해 '침착하고 하던 일을 계속하세요'라는 메시지를 보냈고 영국 국민들은 의연하게 지옥과 같은 나날을 견뎌냈다. 불의에 저항하고 자유를 수호한다는 확고한 항전 의지로 묵묵히 일상을 지켜나갔던 것이다..

엄청난 공습에도 런던에는 꿋꿋이 피어나는 꽃이 있었다. '런던 프라이드(London Pride)', '런던의 자부심'이라는 이름을 가진 이 꽃은 모진 환경에도 꽃망울을 터트렸다. 공습 중 런던 페딩턴 역(London Paddington station)으로 피해있던 극작가 노엘 퍼스 코워드(Noël Peirce Coward)는 이 런던 프라이드를 떠올리며 노래를 만들었다. 영국 국민들은 자유와 일상을 상징하는 런던 프라이드와 함께 한 마음으로 버텼다. 결국 승승장구하던 독일은 최초의 좌절을 겪으며 전쟁의 승기를 잃었다. 영국인들은 여전히 이 시기를 '최고의 시간(The finest hour)'으로 부르며 자랑스럽게 생각하고 있다.

영국 에일을 밀어낸
라거 블릿츠

　　런던 페딩턴에 있는 '테일러 워커(Taylor Walker)' 펍에 앉아 수많은 맥주 중, 런던 프라이드를 주문한 이유는 하나였다. 나에게 런던 프라이드는 영국 에일의 최후 보루, 라거 제국에 대한 저항군과 같았다. 세계 대전은 독일의 패배로 끝났지만, 20세기 맥주 대전에서 영국 에일은 독일 라거의 공습을 이겨내지 못했다. 그럼에도 불구하고 런던 프라이드는 에일의 자존심을 지키기 위해 세계 곳곳에서 고군분투하고 있다.

　　원래 20세기 초까지 맥주 세계의 옥새는 영국 페일 에일(English pale ale)이 쥐고 있었다. 산업혁명 이후 맥아 제조에 석탄을 사용하면서 맥아의 색은 짙은 고동색에서 호박색, 즉 앰버(amber) 색으로 바뀌었다. 석탄은 나무를 열원으로 사용할 때는 할 수 없었던 온도 조절을 가능하게 했다. 맥아의 색이 변함에 따라 맥주의 색도 변했다. 짙은 어두운 색을 뽐냈던 포터(Porter)를 누르고 새로운 패권을 거머쥔 아름다운 앰버 색 맥주를 사람들은 페일 에일(Pale ale)이라고 불렀다.

　　19세기 중반, 페일 에일은 영국 맥주의 대세가 된다. 사람들은 이전과 달리 맥주에서 '색'이라는 가치를 즐기기 시작했다. 더불어 섬세한 과일 에스테르 향과 영국 노블 홉에서 나오는 꽃 향은 가볍고 깔끔한 바디감과 함께 영국 페일 에일의 캐릭터가 되었다. 영국인들은 펍에서 이 맥주를 마시며 정치, 사회, 스포츠를 이야기했다. 그 당시 가장 유명했던 바스 페일 에일(Bass pale ale)은 에두아르 마네의 유작 '폴리 베르제르의 바'에서 만날 수 있으며, 심지어 1871년 콜로라도 호와 협상했던 강화도 관리 김진성 씨 품 안에서도 볼 수 있다.

테일러 워커 펍 - 페딩턴 역 근처에 있는 이곳에서는 당연히 런던 프라이드를 마셔야 한다.

20세기 들어 독일과 미국의 라거가 부상하면서 영국의 에일은 순식간에 시장에서 밀려나기 시작했다. 호불호 없는 향미, 청량하고 깔끔한 마우스필(mouthfeel)을 가진 라거는 누구나 좋아했고 대량생산으로 가격마저 가벼웠다. 2차 세계대전 이후 최강국이 된 미국은 아메리칸 라거를 통해 영국에 대한 문화적 열등감을 털어내려 했다. 미국 자본주의 문화를 등에 업고 전 세계로 뻗어나간 버드와이저, 밀러, 쿠어스는 20세기 맥주의 표준으로 자리 잡게 된다.

영국 에일의 자부심으로 환생한
런던 프라이드

　　전쟁의 상흔이 아문 1959년, 런던 서부 치스윅(Chiswick)에 있는 풀러스 그리핀 브루어리(Fuller's Griffin Brewery)는 런던 프라이드라는 이름을 붙인 새로운 페일 에일을 출시했다. 영국 맥주 시장을 폭격하는 라거의 공습에 대한 희망을 노래하고 싶었던 것일까? 런던 프라이드는 'Made of London(런던산)'을 앞세우며 자국 맥주에 대한 자부심을 높이려 했다. 1979년과 1995년에는 영국 전통 에일 살리기 운동, 캄라(CAMRA, Campaign for Real Ale)에서 주최한 영국 맥주 챔피언십에서 대상을 수상하며 영국을 대표하는 맥주로 떠올랐다.

　　런던 프라이드를 처음 경험하는 사람은 생경한 느낌을 받을지도 모른다. 붉은 기가 도는 진한 호박색은 강고한 캐릭터를 보여줄 것 같지만 사실 그 반대다. 묵직하고 진할 것 같지만 여리고 순하다. 건자두 같은 과일 에스테르는 가늘고 섬세하다. 옅은 쓴맛과 단맛이 이루는 좋은 밸런스는 누구나 쉽게 마실 수 있는 음용성을 선사한다. 가벼운 바디감은 마치 물과 같다. 알코올 또한 4.7%로 높지 않아 여러 잔 마시기에 부담 없다.

　　이 맥주에서 라거와 같은 청량감은 기대하지 말 것. 탄산은 약하고 질감은 부드럽다. 아마 강한 탄산을 좋아하는 우리나라 사람들은 런던 프라이드를 밍밍하다고 느낄 수도 있다. 게다가 라거보다 높은 서빙 온도는 이런 느낌을 한층 높여준다. 보통 라거는 섭씨 4~7도 정도로 차갑게 나오지만 영국 페일 에일은 섭씨 10~13도로 서빙된다. 낮은 탄산감에 미지근한 온도로 마시는 맥주라니, 여기서 밍밍함을 느끼는 것은 어쩌면 자연스럽다. 하지만 이런 밍밍함 혹은 담백함을 즐기는 것이 바로 런던 프라이드의 매력이자

풀러스 에일&파이에 있는 비어엔진 – 런던 프라이드를 비롯해 다양한 캐스크 에일을 즐길 수 있다.

클래식 에일 글래스에 담긴 런던 프라이드 – 한국에서도 맛있는 런던 프라이드를 즐길 수 있다.

포인트다. 냉면 고수들이 담백함의 정도로 평양냉면의 레벨을 논하듯, 런던 프라이드의 생소한 면을 극복하면 영국 맥주의 마력에 빠지게 된다.

영국의 정체성을 담은
맥주

런던 프라이드 캐스크 에일 - 캐스크 에일은 영국에서만 즐길 수 있는 기쁨이다.

한국으로 수입되는 런던 프라이드는 탄산이 들어간 형태로 판매되지만 영국에서는 캐스크 에일(Cask ale)로 마시는 게 일반적이다. 리얼 에일(Real ale)이라고도 부르는 캐스크 에일은 펍에서 2차 발효를 하는 영국의 전통 에일을 의미한다. 효모가 만들어내는 약간의 이산화탄소만 있어 플랫한 느낌을 주지만 물처럼 가벼워 마시기 편하다. 알루미늄 캐스크에 담겨 펍으로 이송된 후, 비어 엔진이라는 수동 펌프를 통해 서빙된다. 이 과정에서 산소가 닿아 쉽게 산화될 수 있기 때문에 캐스크 마스터라고 불리는 전문 관리자가 필요하다. 같은 런던 프라이드라도 관리를 잘하는 펍과 그렇지 않은 펍에 따라 맛과 품질이 크게 다를 수 있다. 한국에서도 런던 프라이드를 제대로 이해하는 펍은 낮은 이산화탄소로 거품 없이 서빙한다.

한 때 세계 맥주의 표준이었던 영국 에일. 라거에게 빼앗긴 옥새를 되찾고자 절치부심할 만 하지만 의외로 담담한 듯 보인다. 마치 독일 공습에도 평상심을 유지했던 런던 시민들처럼 동요되지 않고 자신의 자리를 지키고 있다. 런던 프라이드는 그 중심에 서 있다. 화려하지 않지만 짧은 유행에 휩쓸리지 않는 정통성을 품고 있는 런던 프라이드에는 영국의 정체성이 담겨있다. 노닉 글래스(nonic glass)에 거품 없이 담긴 런던 프라이드를 마신다는 건, 맥주의 향미를 넘어 문화를 마신다는 의미다. 그래서 이 맥주에는 '벌컥벌컥'보다 '한 모금씩'이 더 어울린다. 어디서든 크림슨(crimson) 색을 입고 있는 런던 프라이드를 마주친다면 반갑게 인사를 건네 보면 어떨까? 이 맥주를 들고 있는 것만으로도 당신은 이미 영국에 있는 것과 같을 테니.

베를린의 자유와 포용의 상징,
베를리너 바이세

"통일 사회당은 동독의 모든 주민들이...동독 국경을 넘어...
여행하는 것이 가능하다고 결정했다."
"언제부터 가능합니까?"
"음......제 생각에는 지금 당장부터라는 겁니다. 지체하지 않고요"

여행 자유화를 발표하는 동독 공산당 대변인 퀸터 샤보우스키의 목소리는 상기되어 있었다. 시기를 묻는 이탈리아 기자의 질문에 잠시 머뭇거리다 내놓은 답은 '지금 당장'이었다. 그 순간 전 세계 뉴스는 베를린 장벽이 열렸다는 속보를 쏟아냈고 수천 명의 동독 사람들은 베를린 장벽으로 달려가 개방을 소리쳤다. 어떠한 명령도 받지 못한 수비대는 장벽으로 밀려드는 열기를 막을 수 없음을 금방 깨달았다. 사람들은 무방비가 된 장벽을 뛰어넘고 망치를 가져와 단단한 벽을 때리기 시작했다. 1989년 11월 9일 밤, 베를린을 갈랐던 콘크리트는 무너졌고 28년 동안 잠겨있던 브란덴부르크 문은 활짝 열렸다. 동베를린에서 100만 명의 시위가 있은 뒤, 4일 만에 벌어진 일이었다.

베를린의 정신을 세운
포츠담 칙령

북적거리는 거리와 울리는 경적 소리, 화려한 클럽과 다양한 인종을 볼 수 있는 독일 수도 베를린은 유럽에서 가장 힙한 문화를 즐길 수 있는 메트로폴리탄이다. 불과 30여 년 전까지 분단 도시였다는 사실이 믿기지 않을 정도로 이곳은 활기하고 에너지가 넘친다.

베를린이 유럽 역사에 본격적으로 등장한 시기는 13세기로 다른 독일 도시와 비교하면 젊은 축에 속한다. 신성로마제국의 북동쪽, 폴란드와 국경을 가까이 한 덕분에 슬라브족과 상업 교역이 활발했고 한자동맹도시의 경유지로 사람과 물자가 모이는 곳이었다. 베를린이라는 이름도 늪지대 속 건조한 지역을 의미하는 슬라브어 '브를로(brlo)'에서 연유했다.

베를린이 주목받게 된 시기는 호엔촐레른(Hohenzollern) 가문이 브란덴부르크 선제후의 지위를 이어받고 이 도시를 수도로 정한 1415년이었다. 호엔촐레른 가문은 러시아와 폴란드 옆에 있는 프로이센(Prussia)도 다스리고 있었다. 브란덴부르크 변경백의 지위를 얻은 후 조금씩 성장하던 프로이센은 1525년 알베르트 1세 때 공국으로 격상된다. 1618년 호엔촐레른 가문은 브란덴부르크 변경백과 프로이센 공국을 합쳐 브란덴부르크-프로이센 공국을 세웠다. 이 작은 공국의 기틀을 쌓은 인물은 1657년 프로이센 공작, 대선제후 프리드리히 빌헬름이었다. 그는 프로이센이 더 강한 국가가 되기 위해서는 군대가 필요하다고 생각했다. 근검절약을 바탕으로 키운 군사력은 프로이센의 체질을 빠르게 바꿔갔다. 문제는 내적 성장이었다. 이 고민의 실마리는 저 멀리 프랑스에서 흘러 들었다.

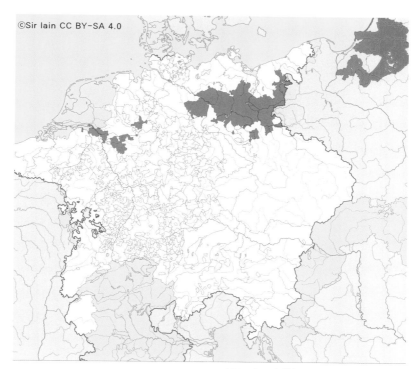

1618년 브란데부르크-프로이센 공국 지도 –
프로이센은 브란덴부르크 변경백을 획득하면서 독일의 핵심 국가로 떠오르게 된다.

1685년 프랑스 황제 루이 14세는 낭트칙령 폐지를 발표한다. 낭트칙령은 1598년 앙리 4세가 개신교도 위그노의 종교적 자유를 허락하며 개신교와 가톨릭의 화합을 도모한 칙령이었다. 1562년 가톨릭 세력이 위그노를 살해하며 시작된 프랑스 종교 전쟁을 마무리하기 위한 조치였다. 하지만 앙리 4세 이후 절대왕정을 구축한 루이 14세는 가톨릭을 국교로 인정하며 종교의 자유를 말살했다. 무려 10만 명이 넘는 위그노와 유대인들이 프랑스 탈출을 감행했다.

고향을 떠나 고통의 길을 선택한 이들을 받아준 곳은 프로이센 공국이었다. 프리드리히 빌헬름 공작은 1685년 11월 포츠담 칙령을 통해 약 2만 명의 위그노와 유대인을 기꺼이 수용하고 각종 혜택을 베풀었다. 위그노를 받아들인 건, 종교적인 이유도 있었지만 그들이 가지고 있던 상공업 기술 때문이기도 했다. 독일 영토를 초토화시킨 30년 전쟁 이후 프로이센 공국, 특히 베를린은 이들로 인해 경제적으로 크게 성장했을 뿐만 아니라 다양한 문화를 포용하는 정신을 갖게 됐다.

근대 독일의 중심,
프로이센

1701년 1월 18일 프리드리히 빌헬름의 아들, 프리드리히 3세는 신성로마제국황제에게 군대를 협조하는 조건으로 프로이센 왕국의 승인을 요청했다. 작은 공국 프로이센이 왕국으로 승격되는 것은 본디 불가능한 일이었다. 하지만 프리드리히 3세는 스페인 왕위 계승 전쟁으로 유럽이 혼란한 틈을 절묘하게 노렸다.

스페인 왕위 계승 전쟁은 1700년 합스부르크 가문 출신 스페인 왕 카를로스 2세의 건강이 급격하게 악화되며 시작됐다. 후세가 없었던 그에게 프랑스와 신성로마제국은 왕권 지명을 두고 압박하기 시작했다. 카를로스 2세의 누이 중 마리아 테레사는 프랑스 루이 14세와 결혼했고 또 다른 누이 마르가리타 테레사는 신성로마제국 레오폴트 1세와 결혼했기 때문에 그의 선택은 유럽의 격변을 불러올 수 있었다. 만약 합스부르크 가문이 아닌 프랑스 부르봉 가문이 스페인 왕이 된다면 프랑스-스페인 왕국이 탄생할 수도 있었기 때문이다.

합스부르크 출신 카를로스 2세의 선택은 놀랍게도 부르봉 가문이었다. 스페인 법과 문화를 훼손하지 않는다는 조건이었다. 카를로스 2세가 사망하자 루이 14세의 조카 필립은 펠리페 5세가 되며 스페인 왕위에 오른다. 스페인 국민뿐만 아니라 주변국은 이 상황을 심각하게 받아들였다. 신성로마제국 레오폴트 1세는 곧바로 스페인 왕위 계승권을 주장했고 영국, 포르투칼, 네덜란드가 지지했다. 1701년 스페인 왕위 계승을 둘러싸고 시작된 전쟁은 유럽과 아메리카로 번졌고 14년이 지난 뒤에야 마침표를 찍었다.

프로이센 프리드리히 2세는 스페인 왕위 계승 전쟁으로 군대가 절실했던 황제를 도우며 자신의 요구를 관철시켰다. 브란덴부르크-프로이센 공국 중 일부가 신성로마제국 영토 밖, 폴란드 영토에 있다는 것도 명분이 됐다. 발 등에 떨어진 레오폴트 1세는 결국 프로이센 왕국을 승낙했다. 대관식이 열린 곳은 베를린이 아니라 폴란드 영토에 있는 쾨니히스베르크였다. 황제의 손길이 닿지 않는 그곳에서 프리드리히 3세는 스스로 왕관을 쓰며 프로이센 왕, 프리드리히 1세로 등극했다. 그럼에도 왕국의 수도는 여전히 베를린이었다.

프로이센의 힘이 가장 비축된 시기는 프리드리히 대왕으로 불리는 프리드리히 빌헬름 2세부터였다. 1740년 왕이 된 그는 강력한 군사력에 계몽주의를 접목한 군주였다. 뛰어난 군사적 재능과 합리적인 정책 그리고 올바른 인재 등용은 프로이센 왕국을 유럽의 열강으로 발전시켰다. 특히 언론 검열과 고문 폐지, 종교 차별 금지 같은 계몽정책과 베를린 아카데미 설립과 같은 교육문화 정책은 베를린을 위대한 도시로 만들었다.

위기는 나폴레옹에서 비롯됐다. 1806년 나폴레옹에게 대패한 프로이센 왕 프리드리히 빌헬름 3세는 베를린을 버리고 쾨니히스베르크로 도주했다. 그에게는 기회가 있었다. 나폴레옹과 균형 외교를 펼치며 왕국을 유지할 수 있었다. 그러나 프로이센의 힘을 과신한 나머지 어리석게도

브란덴부르크 문과 콰드리가 – 진품 콰드리가는 박물관에 보관되어 있다.

대불동맹에 가입하며 프랑스와 대적했다. 프로이센은 쾨니히스베르크에서 항복을 선언하며 씻을 수 없는 치욕을 맛봤다. 나폴레옹은 전리품으로 프로이센 영토 절반과 평화의 여신을 이끄는 말 조각, 콰드리가(Quadriga)를 가져갔다. 콰드리가는 프리드리히 빌헬름 2세가 프로이센의 번영을 과시하기 위해 건설한 브란덴부르크 문의 상징으로 게르만의 자존심이었다.

격변의 독일을 포용한 도시,
베를린

1815년 콰드리가는 다시 제자리를 되찾는다. 프로이센은 러시아와 함께 워털루에서 나폴레옹에게 승리하며 유럽 열강의 일원이 됐다. 나폴레옹 전쟁 이후 체제를 논의한 오스트리아 빈 회의에서 프로이센과 오스트리아는 독일 연방을 구성했지만 프랑스에서 유입된 자유주의와 민족의식은 새로운 형태의 정치를 요구했다. 1848년 선거로 구성된 프랑크푸르트의회는 이런 흐름의 결과였다. 프로이센과 오스트리아는 자유주의에 격렬히 반대하며 의회를 탄압했고 결국 자유주의 혁명은 2년 만에 막을 내리게 된다. 이후 독일 통일에 새로운 길을 제시한 인물이 바로 비스마르크다. 그는 철과 피로 독일 통일을 이룩할 수 있다고 주장하며 교묘한 외교 전략을 펼쳤고 전쟁도 불사했다.

게르만족 단일 통일을 의미하는 '소독일주의'를 채택한 비스마르크는 1866년 오스트리아 전쟁에서 승리하며 북독일 연방을 구성한다. 1871년 프랑스 나폴레옹 3세와 전쟁에서 연이어 승리한 프로이센은 남독일 연방과 함께 베르사유에서 독일 제국을 선포했다. 베를린은 프로이센의 수도에서 독일 제국의 수도가 되며 게르만 민족을 대표하는 도시로 우뚝 서게 된다.

19세기말 독일은 영국, 프랑스와 어깨를 나란히 하는 열강이 됐지만 두 번째 황제 빌헬름 2세는 제국주의에 빠져 내부의 에너지를 모두 소진해 버렸다. 그 결과는 나치였다. 베를린 또한 나치의 본산으로 전락했다. 그리고 2차 세계대전 폐전과 함께 황폐화되고 만다. 게다가 도시는 냉전 시대 열강에 의해 반으로 쪼개졌다. 1961년 동독이 세운 베를린 장벽은 90년 만에 다시 독일 분열의 상징이 됐다.

1989년 겨울, 동 베를린에 켜진 100만 개의 촛불은 마침내 장벽을 무너뜨렸다. 다시 하나가 된 베를린은 자신들의 잘못을 깊이 반성하고 사과했다. 홀로코스트 추모비는 이 도시가 읊조리는 공개적인 반성문이다. 이 추모비를 바라보는 연방 의회에는 다시는 오류를 범하지 않겠다는 의지가 서려있다. 유리로 된 연방 의회 지붕에서 내려다보는 의회는 국민이 권력의 주인임을 상기시키는데 부족함이 없다. 지금의 베를린은 자유와 다양성이 빛나는 도시가 됐다. 깊은 상처를 치유한 베를린의 힘은 다름 아닌 공감과 관용이었다.

북독일의 샴페인,
베를리너 바이세

"이 맥주는 북독일의 샴페인이다."
〈나폴레옹〉

베를리너 바이세(Berliner Weisse)는 베를린의 밀 맥주다. 현재 베를린은 명성에 비해 맥주에 관해서는 존재감이 부족하다. 이 맥주는 베를린에서도 쉽게 찾을 수 없다. 그러나 19세기만 해도 베를리너 바이세 양조장은 700개가 넘었다. 한때 베를린을 대표했던 맥주가 간신히 명맥만 남은 이유는 무엇일까?

밀 맥주를 의미하는 바이세(Weisse)에서 알 수 있듯이 이 맥주에는 밀과 보리 맥아 50%가 들어간다. 그러나 바이에른 바이에른의 밀 맥주 바이스비어(Weissbier)와 전혀 다른 모습을 갖고 있다. 가장 차이점은 젖산균에서 나오는 신맛으로 이는 17세기 프로이센 공국으로 피난 온 위그노들의 흔적이다. 신맛이 나고 향신료를 넣는 베를리너 바이세는 수백 킬로 떨어진 프랑스 북부와 벨기에 지방의 것과 유사하다. 벨기에 왈로니아(Wallonia)지역 맥주 세종(Saison), 프랑스 북부 지역 맥주 비에르 드 가르드(Bier de garde)와 비슷한 결을 갖고 있으며 벨기에 플랜더스 레드 에일Flanders red ale)의 흔적도 볼 수 있다. 베를리너 바이세가 관용과 포용 속에서 태어난 맥주라는 것은 기존 독일 맥주와 다른 이런 특성에서 발견할 수 있다.

베를리너 바이세의 신맛은 의도적인 것이라기보다 자연스럽게 밴 흔적이라고 추정된다. 상대적으로 낮은 온도에서 양조된 베를리너 바이세는 주위에 있던 젖산균에 영향을 쉽게 받았다. 나무통에서 진행된 발효와 숙성 과정도 시나브로 신맛이 깃 드는데 한몫했다. 사람들은 신맛이 있는 이 맥주에 시럽과 향신료를 넣어 음용성을 높였다. 맥주에 무엇을 첨가하는 것은 북독일 지역에서 이상한 일이 아니다. 베를린에서 마실 수 있는 디젤(diesel)도 콜라와 맥주를 혼합한 음료이며 인근에 있는 라이프치히에서도 고제에 시럽을 타먹곤 한다. 물론 지금의 베를리너 바이세는 과거와 같이 양조되지 않는다. 젖산균을 직접 관여시키는 대신 별도로 젖산 발효된 맥주를 섞는 방법으로 균형감을 유지한다. 알코올 도수도 2~3%로 낮다. 넓은 입구를 가진 잔과 빨대가 함께 제공되기도 하며 여름에는 얼음을 넣어 음료수처럼 마시기도 한다.

20세기 들어 베를린을 주름잡던 이 맥주는 급격하게 추락한다. 19세기 후반부터 성장한 페일 라거와 세계 대전 그리고 분단과 같은 역사의 격변이 베를리너 바이세를 나락으로 이끌었다. 현재 전통의 흔적을 가진 베를리너 바이세를 만드는 양조장은 베를리너 킨들 바이세(Berliner Kindle Weisse) 한 곳에 불과하다. 하지만 이게 과연 다였을까? 한때 관용을 잃은 베를린이야말로 베를리너 바이세를 몰락시킨 장본인이 아니었을까? 타 문화와의 연대 속에서 태어난 베를리너 바이세는 광기에 휩싸인 베를린에서 생명을 유지하기 쉽지 않았을 것이다. 맥주는 도시와 사람의 문화를 자양분으로 살아가는 존재이기 때문이다.

전통 속 진화하는
베를리너 킨들 바이세

베를린 시내 오래된 펍, 메뉴에는 베를리너 킨들 브루어리의 베를리너 바이세가 보였다. 유일하게 남아 전통적인 베를리너 바이세를 만드는

베를리너 킨들은 1873년 탄생했다. 1930년대까지 꾸준히 성장했지만 세계대전 당시 모든 것을 잃고 말았다. 아마 대부분의 베를리너 바이세 또한 이때 사라졌을 것이다. 1947년

베를리너 킨들의 베를리너 바이세 - 빨간색(좌)에는 라즈베리 시럽을, 초록색(우)에는 우드러프 시럽을 넣었다.

재건된 베를리너 킨들은 다른 스타일의 맥주도 만들었지만 다행히 베를리너 바이세의 끈을 놓지 않았다.

　　베를리너 킨들의 베를리너 바이세는 두 종류였다. 라즈베리 시럽을 탄 것은 빨간색을, 우드러프(woodruff) 시럽을 넣은 것은 초록색을 띠고 있었다. 넓은 입구를 가진 잔에는 앙증맞은 빨대가 꽂혀있었다. 옅은 신맛이 스물거렸지만 시럽에서 나오는 뭉근한 단맛이 더 압도했다. 빨간색 베를리너 바이세는 전형적인 라즈베리 향을 느낄 수 있었던 반면 초록색 베를리너 바이세는 비누 같은 인공적인 향이 물씬 올라왔다. 여러 잔 마시기는 다소 힘들지만 가볍게 즐기기에는 이만큼 좋은 맥주도 찾기 드물다.

　　21세기 베를린은 다양한 문화를 포용하는 도시로 거듭났다. 베를리너 바이세도 전통의 껍질을 깨고 다채로운 모습으로 태어나고 있다. 베를린 크래프트 씬은 전통을 재해석하며 베를리너 바이세를 부활시키려는 노력을 하고 있다. 그 속에는 틀을 깨는 자유로움과 전통에 대한 자부심이 들어있다. 언제나 그렇듯 맥주는 문화를 따라간다. 베를린을 닮은 베를리너 바이세, 다행히 그 미래는 어둡지 않다.

PART 6

문화와 함께 춤을

맥주 뒤에는 인류의 흔적이
켜켜이 쌓여있다.
아름답지만 상처로 가득한 우리의
모습을, 기꺼이 품고 보듬는다.
그래서 맥주는 문화다.

미술과 맥주가 건네는 공감각적 상상,
아드리안 브라우어

"브라우어가 양조했던 미술의 풍미는
세상 사람들 사이에서 오랫동안 기억될 것이다."
The flavour of Brouwer's art that Brouwer brewed,
Will long be remembered by the world
〈코르넬리스 드 비에〉

동그랗게 뜬 눈, 흰 연기를 뿜는 입, 과장된 표정을 짓는 남자의 얼굴에는 장난기가 가득하다. 한 손에 담뱃대를 들고 있는 것을 보니 입에서 나오는 건, 담배 연기다. 발밑 단지(jar)와 반쯤 열린 슈타인 글라스(stein glass) 속에는 아마 맥주가 들어 있을 것이다. 이 남자와 함께 있는 동료들도 범상치 않다. 옷차림으로 보아 상류층이지만 보헤미안의 자유분방함이 느껴진다. 짙은 회색 옷을 입고 있는 왼쪽 남자는 한쪽 콧구멍으로 담배 연기를 뿜고 있고 중간에 있는 두 남자는 하늘을 보며 연기를 뱉고 있다. 오른쪽에 있는 검은색 옷의 남자는 살짝 부끄러운 듯 엷은 미소를 짓고 우리를 바라본다. 허름한 선술집에 모여 술 담배를 즐기는 남자들의 시선은 사진처럼 우리를 향해 있다. 마치 엊그제 친구들과 맥주를 마시며 셀카를 찍는 우리들 모습이다.

아드리안 브라우어(Adriaen Brouwer)의 대표적인 작품 '흡연자 (The Smokers)'는 핸드폰 사진처럼 생생하다. 다섯 남자의 장난기 어린 표정과 행동은 이들이 결코 평범한 존재가 아님을 알려준다. 아드리안 브라우어는 이 작품 속에서 예술가 길드인 성 루크 길드의 동료들을 묘사했다. 코로 연기를 뿜는 남자는 화가 얀 코셔(Jan Cossiers)이며 오른쪽 수줍은 표정의 남자는 화가 얀 다비츠(Jan Davidsz)다. 뒤에 있는 인물은 얀 리에븐스(Jan Lievens)와 유스 반 크래스빅(Joos van Craesbeeck)이며, 가운데 가장 방정맞게 앉아있는 남자는 바로 아드리안 브라우어 자신이다.

찌그러진 진주,
바로크

아드리안 브라우어는 17세기 초 지금 벨기에 플랜더스의 동쪽 지역인 오우데나르데(Oudenaarde)에서 태어났다. 브라우어(Brouwer)라는 성에서 짐작할 수 있듯 그의 몸에는 양조사의 피가 흐르고 있다. 아드리안 브라우어가 활동한 17세기 유럽은 격랑의 시기였다. 종교 개혁 이후 가톨릭과 개신교의 격한 대립은 결국 30년 전쟁으로 이어졌고 프랑스를 중심으로 절대 왕정이 굳건해지고 있었다. 또한 대항해시대를 거치며 상인 부르주아가 새로운 계급으로 등장하는 시대였다.

미술은 시대를 반영하는 법, 이런 변화는 15~16세기를 풍미하던 르네상스 미술을 밀어내고 바로크(Baroque)라는 새로운 화풍을 낳았다. 바로크는 포루투칼어로 찌그러진 진주라는 뜻이다. 르네상스가 이성, 비례, 균형을 기준으로 삼는데 반해 바로크는 빛과 색, 과장과 역동을 강조한다. 르네상스, 즉 진주를 비하하는 용어로 쓰이다 하나의 사조로 굳어졌다.

성 마테오의 소명 / 카라바조 – 바로크 미술의 시작을 알린 그림이다.
강렬한 명암과 과장된 몸짓과 표정은 바로크 미술의 특징을 보여준다.

　　16세기 마르틴 루터의 종교 개혁으로 상처를 입은 교황은 감성을
바탕으로 가톨릭의 교리와 권위를 전달하고자 했다. 흩어진 가톨릭 세력을
규합하기 위해서는 감정에 호소하는 종교 미술이 필요했다. 이런 바로크적
흐름은 가톨릭 중심국 이탈리아, 스페인 그리고 벨기에 플랜더스 지역에서
활발히 전개되었다. 빛과 그림자의 극명한 대비로 대상을 강조하고 역동적
인 표정과 움직임으로 감정을 자극하는 바로크 스타일은 짧은 기간 유럽
전역에서 유행했다. 그러나 가톨릭 국가와 달리 칼뱅교를 받아들인 네덜란
드는 바로크를 다른 방식으로 소화했다. 스페인으로부터 독립의 기지개를
켜고 있던 저지대 지역 화가들은 일상생활과 풍경을 바로크 스타일로 녹여
냈다. 풍경화, 정물화, 풍속화 같은 장르화가 껍질을 깨고 나온 것이다.

감정 표현의 대가,
아드리안 브라우어

아드리안 브라우어 초상화, 반 다이크, 1631

　　17세기 플랜더스는 네덜란드와 전쟁 중이던 스페인의 지배를 받고 있었다. 그럼에도 불구하고 많은 플랜더스 예술가들이 네덜란드에서 활동했다. 화가들에게 자유로운 화풍과 그림을 구매할 부유한 상인들이 있는 네덜란드는 매력적인 곳이었다. 아드리안 브라우어도 암스테르담으로 이주하며 이름을 알리기 시작했다. 그곳에서 램브란트, 반 다이크 같은 대가를 만나 교류했고 1626년 하를렘에서는 거장으로 인정을 받는다.

1631년 다시 플랜더스 앤트워프로 돌아온 아드리안은 성 루크 길드의 마스터로 활동하며 예술의 꽃을 피웠다. 바로크 미술의 거장 루벤스와 램브란트도 그의 작품을 소장했고 반 다이크는 초상화를 그리기도 했다. 하지만 아드리안 브라우어는 1638년 단 65점의 작품만 남긴 채 갑작스레 세상을 떠난다. 그의 나이 겨우 33살이었다.

짧은 생애였지만 아드리안 브라우어는 독특하고 강렬한 작품을 남겼다. 그의 세계는 하층민의 시공간으로 가득하다. 선술집에서 술을 마시고 담배를 피우는 사람들, 카드 게임을 하거나 싸움을 벌이는 군중들, 도축일에 모여 잔치를 벌이는 모습 등 일상을 사는 서민들이 주인공이었다. 뚜렷한 음영과 역동성을 통해 바로크 화풍을 충실히 반영했지만 카라바조와 루벤스처럼 압도적인 느낌은 아니다. 대신 부드러운 터치 속 군상들이 친근한 얼굴로 섬세한 호흡을 하고 있다.

그가 묘사한 사람들은 마치 김홍도의 그림을 보는 듯 익살스럽고 해학적이다. 이런 느낌을 받는 건, 개개의 인물들의 풍부한 감정 표현 때문이다. 기쁨, 즐거움, 분노, 질시, 비난 등 온갖 감정들이 그림 속에서 소용돌이친다. 이렇게 과장되거나 생생한 표정을 표현하는 장르를 트로니(tronie)라고 하는데, 아드리안 브라우어는 이 분야의 최고봉이었다. 평민의 일상을 두둑이 남긴 아드리안 브라우어 덕분에 우리는 당시 선술집의 풍경과 문화를 엿볼 수 있다. 그리고 민중의 와인, 맥주에 대한 흥미로운 구석도 알 수 있다. 지금부터 아드리안 브라우어가 양조한 미술 작품 중 대표적인 몇 점과 함께 17세기 맥주 문화 여행을 떠나보자.

선술집의 풍경
(Tavern scene)

Tarven Scene, 1635

흰 옷을 입은 여인이 남자의 머리채를 쥐고 있다. 얼굴을 찡그리며 내뱉는 그의 비명이 여기까지 들리는 것 같다. 떨어뜨린 잔에는 미처 마시지 못한 맥주가 흐르고 있다. 하지만 남자의 손을 보니 머리카락이 모두 뽑혀도 할 말이 없을 듯하다. 남자의 고통과 무관하게 이를 지켜보는 사람들은 즐거워 보인다. 작은 창에 얼굴을 빼꼼히 내민 노인과 한쪽에서 술을 먹고 있던 신사들은 그럴 줄 알았다는 듯 낄낄대고 있다. 이런 소란에도 요지부동하며 즐겁게 대화하는 두 남자의 모습은 남녀와 대비되며 와자지껄한 선술집의 풍경이 생생하게 전달된다.

이 그림에서 치욕을 당하는 여인은 주인일 가능성이 높다. 선술집은 남편을 잃은 미망인에 의해 운영되는 경우가 많았다. 이들은 여관을 운영하고 맥주와 음식을 팔면서 생계를 꾸리곤 했다. 이곳은 꽤 고급 선술집 같다. 손님의 행색도 농부가 아닌 중산층 이상으로 보인다. 흰 모자를 쓴 남자의 한 손에는 주철 재질의 단지(jar)가, 다른 손에는 유리잔을 볼 수 있는데, 평범한 술집에는 보기 힘든 고급 제품들이다.

술집에서 잠든 노인
(Old man in a tavern)

Old man in a tavern, 1620~1638

한 노인이 지팡이를 짚은 채 조용히 잠이 들어있다. 발밑에는 맥주잔이 보인다. 거나하게 한 잔 하신 게 분명하다. 이 노인이 평민이 아니라는 것은 옷차림뿐만 아니라 맥주잔에서도 알 수 있다. 이 잔은 탱커드(tankard) 또는 슈타인 글라스(stein glass)라고 불린다. 아름다운 장식이 부조된 세라믹 재질에 주철 뚜껑이 달린 이 잔은 상류층의 소유물이었다.

뒤에는 노인이 잠 들거나 말거나 아랑곳하지 않고 사랑놀이에 빠진 남녀가 보인다. 여인은 느끼한 표정으로 유혹하는 남자가 싫지 않은 내색이다. 테이블 위에는 작은 항아리가 있다. 저그(jug)라는 이름의 이 잔이 평민들이 흔히 사용하던 맥주잔이다. 귀족이든 평민이든 돈만 있으면 같은 공간에서 술을 마실 수 있다는 사실도 유추해 볼 수 있다. 양반과 평민이 겸상하지 않던 우리 문화와 사뭇 달라 흥미롭다.

동네 이발소
(Village barbershop)

Village barbershop, 1631

필경 이곳은 술집이다. 한쪽에는 술병과 잔이 보인다. 하지만 남자가 하고 있는 건 치료다. 발을 다친 남자는 고통스런 신음을 뱉고 있다. 셔츠에 묻은 피를 보니 심각한 것 같다. 반면 한 구석에는 다른 사내가 수

건을 두른 채 고개를 들고 앉아 있다. 희미하지만 면도를 하고 있는 게 분명하다. 그림에서 보듯이 선술집은 단순히 술만 마시는 공간이 아니었다.

유럽 선술집의 역사는 로마시대로 거슬러 올라간다. 대제국 사이에 도로가 놓이고 장거리 여행이 가능하게 되자 중간중간 숙박과 음식을 제공하는 곳이 등장했다. 로마 멸망 후 바통을 이어받은 곳은 수도원이었다. 하지만 종교개혁 이후 수도원은 종교적 역할을 제외하고 나머지를 선술집에 물려주었다. 선술집은 마을 공동체를 위한 공간이었다. 잔치가 벌어지거나 공연과 피로연이 열리기도 했고 그림처럼 이발과 치료를 하기도 했다.

18세기 산업혁명과 계몽주의 시대를 지나면서 각각의 역할은 분리되기 시작했다. 숙박, 술, 음식, 치료, 이발, 공연이 모여 종합선물세트 같던 공간이 여관, 레스토랑, 펍, 병원, 이발소 같이 전문성을 갖춘 시설로 구분되며 지금의 모습으로 발전했다. 그럼에도 유럽에는 가스트호프 (gasthof) 또는 가스트하우스(gasthaus)같이 여전히 옛 흔적을 간직한 곳이 있다. 당연히 그 지역의 맛있는 맥주도 마실 수 있다.

공감각으로 즐기는 아드리안 브라우어

아드리안 브라우어의 고향 오우데나르데에는 벨기에서 가장 오래된 가족 양조장이 있다. 무려 1545년부터 14대째 이어온 로만(Roman) 브루어리다. 1950년대 필스너를 만들며 큰 성장을 했지만 90년대부터 벨기에 스타일 맥주에 집중하며 정체성을 확립했다. 로만 브루어리는 맥주 속에서 아드리안 브라우어를 부활시켰다.

아드리안 브라우어 오크드 - 맥주에서 아드리안 브라우어를 즐기는 것은 공감각적인 즐거움이다.

아드리안 브라우어 오크드(Adriaen Brouwer Oaked)는 10% 알코올과 투명한 마호가니 색을 지닌 벨지안 다크 스트롱 에일(Belgian dark strong ale)이다. 묵직한 감초와 초콜렛 향 뒤로 흑설탕과 알코올의 따뜻함이 묻어난다. '오크드'는 오크 나무 칩을 넣어 숙성시켰다는 것을 의미하다. 살짝 온도를 올리면 건자두 향과 나무 향이 비강으로 스물스물 올라온다. 맥아와 오크 칩에서 오는 복합적인 향미는 거부할 수 없는 이 맥주의 마력이다. 쓴맛은 낮고 단맛은 묵직해 꿀꺽꿀꺽 마시기보다 한 잔을 천천히 즐기기에 적당하다.

아드리안 브라우어가 맥주를 만든다면 어땠을까. 지금 이 맥주와 비슷하지 않았을까. 물론 아드리안 브라우어라면 맥주에도 감정과 해학을 표현했으리라. 맥주와 그림이 건네는 공감각적 상상은 21세기 초연결 시대에 필요한 즐거움이다. 바로크 스타일의 맥주를 코와 입으로 그려보는 것, 아드리안 브라우어 오크드의 가치는 이것만으로도 충분하다.

크리스마스 시즌,
유령들에게 휴식을 줄 맥주들

"내 뜻대로 할 수 있다면
'메리 크리스마스'라고 떠들며 돌아다니는 천치 같은 것들은
푸딩에 넣어서 부글부글 끓인 다음,
심장에 호랑가시나무말뚝을 꽂아서 파묻어버려야 해.
아무렴 당연히 그렇게 해야지."

〈스크루지〉

스크루지는 지독히 외로운 사람이었다. 돈이 그의 페르소나가 된 것은 자연스러운 일이었다. 사랑했던 여동생의 죽음과 돈을 벌기 위해 약혼녀와 헤어져야 했던 아픔, 유난히 크리스마스와 연결된 모든 기억들은 스크루지에게 상처가 됐다. 두꺼운 마음의 벽을 친 그가 크리스마스에 저주를 퍼붓는 건 어쩌면 당연했다. 지독한 구두쇠, 베풀 줄 모르는 냉혈한, 돈에 집착하는 속물로 비난하지만 가난한 가족을 위해 최선을 다한 스크루지에게 과연 손가락질할 수 있을까?

유령에게 원래 인생의 교훈을 전파하는 임무가 있었는지 아니면 스크루지가 불행해지면 안 되는 이유가 있었는지 알 수 없지만 크리스마스 유령들은 스크루지에게 개과천선의 기회를 선물했다. 그러나 우리 같은 평범한 사람들은 크리스마스에 이런 극적인 선물을 절대 기대하지 않는다. 우리가 바라는 크리스마스는 유령이 아닌 설렘과 기쁨이 가득한 날이다. 100% 확신할 수 없지만 당신이 악덕 고리대금업자가 아니라면 크리스마스에 유령을 만날 일은 없을 것이다.

맥주는 오랫동안 이 특별한 날의 선물 같은 술이었다. 사람들은 따스한 난로 곁에서 맥주를 마시며 성탄을 축복했다. 추운 겨울 함께 모여 즐거운 시간을 보내기에 높은 알코올과 달큰한 향미를 가진 크리스마스 맥주보다 더 좋은 음료는 없었다. 때때로 시나몬이나 생강을 넣어 음식을 대신하기도 했다.

성 니콜라스, 1294

지금은 코카콜라에 선수를 뺏겼지만 산타클로스는 원래 맥주의 주인공이었다. 크리스마스 맥주는 보통 사미클라우스 비어(Samichlaus beer), 즉 산타클로스 맥주로 불린다. 산타클로스는 4세기 지금의 터키에 있던 뮈라의 주교 성 니콜라우스(Saint Nicholas)에서 유래되었다. 성 니콜라우스는 남몰래 선행을 하는 것으로 유명했다. 한 번은 가난 때문에 세 딸을 사창가에 팔려는 아버지의 소식을 듣고 금이 들어있는 자루를 몰래 굴뚝 속에 남겨 이들을 위기에서 구해주기도 했다. 이런 성 니콜라우스의 선행은 점차 유럽으로 전파되었고 크리스마스에 선물을 나눠주거나 자선을 베푸는 전통이 만들어졌다. 산타클로스의 상징과 같은 굴뚝을 타고 내려오는 모습도 여기서 기원됐다.

산타클로스 맥주는 상투스 니콜라우스, 사미클라우스, 산테 클라우스 이름만큼 다양하다. 오스트리아 슐로스 에겐베르크 양조장의 사미클라우스 비어는 성 니콜라우스의 이름을 딴 대표적인 크리스마스 맥주다. 라거치고는 드물게 14% 알코올을 가진 이 맥주는 성 니콜라우스 축일인 12월 6일에 양조되어 10개월의 숙성 기간을 거쳐 출시된다. 독일에서는 크리스마스가 아닌 12월 6일을 성 니콜라우스의 날로 보내며 장화처럼 생긴 비어 부트(beer boot)에 맥주를 마시기도 한다.

만인을 위한 만인의 크리스마스가 있는 것처럼 크리스마스 맥주 스타일을 한 단어로 정의하기는 어렵다. 12월이 되면 양조장들은 각자의 스토리와 개성을 담은 다양한 스타일의 크리스마스 맥주를 내놓는다. 구세군 종소리가 들리면 흔히 마실 수 있는 맥주를 잠시 뒤로하고 이 특별한 맥주를 만나보는 건 어떨까? 크리스마스를 더 크리스마스답게 하는 작은 선물이 될 테니.

분홍 코끼리와 함께 크리스마스를, 델리리움 크리스마스(Delirium Christmas)

델리리움 크리스마스, 썰매를 타는 귀여운 분홍 코끼리를 즐겨보자.

흰 눈 사이로 썰매를 타는 분홍 코끼리를 본다면 반갑게 인사해보자. 벨기에에서 온 이 산타 코끼리는 우리에게 따뜻한 크리스마스를 약속한다. 귀엽고 친숙한 라벨과 달리 이 맥주는 10%라는 높은 알코올을 갖고 있다. 하지만 겁먹지 말자. 8% 정도 알코올을 지닌 일반적인 벨지안 다크 스트롱 에일(Belgian dark strong ale)보다 더 강하다는 것은 그만큼 특별하다는 뜻이니까.

슈나이더 바이세의 아벤티누스 아이스복

시음온도에 따라 변하는 향미를 즐기는 것도 매력이다. 시작은 섭씨 10도 정도, 맥주잔은 손으로 감쌀 수 있는 벨지안 튤립잔이 좋다. 잔에 따른 맥주 온도를 체온으로 조금씩 올리면 알코올과 함께 잠자던 향들이 깨어난다. 붉은 끼가 도는 불투명한 고동색은 마치 겨울밤 같다. 코끝에서 퍼지는 향은 건자두와 송진을 섞은 모습이다. 흑설탕 같은 달큰함이 있지만 살짝 튀는 알코올 향이 균형감을 맞춘다. 쓴맛은 낮지만 입안에서 느껴지는 무게감은 묵직하다. 하지만 목 넘김이 깔끔해 마시기 편하다.

델리리움 크리스마스는 조용히 크리스마스의 여유를 즐기고 싶은 사람에게 어울린다. 혼자 보내는 크리스마스가 꼭 나쁜 것은 아니지 않은가. 바쁜 일상을 잊게 하는 작은 트리와 조명 그리고 음악과 함께 한 해를 정리하는 시간을 보내는 것만큼 의미 있는 크리스마스도 없다. 델리리움 크리스마스는 이 모든 것의 화룡정점이다. 곁들일 수 있는 치즈나 말린 무화과 아니면 갓 구운 육포가 있다면 좋다. 델리리움 크리스마스를 마시며 내년을 계획한다면? 더할 나위 없이 좋다.

크리스마스에 듣는 맥주 앙상블,
아벤티누스 아이스복(Aventinus Eisbock)

아벤티누스 아이스복은 크리스마스 맥주는 아니지만 다른 어떤 맥주보다 크리스마스에 어울린다. 8.2% 알코올을 가진 밀맥주, 아벤티누스를 살짝 얼려 농축된 알코올을 뽑아낸 이 맥주는 무려 12% 알코올을 자랑한다. 잔속으로 휘감겨 들어가는 맥주는 마치 보라색이 살짝 염색된 것 같다. 빛이 전혀 투과되지 않는 짙은 갈색에 보랏빛이 비친다. 이 보라색은 향에서 온 것일까? 농밀하지만 우아한 오디와 블루베리 향이 12% 알코올과 만나 입안과 비강 그리고 목을 가득 채운다. 곧이어 올라오는 정향은 섬세하지만 또렷하다. 묵직한 바디감 속에 숨어있던 단맛은 진한 크림과 같이 부드럽게 혀 위를 누르며 향미를 곱씹게 만든다.

이 맥주는 좋아하는 사람과 서로의 눈을 보며 두런두런 이야기를 나누는 크리스마스 저녁에 어울린다. 아무리 긴 시간이라도 향미를 머금은 채 기다려줄 것이다. 초콜릿이나 블루베리 케이크 한 조각이 있다면 완벽하다. 아벤티누스 아이스복과 케이크가 연주하는 단맛의 앙상블로 크리스마스가 아름다워질 테니. 의심하지 말고 그냥 맥주에 몸을 맡겨보자.

크리스마스별을 따라,
스텔라 아르투아(Stella Artois)

1926년 벨기에 루벤에 있는 덴 호른 양조장은 크리스마스 시즌 맥주를 양조한다. 판매보다 선물용에 가까웠지만 양조사 아르투아는 그럴듯한 이름을 붙이고 싶었다. 자신의 이름인 아르투아라는 뭔가 부족하다고 생각했다. 그 순간 크리스마스별을 의미하는 스텔라가 떠올랐고 스텔라 아르투아가 탄생했다. 사람들은 이 황금색 라거에 열광했다. 고무된 아르투아는 스텔라 아르투아를 자신의 간판으로 키우기로 하고 본격적인 생산을 시작했다. 벨기에에서는 흔치 않은 스타일이었지만 곧 다른 나라의 필스너와 어깨를 견줄 만큼 성장했고 특히 미국 시장에서 고급 맥주로 자리 잡으며 지금까지 성공 가도를 달리고 있다.

　　스텔라 아르투아는 5% 알코올을 품은 깔끔한 황금색 라거다. 특별한 것은 없지만 호불호도 없다. 챌리스(chalice)로 불리는 전용 잔에 따른 스텔라 아르투아는 성배 속 예술과 같다. 향미보다 멋이 더 중요하다. 이 맥주는 편하게 마셔야 한다. 친한 친구들이 모인 자리라면 좋은 크리스마스 맥주가 될 수 있다. 주머니 사정도 눈치도 볼 필요 없다. 어울리는 안주로는 역시 치킨이다. 기름지고 짭짤한 한국 치킨에 깨끗한 라거만큼 어울리는 조합도 없다. 그래도 격식이 필요하다면 전용 잔인 챌리스를 이용하자. 다른 어떤 잔보다 크리스마스에 어울리는 맥주잔이니.

　　코로나 팬데믹 이후 처음 맞는 크리스마스는 남다를 수밖에 없다. 사랑하는 연인, 좋아하는 친구와 오랜만에 보내는 크리스마스에 맥주가 좋은 길동무가 되었으면 좋겠다. 사람과 사람을 연결하는 것이 크리스마스 맥주의 역할이다. 만약 조금의 여유가 있다면 크리스마스에 소외된 사람에게 손을 내밀어보는 건 어떨까? 부족하나마 작은 희망을 나눌 수 있다면 지금도 누군가의 꿈에 나타나 바쁘게 돌아다니고 있을 크리스마스 유령들도 조금 쉴 수 있을 테니. 메리 크리스마스.

벨기에 루벤에서 마신 스텔라 아르투아

맥주 아래 하나 된 독일,
쾨스트리쳐 슈바르츠비어

Szene in Auerbachs-Keller
Aus Goethas Faust
Mephisto verzaubert die
Studenten

"술집에서 신을 생각하는 것이
교회에서 술을 생각하는 것보다 낫다."
〈마르틴 루터〉

1517년 10월 31일 독일 비텐베르크 올 세인트 교회(All Saints' Church) 입구, 검은 옷을 입은 수사가 비장한 표정으로 커다란 종이를 붙이고 있다. 종이 위에는 면죄부를 파는 로마 교황청을 비판하는 내용이 빼곡히 담겨있었다. 돈으로 죄를 용서받을 수 있다는 것은 신을 따르는 삶을 사는 그에게 도저히 있을 수 없는 일이었다. '면죄 능력과 유효성에 대한 논쟁'이라는 제목으로 교황청에 정면으로 대항한 사람은 비텐베르크 대학 교수이자 아우구스티누스 수도사 마르틴 루터(Martin Luther)였다. 작은 불씨에 불과하던 그의 주장은 사람들의 지지와 함께 거대한 불덩이로 변해갔다.

교황청은 루터에게 파문 교서 '엑수르게 도미네(Exsurge Domine)'를 발부하고 60일 간의 유예기간을 주었으나 돌아온 건 단호한 거부였다. 파문으로 해결될 것 같지 않자 교황은 같은 해 보름스에서 열린 제국회의에서 신성로마제국의 젊은 황제 카를 5세에게 이 문제의 해결을 부탁했다. 황제는 루터의 신변을 결정할 수 있는 힘을 가지고 있었기에 목숨을 위협한다면 금방 무릎을 꿇릴 수 있을 거라고 확신했다.

"우리는 보름스에 입성할 것이다.
지옥의 모든 문들과 하늘의 모든 권세들이 막으려고 할지라도."
〈마르틴 루터〉

루터는 주위의 만류에도 불구하고 제국회의 참석을 결정했다. 1521년 3월 보름스에 도착한 그는 누구의 도움도 받지 않고 회의장으로 들어섰다. 황제와 교황이라는 거대한 존재를 대적하러 가는 심정이 어떠했을지 헤아리기는 쉽지 않다. 목숨을 담보하고 자신의 신념을 지킬 수 있었던 건 신에 대한 절대적 믿음 때문이었으리라. 떨고 있는 그에게 작은 용기를 북돋아준 건 맥주였다. 친구이자 후원자였던 브라운슈바이크 공작 에리히 1세는 회의장 문 앞에서 알코올 도수가 높은 아인베크 맥주(Einbeck bier)를 건넸다.

카를 5세와 마르틴 루터 – 앉아있는 카를 5세 앞에서 자신의 의견을 설파 중인 마르틴 루터. 이 그림은 아우어바흐 루터 방에 걸려있다.

맥주의 힘이었을까? 루터는 황제 앞에서도 자신의 주장을 굽히지 않았고 결국 모든 법적 지위를 박탈당하고 만다. 이는 회의장 밖으로 나가는 루터를 살해해도 책임지지 않는다는 의미였다. 모든 것을 체념한 루터가 문 밖을 나온 순간, 기다렸다는 듯이 건장한 남자들이 나타나 얼굴에 복면을 씌우고 납치를 시도했다. 과연 루터는 100여 년 전 체코에서 같은 주장을 했다가 화형당한 얀 후스(Jan Hus)의 뒤를 따라가는 것일까?

표준 독일어를 창제한
루터

루터가 사망했다는 소문이 파다했지만 사실 작센 영주 프리드리히 3세의 보호 아래 몸을 숨기고 있었다. 루터가 끌려간 곳은 아이젠나흐(Eisenach)의 작은 성, 바르트부르크(Wartburg)였다. 영국과 프랑스였다면 아마 그 자리에서 처형되었겠지만 지역 제후들의 권한이 보장되었던 신성로마제국은 황제의 권력이 제한될 수 있었다. 루터는 그곳에 은신하며 라틴어로 되어있던 성경을 독일어로 번역하기로 결심했다. 성경이 신에게 통하는 유일한 길이라면 누구든 읽을 수 있어야 한다고 믿었기 때문이다.

당시 독일어는 방언이 심해 소통이 불가능한 경우가 많았다. 같은 독일어였지만 서쪽 프랑크푸르트 사람들은 동쪽 잘츠부르크 사람들의 말을 이해할 수 없었고 북쪽 함부르크 사람들도 마찬가지였다. 루터는 이를 해결하기 위해 성경 속 독일어가 이해하기 쉬워야 한다고 생각했다. 어려운 문어체가 아닌 구어체를, 거창한 단어를 피해 통속어를 사용하고자 했다. 민중들의 일상생활에서 통용되는, 살아있는 언어를 성경에 담으려 한 것이다.

그가 기준으로 삼은 것은 작센 관공서 언어였다. 독일 북부와 남부의 중간에 있는 작센은 표준어에 가장 적합한 조건을 가지고 있었다. 10여 년의 노력 끝에 1534년 출간된 루터의 독일어 성경은 삽시간에 인기를 끌었다. 더욱이 당대 발명된 구텐베르크 인쇄기는 전파 속도에 기름을 부었다. 누구나 이해할 수 있고 말하는 듯 자연스러운 문장을 가진 루터 성경은 집집마다 보유해야 하는 교양서가 되었다. 종교개혁이 진행될수록 루터 독일어는 더 퍼져나갔고 표준 독일어가 되어 갔다.

독일어를 세계 언어로 바꾼
괴테

요한 볼프강 폰 괴테, 1828

　　루터가 표준 독일어를 창제했다면 세계적인 문학의 언어로 승화시
킨 인물은 요한 볼프강 폰 괴테(Johann Wolfgang von Goethe)다. 1751년 독
일 프랑크푸르트에서 태어난 괴테는 유복한 환경 덕에 어린 시절부터 다양
한 교육을 받았다. 아들이 법관이 되기를 바랐던 아버지는 괴테를 라이프치
히(Leipzig) 대학으로 보냈지만 아이러니하게 이것이 인생의 전환점이 됐다.

18세기 예술적 영혼이 가득했던 라이프치히는 법 공부보다 시를 짓고 글을 쓰고 싶었던 괴테에게 기회의 땅이었다. 그는 친구들과 술집에서 문학을 토론하고 사랑하는 여인에게 시를 쓰면서 문학적 감성을 키워갔다. 본격적인 문학의 길로 들어서고자 했던 젊은 괴테에게 고전 독일 문학은 고답적이고 답답했다. 자신의 감정을 직접적이고 진정성 있게 전달할 수 있는 방식이 당시 독일 문학에는 존재하지 않았다. 괴테의 구원자는 영국의 문호, 셰익스피어였다. 셰익스피어 속 인물들은 생동감이 넘쳤고 자연스러웠다.

진리를 깨달은 23살의 괴테는 1774년 '젊은 베르테르의 슬픔'을 발표한다. 젊은이들의 사랑과 방황을 그린 이 비극은 곧 유럽 전체를 뒤흔든 베스트셀러가 되었고 괴테에게 큰 명성을 안겨주었다. 관습을 벗어나 감정을 따르는 평범한 청년의 사랑 이야기에 빠진 유럽은 광풍에 휩싸였다. 나폴레옹도 이집트 원정을 갈 때 쥐고 갈 정도로 이 책은 독일 문학의 혁명이었다.

껍질뿐이던 신성로마제국 치하에 있던 게르만들은 괴테에게 큰 위안을 받았다. 18세기 말은 영국이 산업혁명을 거치며 제국주의 깃발을 전 세계에 꽂고 있었고 유럽을 정복한 나폴레옹이 자신의 입맛대로 영토를 재단하던 시기였다. 떨어진 게르만의 자존심처럼 독일어는 영어와 프랑스어에 비해 변방의 언어로 취급되었다. 이런 시기에 괴테의 작품은 단일 민족국가를 꿈꾸던 사람들을 하나로 묶어주는 끈이 됐다. 특히 죽기 전까지 60년에 걸쳐 완성한 파우스트(Faust)는 독일 문학을 세계적인 반열에 올려놓았다. 진리를 얻기 위해 악마에게 영혼을 팔아넘긴 파우스트를 통해 인간 본성의 허무함과 근대성에 대한 경고, 노력하는 인간의 찬사 같은 메시지를 남긴 이 작품으로 독일어는 세계 문학 언어로 발돋움 했다.

맥주 아래
한 민족

　　루터가 창제한 표준 독일어를 세계적인 언어로 만든 괴테, 1871년 태어난 독일 제국 뒤에는 두 인물이 성장시킨 독일어가 있었다. 그 속에는 독일인이라는 자부심이 녹아있다. 독일어 외에 루터와 괴테를 관통하는 지점에 맥주도 있다. 사실 언어 외에 민족 정체성을 형성하는 중요한 것이 식문화다. 김치가 한국인을 상징하듯 독일인에게 맥주는 타자와 자신들을 구별하는 요소 중 하나다.

　　시대는 달랐지만 루터와 괴테는 작센이라는 공간적 배경을 공유한다. 맥주는 튀링켄(Thüringen) 주로 바뀐 두 도시에서 두 사람을 연결한다. 루터가 활동했던 에르푸르트는 괴테의 주 무대 바이마르의 옆 동네다. 15, 16세기 에르푸르트는 맥주 도시였다. 맥주에 대한 사랑이 남달랐던 루터는 비텐베르크 대학 인근 술집에서 맥주를 즐겨 마셨다. 높은 알코올과 풍성한 홉 향으로 명성을 떨친 아인베크 지역의 맥주도 좋아했다. 특히 이 맥주는 바이에른 공국의 빌헬름 5세가 좋아한 것으로도 유명하다. 1589년 그가 세운 뮌헨 호프브로이하우스도 아인베크 양조사를 영입하며 시작됐다.

　　루터는 바르트부르크 성에 은신할 때도 종종 아이젠나흐 시내로 내려와 맥주를 마시며 토론을 즐겼다. 그러나 그가 가장 사랑한 맥주는 아내 카타리나 폰 보라(Katharina von Bora)의 맥주였다. 수도원 양조 담당 수녀였던 그녀는 수도원에서 탈출한 이후 1525년 루터와 백년가약을 맺었다. 종교 개혁으로 받은 고통을 맥주로 치유하던 루터에게 카타리나 폰 보라는 하늘이 내려 보낸 천사였다.

전용 잔에 담긴 오리지널 슈바르츠비어, 쾨스트리쳐

에르푸르트 바로 옆에 위치한 바이마르가 18세기 괴테의 도시가 된 것은 '젊은 베르트르의 슬픔' 덕이다. 바이마르 공국의 카를 아우구스트 대공은 이 소설에 반한 나머지, 괴테에게 바이마르 재상의 지위를 하사했다. 이런 경제적 자유는 괴테가 창작에 몰두할 수 있는 원천이 되었다. 괴테는 바이마르 맥주도 좋아했지만 요양 차 들렀던 바드 쾨스트리츠(Bad Köstritz)에서 만난 슈바르츠비어를 즐겨 마셨다. 영어로 블랙 비어를 의미하는 슈바르츠비어(Schwartzbier)는 1543년 문서에 흔적이 남아있는 쾨스트리쳐(Köstritzer)가 그 시초다.

쾨스트리쳐 슈바르츠비어(Köstritzer Schwartzbier)는 짙은 흑색 속에 4.8% 알코올을 지닌 라거 맥주다. 색은 어둡지만 투명하다. 검은 맥아에서 묻어 나오는 옅은 커피 향은 뮌헨의 어두운 라거 둔켈과 차별되는 특징이다. 둔켈이 초콜렛 향과 둥글둥글한 바디감을 가지고 있다면 슈바르츠비어는 섬세한 커피 향과 깔끔한 마우스필을 느낄 수 있다. 보기와 달리 쓴맛도 적당해 마시기 편하다. 눈을 감고 마시면 검정색 맥주인지 구별하지 못할 수도 있다. 그만큼 가볍다.

아우어바흐에서 만난
루터와 괴테

악마 메피스토가 파우스트와 계약을 맺고 처음 데려간 곳은 라이프치히 지하 술집, 아우어바흐 켈러(Auerbachs Keller)다. 인생의 쾌락을 경험하지 못한 파우스트에게 욕망과 방탕이 얼마나 달콤한지 경험시켜주고 싶었던 것이다. 메피스토는 술로 흥청망청 사는 남자들에게 마법으로 가짜 와인을 먹인 후, 파우스트와 함께 술통을 타고 도망친다. 괴테가 소설에서 그린 아우어바흐는 라이프치히 대학 시절 자주 가던 술집이었다. 이곳에 가면 파우스트를 물씬 느낄 수 있다. 벽에는 파우스트의 장면을 묘사한 그림과 술통을 타고 날아가는 모습도 볼 수 있다. 그러나 아우어바흐에는 괴테의 흔적뿐만 아니라 루터의 흔적도 남아있다.

라이프치히 아우어바흐 입구에 있는 메피스토와 파우스트

루터와 스트로머의 만남 – 이 그림은 아우어바흐 루터 방에 걸려있다.

루터는 1519년 자신의 논리를 반박하는 신학자 요한 마이어 폰
에크(Johann Maier von Eck)와 라이프치히에서 세기의 논쟁을 벌인다. 라
이프치히 논쟁을 근거로 교황청은 루터를 파면했다. 이후에도 루터는 종종
변장을 한 채 라이프치히를 방문했는데, 이때 숙식을 제공한 사람이 바로
아우어바흐 창립자 하인리히 스트로머였다. 지지자이자 친구였던 그는 가
장 은밀한 장소에 루터를 보호했다.

> "그를 유혹해서 너의 길로 끌어내려 보아라...착한 인간은 설혹
> 어두운 충동에 휩쓸릴지라도, 올바른 길은 잊지 않고 있다는 것을."
>
> 〈파우스트 중에서〉

신은 노력하는 인간은 방황할 수밖에 없다며 수많은 악행에도 불
구하고 파우스트를 구원한다. 희극도 비극도 아닌 이 결말은 지금까지도
수많은 해석을 낳고 있다. 확실한 건, 적어도 파우스트적 관점에서 루터와
괴테는 천상에 함께 있다는 사실이다. 열심히 최선을 다해 주어진 인생을
산다면 언젠가 우리도 그들 곁에 있지 않을까. 다만, 메피스토가 맥주로 유
혹하지 않기만을 바랄 뿐.

맥주로 부활한 라푼젤,
두체스 드 부르고뉴

"라푼젤, 라푼젤, 너의 머리카락을 내리거라.
내가 너의 황금 계단을 오를 수 있도록."

〈라푼젤 중〉

상추(라푼젤) 하나가 여러 사람의 운명을 갈라놓았다. 라푼젤(Rapunzel)의 엄마가 마녀 밭의 상추를 탐하지 않았더라면 딸은 탑 속에서 고립된 삶을 살지도, 미혼모의 고통을 겪지도 않았을 것이다. 더 괘씸한 인간은 아빠다. 상추 서리를 들켰다고 어떻게 딸을 마녀에게 보낸단 말인가. 딸의 운명이 어떻게 될지 알면서 이름을 '라푼젤'로 지었다는 것도 경악할 일이다.

자식을 버린 부모와 자유를 빼앗은 마녀, 이상한 어른들 속에 남겨진 라푼젤에게 의지가 된 사람은 왕자였다. 위험을 무릅쓰고 탑으로 찾아온 왕자는 그녀의 유일한 사랑이었다. 대가는 혹독했다. 임신을 한 라푼젤은 순결을 잃었다는 이유로 쫓겨나고 가시덤불로 떨어진 왕자는 장님이 되어 정처 없이 떠돈다. 이 동화를 보고 있자면 한국 막장 드라마는 아무것도 아니다.

다행히 이들의 결말은 해피엔딩이다. 우여곡절 끝에 라푼젤과 재회한 왕자는 그녀의 눈물로 시력을 되찾고 쌍둥이 아들과 행복하게 오래오래 산다. 하지만 부모가 저지른 잘못을 아이에게 뒤집어씌우는 이야기는 동화치고 어딘가 무섭고 비정하다.

프랑스 파슬리와
독일 라푼젤

　　1812년 야콥 그림과 빌헬름 그림은 유럽에 전래되던 이야기를 모아 〈어린이와 가족을 위한 동화〉를 출판한다. 이 책에는 라푼젤, 백설공주, 신데렐라, 잠자는 숲 속의 공주 등 우리가 익히 알고 있는 동화를 비롯해 총 200여 편의 이야기가 실려 있다. 나폴레옹이 독일을 휩쓸던 시기, 그림 형제(Grimm Brothers)는 전래 동화 속 게르만 언어와 정신을 전하며 독일 가정에 민족 정체성을 남기고자 했다.

　　아이러니하게 그림형제가 가져온 많은 이야기들 중 프랑스에서 건너온 것들도 있었다. 신데렐라, 잠자는 숲 속의 공주, 빨간 망토, 장화 신은 고양이는 1697년 프랑스 작가 찰스 페로가 펴낸 '옛날이야기'에 있는 작품들이고 라푼젤은 1698년 마드모아젤 드 라 포스(Mademoiselle de La Force)의 페르시네트(Persinette)가 원작이다. 이 프랑스 작가들은 그림형제와 달리 부르주아 출신으로 풍부하고 화려한 프랑스 살롱 문화 속에서 활발한 작품 활동을 전개했다.

　　페르시네트 속 주인공 이름은 라푼젤이 아니라 파슬리였다. 파슬리도 라푼젤처럼 부모로부터 떨어지게 되는데 그녀를 데려간 사람은 마녀가 아니라 요정이었다. 요정은 파슬리에게 화려하고 부유한 삶을 제공했고 좋은 환경 속에서 극진히 키웠다. 왕자와 사랑에 빠져 파슬리가 임신을 했을 때도 요정은 해변의 오두막에서 아이를 낳을 수 있도록 보살폈다. 괘씸죄로 왕자의 눈을 멀게 했지만 나중에는 파슬리와 왕자 그리고 아이들이 행복한 가정을 이루는데 도움을 주기도 했다. 이정도면 라푼젤을 내팽개친 마녀와는 너무 다른 존재 아닌가? 게다가 그림형제는 1857년 7쇄에서 라푼젤의 혼전임신에 관한 내용을 삭제했다. 독일 중산층 부모들이 추구했던 이상적인 가족의 모습과 어울리지 않는다는 이유였다. 같은 플롯을 가지고 있지만 루이 14세 시기 풍요로운 문학적 배경 속에 태어난 페르시네트와 19세기 격동의 독일 역사 속에서 각색된 라푼젤은 다른 동화였다.

파슬리와 라푼젤의 진짜 이름, 마리

구혼자들로부터 딸을 숨기기 위해 탑 속에 가 둔다는 내용은 고대 그리스와 아일랜드 기독교 신화 그리고 이탈리아 동화 속에서 발견할 수 있다. 그런데 민담으로만 전해오던 이야기가 실제 역사 속에서 일어났다. 15세기 프랑스와 신성로마제국 사이에서 왕국을 꿈꿨던 부르고뉴(Bourgogne), 이 작은 공국의 마지막 상속인 마리(Mary)가 그 주인공이다.

부르고뉴의 마리 by Master of the Legend of Saint Madeleine, 1530~1540

부르고뉴, 브라반트, 헬더란트, 룩셈부르크 공작부인이자 플란더스, 아르투아, 홀란트, 샤롤레, 쥐트펜 백작부인, 마리 이름 앞에는 긴 작위가 붙는 이유는 아버지 샤를 때문이다. 담대공이라고 불렸던 샤를은 15세기 부르고뉴 공국의 통치자였다. 그의 꿈은 부르고뉴 공국을 왕국으로 만드는 것이었다. 하지만 이를 가장 경계한 사람이 있었다. 프랑스 황제 루이 11세였다. 그는 부르고뉴가 왕국이 되면 프랑스가 어떠한 위협에 맞닥뜨리게 될지 누구보다 잘 알고 있었다.

샤를은 자신의 목적을 이루기 위해 별명처럼 담대하게 프랑스와 맞서 싸웠다. 핵심은 부르고뉴와 나머지 영지 사이에 있던 로렌 공국이었다. 이 지역을 루이 11세에게 뺏기면 부르고뉴는 사실상 반으로 나눠질 수밖에 없었다. 샤를은 영국과 동맹을 맺어 정치적으로 프랑스에 압박하고 무력으로 로렌을 차지하려 했다. 하지만 루이 11세는 간교하고 영리했다. 그는 프랑스의 힘과 자신의 정치력을 이용해 주변 공국과 백국들이 샤를에게 등을 돌리게 했다.

1477년 1월, 날카로운 바람이 부는 추위에도 불구하고 샤를은 로렌의 수도 낭시를 공격했다. 막다른 골목에 몰린 그가 할 수 있는 마지막 선택이었다. 그러나 전장에는 유럽 최강 스위스 용병들이 버티고 있었다. 루이 11세가 데려온 스위스 용병은 누구도 막을 수 없는 잔인함과 용맹함을 가진 조직이었다. 결국 샤를은 낭시 전투에서 비참한 최후를 맞이한다. 강 얼음에서 발견된 그의 시체는 갈기갈기 찢겨 있었다.

막 19세가 된 마리는 샤를의 유일한 상속자였다. 부르고뉴를 포함해 아버지가 다스렸던 영지들이 그녀의 휘하에 놓였다. 당연히 이를 가만둘 루이 11세가 아니었다. 겨우 7살이었던 자신의 아들을 마리와 결혼시키고자 했고 군사까지 동원했다. 마리는 단호히 거부했고 결국 벨기에 겐트에 있는 탑에 갇힌다.

고립되어 있던 그녀를 도운 사람은 신성로마제국 황제 프리드리히 3세의 아들 막시밀리언이었다. 마리는 원래 누구와도 결혼하지 않겠다고 공언했다. 하지만 자신의 운명이 풍전등화에 놓이자 심복을 통해 막시밀리언에게 구원을 요청했고 청혼의 징표로 머리카락을 잘라 보냈다. 막시밀리언은 망설임 없이 군대를 동원해 그녀를 구했고 1477년 9월 이 둘은 결혼을 하게 된다. 이 사건으로 신성로마제국을 다스리던 합스부르크 가문은 플랜더스와 네덜란드 지역을 차지하며 향후 수백 년간 통치를 할 수 있는 힘을 얻었다.

막시밀리언은 아름답
고 지적인 마리와 깊은 사랑에
빠졌다. 너무 완벽했던 커플을
질시했던 것일까. 1482년 마리
는 낙마사고로 갑작스러운 죽
음을 맞이한다. 그녀의 나이 겨
우 25살이었다. 게다가 배 속에
는 둘째 아이까지 가진 상태였
다. 막시밀리언이 받았을 충격
과 슬픔은 말로 할 수 없을 만큼
컸으리라. 사람들은 마리와 막
시밀리언의 전설 같은 이야기를

막시밀리언 1세와 마리

예술로 승화시켰다. 신성로마제국 역사 속 그녀는 아름답고 따뜻한 왕후
로, 때로는 성모 마리아로 묘사되었다. 막시밀리언과 마리가 함께 있는 모
습 또한 수많은 그림의 주제로 다뤄졌다.

무엇보다 탑 속에 갇힌 마리를 구출한 막시밀리언 왕자의 활약은
사람들의 입에 오르내리는 단골 메뉴였을 것이다. 이 스토리는 동화 그 자
체 아니던가. 프랑스 혈통으로 신성로마제국 사람이 된 마리를 두 나라의
호사가들은 절대 놓치고 싶지 않았을 것이다. 프랑스에서 파슬리였던 마리
가 독일에서 라푼젤이 된 것은 어쩌면 자연스러운 일이었다. 그렇지만 마
리가 잠든 곳은 프랑스도 독일도 아닌 고향 벨기에였다. 벨기에 브뤼허 성
모 교회에 있는 그녀의 무덤 옆에는 아버지 샤를도 함께 누워 있다. 마리와
막시밀리언 사이에서 태어난 필리프 1세의 아들이자 가장 위대한 신성로
마제국 황제 카를 5세는 프랑스 낭시 성당에 있던 외증조부의 시신을 외할
머니 옆에 안치시켰다.

맥주로 부활한 부르고뉴 공주,
두체스 드 부르고뉴

　　마리의 영혼을 품은 벨기에는 맥주를 통해 그녀를 부활시켰다. 플랜더스 비히테에 위치한 베르헤게(Verhaeghe) 양조장은 두체스 드 부르고뉴(Duchess de Bourgogne), 즉 부르고뉴 공작이라는 맥주를 만들어 그녀에게 헌정했다. 1875년 시작된 이 작은 양조장이 한국에서 유명세를 타게 된 건, 전적으로 이 맥주 덕분이다.

두체스 드 부르고뉴 – 매혹적인 검붉은 색을 띠고 있다. 마치 마리의 강직함을 보여주는 듯 하다.

　　두체스 드 부르고뉴는 한국에서 와인 맥주로 더 유명하다. 붉은기가 도는 마호가니 색, 뚜렷한 산미, 녹진한 체리와 붉은 베리 향은 와인을 떠올리게 한다. 두체스 드 부르고뉴가 이런 특징을 갖는 건, 이 맥주가 플랜더스 레드 에일(Flanders red ale)이기 때문이다. 플랜더스 레드 에일은 혼합 발효(mixed fermentation)를 통해 양조되는 벨기에 전통 맥주다. 혼합 발효란 상면발효로 만든 모주를 커다란 오크통, 즉 푸더(foeder)에 넣고 자연발효를 추가적으로 진행하는 방식을 의미한다. 젖산균과 야생효모가 오랜 시간을 두고 자연스럽게 관여하기 때문에 시큼한 신맛과 신선한 과일 향이 충만하다. 두체스 드 부르고뉴의 체리와 자두 향은 야생 효모의 몫이며 홍초 같은 산미는 젖산균이 담당한다. 섬세한 단맛은 신맛과 균형감을 이루는 열쇠다. 일반적인 플랜더스 레드 에일처럼 이 맥주도 18개월 숙성 맥주와 8개월 숙성 맥주를 혼합해 음용성과 일관성을 높인다.

맛도 맛이지만 이 맥주의 백미는 라벨에 있는 마리의 모습이다. 이 초상화는 막달렌의 전설의 마스터(Master of the Legend of the Magdalen)로 알려진 네덜란드 화가의 작품이다. 그림 속 마리는 아름답고 젊다. 그녀의 손에 있는 새는 매다. 매는 사냥을 즐기던 마리를 상징하는 동물이었다. 이 그림을 보면 격동의 역사 속에서 기구한 삶을 살다 간 마리가 눈앞에 있는 듯 생생하게 느껴진다. 비히테 양조장이 단순하지 않았던 그녀의 삶을 표현하기 위

막달렌의 전설의 마스터가 그린 초상화를 라벨에서 볼 수 있다.

해 깊고 다채로운 향을 지닌 플랜더스 레드 에일을 선택한 것은 천재적이라고 밖에 할 수 없다.

맥주는 우리와 상관없을 것 같은 중세의 한 여인을 21세기 대한민국에 소환했다. 라벨 속 마리에서 라푼젤이나 신성로마제국을 떠올리는 것처럼 우리 또한 맥주를 통해 유럽인들의 마음에 흔적을 남길 수 있다. 그게 꼭 조선 사람일 필요는 없다. 유관순이나 안중근, 혹은 BTS면 어떠하리. 우리의 얼과 혼이 있다면, 그것으로 충분하다.

독일 해우소에서 마신 축제 맥주,
파울라너 옥토버페스트

"아인 프로지트, 아인 프로지트,
행복한 삶을 위하여!"

텐트 안은 맥주 냄새로 가득했다. 노래가 흘러나올 때마다 사람들은 커다란 맥주잔을 들고 원샷을 시도했고 성공하지 못한 사람에게는 야유와 휴지가 돌아왔다. 모두가 웃고 있었고 행복해 보였다. 거대한 옥토버페스트 텐트 안에서 사람들은 맥주 하나로 모든 걱정과 근심을 잊은 듯했다.

옥토버페스트가 열리는 뮌헨의 테레지안비제(Theresienwiese)는 중년을 넘긴 나에게 맥주 놀이동산이었다. 하늘 높이 걸려있는 맥주잔은 롤러코스터 표식 같았고 텐트 입구에서 움직이는 모형들은 흡사 사파리 입구의 인형처럼 보였다. 거리에는 소세지 굽는 냄새가 진동했고 흥겨운 브라스 음악은 거리를 물들이고 있었다. 뢰벤브로이, 학커-프쇼, 슈파텐, 아우구스티너 등 뮌헨 출신의 맥주들이 즐비했지만 내가 선택한 텐트는 멋진 수도사 얼굴이 각인된 파울라너(Paulaner)였다.

세계 최대 맥주축제,
옥토버페스트(Oktoberfest)

600만 명이 방문하고 800만 리터의 맥주가 소진되는 세계 최고의 축제, 매년 9월 마지막 주부터 약 2주에 걸쳐 진행되는 이 엄청난 이벤트는 원래 맥주축제가 아닌 경마대회였다. 1810년 10월 12일, 바이에른 왕국의 루트비히 황태자와 테레제 공주의 결혼식을 기념하기 위해 막시밀리언 왕은 지금 옥토버페스트의 장소인 테레지안비제(Theresienwiese)에 경마대회를 개최했다. 사람이 있는 곳에 술과 음식이 있는 법, 대회를 보러 오는 손님들을 위해 작은 여관과 선술집이 생기기 시작했고 자연스럽게 맥주도 함께했다. 이 대회가 국민들의 인기를 얻게 되자 1918년 뮌헨 시는 옥토버페스트를 매년 열기로 결정한다.

시간이 지날수록 맥주는 경마를 제치고 축제의 주인공이 된다. 이 시기는 양조장들에게 한해 매출을 예단할 수 있을 정도로 큰돈을 버는 기회였고 축제에 오는 사람들도 눈치 보지 않고 질펀하게 취할 수 있는 시간이었다. 바이에른 황제도 맥주 순수령에 따라 양조된 맥주를 민족의식 고취를 위한 정치적 도구로 이용하기도 했다.

19세기 후반 독일이 통일되며 바이에른 왕국은 사라졌지만 옥토버페스트의 인기는 식을 줄 몰랐다. 현재 옥토버페스트 맥주라 불리는 스타일도 이때 시작된다. 원래 주인공은 어두운 색 라거인 둔켈(Dunkel)이었다. 하지만 1871년 새로운 맥주가 등장하며 둔켈을 축제 밖으로 밀어냈다. 깨끗한 마호가니 색, 캬라멜 힌트와 묵직한 바디감으로 무장한 이 맥주의 이름은 메르첸(Märzen)이었다.

프란치스카너 양조장은 1870년 메르첸이라는 새로운 맥주를 출시한다. 메르첸은 원래 여름이 오기 전 마지막으로 양조를 할 수 있었던 3월(März)에서 유래된 맥주다. 프란치스카너 대표의 아들 가브리엘 폰 제들마이어는 뮌헨에서 오스트리아 안톤 드레허에게 전수받은 비엔나 라거(Vienna lager) 스타일을 양조하며 메르첸이라는 이름을 붙였다. 메르첸이 옥토버페스트의 대표 맥주가 된 건 우연이었다. 축제 도중 둔켈이 동이 나자 프란치시카너는 막 출시한 메르첸을 급히 투입했는데, 이게 대박이 났다. 심지어 얼마 지나지 않아 옥토버페스트 공식 맥주로 지정되기도 했다. 지금 옥토버페스트 맥주는 메르첸에 바탕을 두되, 살짝 튜닝됐다. 색은 다소 밝아졌고 알코올은 5.8%로 살짝 높아졌다. 축제 맥주의 덕목인 '많이 마시게 하라'를 충실히 이행하기 위해 바디감과 쓴맛도 낮췄다. 지치지 않고 마시게 하기 위한 모든 요소를 고루 갖춘 무서운 맥주가 된 것이다.

수도사와 빈민을 위한 맥주,
파울라너

옥토버페스트 축제에 맥주를 싣고 들어온 파울라너 마차. 6개 맥주 양조장만 참여할 수 있다.

옥토버페스트에는 뮌헨에 양조장을 둔 아우구스티너, 슈파텐, 학커-프쇼, 뢰벤브로이, 호프브로이하우스 그리고 파울라너, 6개 브랜드만 참여할 수 있다. 파울라너 텐트에 들어가기로 결정한 건, 순전히 기둥에 달려있는 맥주잔과 입구에 붙어있는 수도사 얼굴 때문이었다. 물론 한국에서 경험했던 파울라너 옥토버페스트 맥주와 현지에서 마시는 맥주와의 차이점도 궁금했다.

파울라너는 '성 프랜시스의 파올라(Francis of Paola)'의 가르침을 따르는 수도사들을 말한다. 1627년 로마에서 뮌헨으로 건너온 이들은 파올라 수도원을 세운 후 맥주를 만들었다. 이들은 수도원에서 사용하는 맥주를 제외하고 가난한 사람들에게 모두 나눠주었는데, 맥주의 품질과 맛이 매우 뛰어나 다른 양조장들의 불만을 사기도 했다. 하지만 불행히도 18세기 말 나폴레옹이 유럽을 정복하며 교회 재산 몰수와 수익 사업 금지를 시행했고 파올라 수도원 또한 이때 사라졌다.

100여 년이 지난 1806년, 프란츠 크베르츠 차허라는 남자가 뮌헨 시의 관리를 받던 파올라 수도원을 양조장으로 재건하려는 계획을 세운다. 그는 껍데기만 남아 있던 수도원을 임대해 양조장으로 개조한 후 파올라 맥주 복원에 매진했다. 1811년 마침내 맥주가 출시됐고 1813년 양조장을 인수한 후 파울라너(Paulaner)라고 이름을 붙였다. 현재 파울라너는 뮌헨을 대표하는 양조장으로 다양한 독일 맥주를 만들고 있으며 독일에서 여섯 번째로 잘 나가는 맥주 브랜드로 성장했다.

독일인의 해우소,
옥토버페스트

옥토버페스트 파울라너 텐트 - 수 천 명이 모인 이곳에는 국적도 종교도 인종도 없다.
오직 맥주를 좋아하는 사람들이 있을 뿐이다.

텐트 밖 테레지안비제는 맥주 없이도 신나게 놀 수 있는 놀이터였다. 관람차와 롤러코스터, 소세지를 비롯한 지역 음식들로 시간 가는 줄 모르고 즐길 수 있다. 하지만 맥주 텐트 안은 완전히 다른 세계다. 이곳은 맥주가 없으면 아비규환이 될 수도 있다. 파울라너 텐트로 들어서자 수십 명이 앉을 수 있는 긴 테이블과 의자가 보였다. 지붕에 걸린 노란색 휘장들이 햇빛을 분산시켜 텐트 내부는 아늑한 느낌이 들었다. 대충 봐도 수천 명의 사람들이 맥주를 마시고 있는데, 그 규모가 얼마나 큰 지, 모든 광경이 마치 원근법을 적용한 것처럼 한눈에 들어왔다. 하지만 이런 비현실적인 광경이 초현실적인 모습으로 바뀐 건, 바로 그 다음이었다.

중앙에 설치된 무대에서 철 지난 팝송을 연주하던 브라스 밴드가 '아인 프로지트(건배)'라는 옥토버페스트 권주가를 시작하자 수천 명의 사람들이 떼창을 하며 동시에 맥주를 마시는 게 아닌가. 개중 흥이 과다한 누군가는 테이블에 올라가 원샷을 시도했고 거나하게 취한 다른 이는 엉덩이를 까고 춤을 추기도 했다. 내가 알던 독일인들이 맞나 싶을 정도로 본능에 충실한 채 맥주에 몸을 내던지는 모습이 무척 재미있었다. 물론 독일인만 있는 것은 아니었다. 옆에 있던 한 무리는 자신들을 미국에서 왔다고 소개했고 뒤 테이블에는 일본인처럼 보이는 동양인들도 있었다. 나 또한 한국에서 온 맥주광 아닌가.

맥주의 종류와 사이즈는 단 하나, 1리터(mass)짜리 파울라너 옥토버페스트였다. 손가락으로 개수를 알려주자 전통 여성 복장인 디언들(dirndl)을 입은 서버가 양손 가득 맥주를 가져왔다. 두꺼운 흰색 거품과 진한 황금색 옥토버페스트 맥주를 보니 벌컥벌컥 들이키고 싶은 욕망이 간절했다. 마스 잔은 두껍고 무거웠지만 무슨 상관이랴. 게다가 '아인 프로지트(건배), 아인 프로지트'를 외치는 군중들의 소리가 계속 귓등을 때리고 있었다.

파울라너 옥토버페스트 맥주는 과장 조금 보태서 꿀물 같았다. 단맛은 섬세했고 쓴맛은 없었다. 적당한 탄산감과 부드러운 목 넘김은 맥주가 아니라 꿀을 탄 청량음료와 다름없었다. 맥주는 '여기서는 취해도 상관없으니 많이 마시라'고 끊임없이 속삭이고 있었다. 먹고 마시고 이야기하고 춤추고, 이 텐트는 맥주로 근심과 욕망을 해갈하는 '해우소'였다. 맥주를 통해 어울리고 하나가 되는 모습, 옥토버페스트의 본모습은 여기에 있었다.

2023년 9월 17일, 독일 뮌헨에서 옥토버페스트가 코로나 팬데믹 이후 정식으로 재개된다. 많은 사람들이 텐트에서 맥주와 함께 그간 쌓였던 스트레스를 풀어 놓을 것이다. 물론 한국에서 이 축제를 가는 건 그리 쉬운 일이 아니다. 하지만 못 간다고 해서 슬퍼할 필요는 없다. 파울라너

옥토버페스트에서 마신 파울라너 맥주. 1리터 마스 잔에 담겨 나온다. 꿀물 같다.

옥토버페스트 맥주 하나, 마스 잔 하나 그리고 사랑하는 사람들이 있으면
바로 그곳이 우리의 옥토버페스트다. 소박해도 괜찮다. 맥주 그리고 사람
이 함께 하는 행복한 가을을 그려보면 어떨까? 가을에 마시는 축제 맥주는
그래서 시원하고 더 맛있다.

에필로그

양조장에 앉아 효모들이 뿜어내는 작은 물방울을 바라본다. 이 귀여운 미물들은 인간이 할 수 없는 마술을 펼쳐낸다. 당물이 맥주로 바뀌는 별의 순간을 보는 것은 여전히 신비롭다.

이제 맥주를 즐길 시간이다. 단순히 취하기 위해서, 갈증을 해소하기 위해서 마시는 맥주에서 벗어나 문화를 만끽해보자. 욕망, 성공, 기적, 진보, 투쟁, 환희... 맥주는 자신 속에 있는 우리의 발자취를 보라고 나지막이 속삭인다. 이 책을 통해 모든 맥주가 품고 있는 사연에 귀를 기울였으면 좋겠다.

맥주라는 주제로 글을 쓴다는 것이 즐겁지만 한편으로 고통스러운 일임을 깨닫게 해준 오마이뉴스에게 감사의 말씀을 전한다. 부족한 글을 한 권의 책으로 태어날 수 있도록 기회를 주신 J&jj 양종엽 본부장님, 단홍빈 편집자님에게 말로 표현할 수 없는 감사를 드린다.

맥주로 세상을 좋은 방향으로 바꿀 수 있다고 굳게 믿는 (사)한국맥주문화협회원들이 있기에 지치지 않고 뚜벅뚜벅 걸어갈 수 있는 용기를 얻는다. 이상하지만 멋진 꿈을 꾸고 있는 그대들에게 건배.

마지막으로 남들 가지 않는 길을 걷는 남편과 아빠를 언제나 지지해주고 믿어주는 나의 가족, 아내 현주와 아들 아솔이가 있었기에 이 책이 가능했다. 진짜 사랑해. 그리고 땡큐.

저자협의
인지생략

맥주의 시선

1판 1쇄 인쇄 2023년 09월 10일
1판 1쇄 발행 2023년 09월 15일

지 은 이 윤한샘
발 행 인 이미옥
발 행 처 J&jj
정   가 22,000원
등 록 일 2014년 5월 2일
등록번호 220-90-18139
주   소 (04997) 서울 광진구 능동로 281-1 5층 (군자동 1-4 고려빌딩)
전화번호 (02) 447-3157~8
팩스번호 (02) 447-3159

ISBN 979-11-92924-06-9 (03900)
J-23-05
Copyright ⓒ 2023 J&jj Publishing Co., Ltd